浙江智库
ZHEJIANG THINK TANK
浙发规院文库
ZDPI PUBLICATIONS

2022 浙江省县域高质量发展报告

周华富　主编

中国市场出版社
China Market Press
·北京·

图书在版编目（CIP）数据

2022浙江省县域高质量发展报告 / 周华富主编. —
北京 ： 中国市场出版社有限公司，2022.12
ISBN 978-7-5092-2349-9

Ⅰ. ①2… Ⅱ. ①周… Ⅲ. ①县级经济—区域经济发展—研究报告—浙江—2022 Ⅳ. ①F127.55

中国版本图书馆CIP数据核字(2022)第241316号

2022浙江省县域高质量发展报告

2022 ZHEJIANG SHENG XIANYU GAO ZHILIANG FAZHAN BAOGAO

主　　编： 周华富
责任编辑： 张再青（632096378@qq.com）
出版发行： 中国市场出版社
社　　址： 北京市西城区月坛北小街2号院3号楼（100837）
电　　话：（010）68024335/68034118/68022950/68020336
经　　销： 新华书店
印　　刷： 杭州嘉业印务有限公司
规　　格： 170mm × 240mm　16开本
印　　张： 16.75　　**字　　数：** 258千字
版　　次： 2022年12月第1版　　**印　　次：** 2022年12月第1次印刷
书　　号： ISBN 978-7-5092-2349-9
定　　价： 58.00 元

序　言

2022年是浙江省共同富裕示范区建设机制创新年、改革探索年、成果展示年，这一年我们坚持国家所需、浙江所能、群众所盼、未来所向，在高质量发展、竞争力提升、现代化先行跑道上推进共同富裕，为示范区建设打下坚实基础。县域作为区域发展的重要载体，在高质量推进共同富裕示范区建设中地位突出，不可或缺。特别是土地面积约为全省45%，人口接近全省24%的山区县，更是高质量推进共同富裕发展的重点、难点和突破点。念好新时代"山海经"，"一县一策"加快释放山区发展活力，人民群众急难愁盼切实解决，陆海统筹、山海互济发展格局逐渐形成，山区高质量发展共同富裕新征程正在开启。

浙江省发展规划研究院作为浙江省委、省政府确定的5家高端智库建设试点单位之一，积极打造"全国一流、全球视野"省级高端智库。自2019年起，我院与浙江省委宣传部、浙江省社会科学联合会、浙江日报报业集团联合举办浙江省高质量发展智库论坛。作为论坛的重要成果，我们构建了浙江省县域高质量发展指标体系，面向全省征集高质量发展优秀案例，并已经在连续四届论坛上成功发布。2022年浙江县域高质量发展水平评价，重点围绕"聚焦山区县高质量发展，聚力共同富裕示范区建设"，通过对总指数以及综合效益、创新发展、协调发展、绿色发展、开放发展、共享发展六大指数分析，全面展现全省县域高质量发展整体和分类水平，并从创新、协调、绿色、开放、共享五大领域及山海协作等方面作了比较深入的专题分析。2022年浙江省县域高质量发展案例征集，重点聚焦全省县域积极推进共同富裕示范区建设的生动实践和典型案例。

当前，浙江上下正充分贯彻学习党的二十大精神，以推动高质量发展为主题，奋进新征程。在这样的背景下，更要把促进全体人民共同富裕作为为人民谋幸福的着力点、作为全面建设社会主义现代化强国的题中应有之义，在高质量发展中促进共同富裕。我们将心怀“国之大者”、勇担智库使命，以扎实推进全体人民共同富裕为基，继续优化改进浙江县域高质量发展评价工作。我们相信全省各县（市、区）将蹄疾步稳、厚植特色、放大优势、塑造变革，为全国高质量发展共同富裕打造“县域样板”。

浙江省发展和改革委员会党组成员
浙江省发展规划研究院党组书记、院长 周华富

2022年11月

目　录

研究篇

专题篇

案例篇

研究篇

第一章
浙江县域高质量发展阶段特征

县域经济是经济发展的基本单元，是浙江现代化建设的重要内容，是推进共同富裕的关键环节。县域兴衰关系着浙江省发展全局，推动县域经济高质量发展是新时期赋予浙江的光荣使命。2021 年，面对疫情持续反复、全球经济形势复杂多变的外部环境，浙江忠实践行“八八战略”、奋力打造“重要窗口”，坚决扛起高质量发展建设共同富裕示范区政治责任，以山区 26 县跨越发展为重点，不断推动县域经济转型，增强县域经济发展新优势，推动浙江县域高质量发展开启新征程。

第一节　县域高质量发展进入新阶段

一、共同富裕成为高质量发展的战略目标

共同富裕是社会主义的本质要求，是中国式现代化的重要特征。党的十九大报告提出，到 2035 年“全体人民共同富裕迈出坚实步伐”，到本世纪中叶“全体人民共同富裕基本实现”。党的十九届五中全会首次把“全体人民共同富裕取得更为明显的实质性进展”作为远景目标之一提出来。2021 年 5 月 20 日，《中共中央 国务院关于支持浙江高质量发展建设共同富裕示范区的意见》（以下简称《中央意见》）发布，这是习近平总书记亲自谋划、亲自定题、亲自部署、亲自推动的重大战略决策。为全面贯彻《中央意见》，2021 年 7 月 19 日浙江省出台了《浙江高质量发展建设共同富裕示范区实施方案（2021—2025 年）》，坚决扛起重大历史责任，以浙江先行探索为全国推动共

同富裕积累经验和提供示范。深刻把握实现共同富裕战略目标的科学内涵，深入探索实现共同富裕战略目标的实践途径，对于坚持和发展中国特色社会主义，全面建成社会主义现代化强国，不断推进全体人民共同富裕，具有十分重要的理论价值和现实意义。县域作为统筹城乡发展和区域发展的基本单元，在推进高质量发展共同富裕示范区建设中作用和地位突出，特别是山区 26 县更是重中之重。补齐山区县高质量发展短板，巩固拓展脱贫攻坚成果，推动山区 26 县高质量发展是浙江缩小地区差距、实现共同富裕的关键所在、潜力所在。

二、区域协调发展成为高质量发展的内在要求

我国地域辽阔，区域发展不平衡问题长期存在。习近平总书记指出“实现城乡区域协调发展，不仅是国土空间均衡布局发展的需要，而且是走共同富裕道路的要求”。深入实施区域协调发展战略，发挥各地区动态比较优势，建立优势互补的区域经济布局，是迈向高质量发展和推进共同富裕的内在要求和重要举措。浙江是区域发展最协调的省份之一，全省 11 个设区市居民收入均超过全国平均水平。改革开放以来，浙江以县域为基础，加快推进城乡一体化，实施山海协作工程，探索“飞地经济”机制，走出区域协调发展先行示范道路。面对当前新形势新背景，浙江省勇担高质量发展建设共同富裕示范区使命，按照省十五次党代会提出的“两个先行”目标要求，将继续在市场一体化发展、深化区域合作、优化区域互助、基本公共服务均等化等方面率先探索创新，力争从更大范围、更高层面去谋划区域协调发展，在促进区域发展协调性平衡性上为全国提供示范样板经验。

三、科技创新成为高质量发展的强大动能

习近平总书记指出，坚持创新在我国现代化建设全局中的核心地位。高质量发展是创新驱动的发展，创新是高质量发展的第一动力。通过科技创新，可以替代传统资源，提高资源利用效益；可以优化要素配置方式，实现

要素自由流动；可以促进企业、行业、产业协同发展，形成创新驱动发展的良性循环。可以说，科技创新是推动经济发展质量变革、效率变革、动力变革的重要支撑，是推动经济高质量发展的主要供给。浙江省第十五次党代会也提出，要牢牢把握实施创新驱动发展战略要求，推进创新型省份和科技强省建设，加快新旧动能转换，跑出高质量发展的加速度。作为经济发展的基本单元，县域高质量发展更要突出创新制胜，牢牢牵住科技创新这个"牛鼻子"，放大科技创新的"乘数效应"，加速科学创新和经济社会发展的渗透融合，将科技创新的广度、深度转化为县域高质量发展的动力、实力。

四、高水平对外开放成为高质量发展的必然要求

面对百年未有之大变局，全球疫情持续叠加俄乌冲突等新形势新变化，高水平开放促发展促改革促创新的作用更加凸显。2021 年底召开的中央经济工作会议强调要以高水平开放促进深层次改革、推动高质量发展。坚持全面提高对外开放水平，建设更高水平开放型经济新体制，才能形成国际合作和竞争新优势。浙江省第十五次党代会报告也提出牢牢把握立足浙江发展浙江、跳出浙江发展浙江的要求，充分发挥浙江独具的共建"一带一路"、长江经济带、长三角一体化发展等叠加优势，以更大力度推进全方位高水平开放。全面提升开放水平也是县域经济发展的未来趋势，县域发展也要积极服务融入新发展格局，加强与周边区域、长三角地区乃至全球构建开放合作发展网络，探索资源要素自由流动共享，以开放包容姿态实现互利共赢、高质量发展。

五、绿色低碳成为高质量发展的必由之路

实现碳达峰、碳中和是以习近平同志为核心的党中央统筹国内国际两个大局作出的重大战略决策，是着力解决资源环境约束突出问题、实现中华民族永续发展的必然选择，是构建人类命运共同体的庄严承诺。大力推进"双碳"战略，将倒逼我国的技术研发和产业升级，进而引发一场广泛而深刻的

经济社会系统性变革，最终推动我国经济高质量发展。从新发展理念角度来看，推动践行“双碳”目标的过程也是拓展延伸高质量发展内涵实质的过程。当前我国已搭建好碳达峰、碳中和工作的“四梁八柱”，构建起“1+N”的政策体系。浙江也强化统筹，谋划好了 1 个顶层设计、N 个“双碳”行动方案、X 个配套政策的“1+N+X”政策体系。能源、工业、建筑、交通、农业、居民生活等六大领域，以及绿色低碳科技创新的“6+1”领域绿色低碳转型有序推进。县域各地创新实践、试点探索积极踊跃，多领域、多层级、多样化推进低碳零碳试点示范，“双碳”数智平台上线运行，碳达峰、碳中和工作迈出了坚实一步。

第二节　县域高质量发展承载新使命

一、浙江承担高质量发展建设共同富裕示范区新责任

1. 全面认识新时代推进共同富裕的重大意义

习近平总书记指出：“共同富裕是社会主义的本质要求，是中国式现代化的重要特征。”我们要充分认识促进共同富裕的重大意义，推动共同富裕持续取得新进展，为全面建设社会主义现代化国家奠定坚实基础。《中共中央 国务院关于支持浙江高质量发展建设共同富裕示范区的意见》明确提出，新时代共同富裕“是全体人民通过辛勤劳动和相互帮助，普遍达到生活富裕富足、精神自信自强、环境宜居宜业、社会和谐和睦、公共服务普及普惠，实现人的全面发展和社会全面进步，共享改革发展成果和幸福美好生活”。建立在全面协调统筹包容可持续发展基础上的共同富裕，是满足人民追求更美好生活的客观需要，也是中国式现代化道路的核心内容。

2. 深刻把握实现共同富裕的实践途径

实现全体人民共同富裕是一项长期而又紧迫的任务，我们必须创造条件、完善制度，稳步朝着这个目标迈进。具体来说，实现共同富裕的实践途径主要有以下几个方面：一是实现经济高质量发展，夯实共同富裕的物质基础。二是强化就业优先政策，不断促进就业量的扩大和质的提升。三是优化收入分配制度，多渠道增加城乡居民收入。四是实现城乡公共服务优质共享，缩小城乡区域发展差距。五是加强精神文明建设，更好满足人民群众的文化需求。六是加强生态文明建设，大力践行“绿水青山就是金山银山”理念。七是完善社会主义市场经济体制，构建舒心安心放心的社会环境。

3. 扎实推动共同富裕示范区建设取得进展与成效

一是顶层设计，实施全面部署。2021 年 5 月 20 日，《中共中央 国务院关于支持浙江高质量发展建设共同富裕示范区的意见》发布，浙江把扎实推

动共同富裕示范区建设作为新时代全面展示中国特色社会主义制度优越性重要窗口的生动实践，立柱架梁、夯基垒台，构建起目标体系、工作体系、政策体系、评价体系，谋深谋实各项工作。为全面落实《中央意见》，2021年7月19日浙江正式发布《浙江高质量发展建设共同富裕示范区实施方案（2021—2025年）》（以下简称《浙江方案》），聚焦四大战略定位，明确“四率先三美”[1]发展目标和“七个先行示范”[2]实施路径。形成了高质量发展建设共同富裕示范区的系统架构图，明确“1+7+N”重点工作跑道和“1+5+N”重大改革跑道，构建了由56个指标组成的共同富裕示范区建设指标目标体系。成立高质量发展建设共同富裕示范区领导小组，组建省委社会建设委员会，成立省委高质量发展建设共同富裕示范区咨询委员会，以浙江先行探索努力为全国推动共同富裕探路。

二是改革引领，强化机制创新。推动数字化改革全面支撑共同富裕示范区建设，省市县三级一体化智能化公共数据平台全面创建，一大批标志性共富型、民生类应用上线运行。浙江制度创新加快探索，“扩中”（扩大中等收入群体规模）、“提低”（提高低收入群体收入）等一批重大改革方案率先研究制定，“浙里保”商业补充医保等一批重大改革取得实效，农村集体产权制度等第一批先行改革经验向全国复制推广。工作机制不断完善，制订共同富裕示范区建设绩效考评办法，动态监测评价共同富裕示范区建设工作进展，省级部门聚焦重点领域已出台64个专项政策意见，形成了“共性＋个性”的政策工具箱。全力争取国家层面政策保障和改革授权，30个国家部委和多家央企、中央金融机构以政策意见、试点批复、合作框架等形式支持浙江改革探索。

---

［1］四率先三美：率先基本建立推动共同富裕的体制机制和政策框架，率先基本形成更富活力创新力和竞争力的高质量发展模式，率先基本形成以中等收入群体为主体的橄榄型社会结构，率先基本实现人的全生命周期公共服务优质共享，人文之美、生态之美、和谐之美更加彰显。

［2］七个先行示范：经济高质量发展先行示范、收入分配制度改革先行示范、公共服务优质共享先行示范、城乡区域协调发展先行示范、社会主义先进文化发展先行示范、生态文明建设先行示范、社会治理先行示范。

三是提质增效，夯实发展基础。2021年浙江人均GDP达到11.3万元，达到高收入经济体水平。全员劳动生产率达到19.0万元/人，居全国前列。市场主体活力持续激发，2021年净增市场主体65.2万户。科技创新和产业提升联动推进，R&D经费支出占GDP比重达2.9%。启动实施新一轮制造业“腾笼换鸟、凤凰涅槃”攻坚行动，2022年4月全省制造业高质量发展大会上总结了浙江省建设全球先进制造业基地多方面取得的傲人成绩。2021年浙江省实现“五个首次突破”，全省规模以上工业企业首超5万家、增加值首超2万亿元、新产品产值率首超40%，研发支出首超2000亿元，工业企业营收首超10万亿元。实现“三个全国第一”，专精特新“小巨人”、单项冠军、产业数字化指数均居全国第一。实现“占比提升、能耗下降”，制造业增加值占GDP比重2007年以来首次提升，规模以上工业单位增加值能耗下降5.8%，为高质量发展共同富裕示范区建设奠定了坚实的基础。

四是缩小差距，实现优质共享。浙江紧扣缩小“三大差距”主攻方向，持续念好新时代“山海经”，实现山区26县“一县一策”全覆盖，构建形成“1+2+26+N”政策体系。曾经的山坳已然成为比较优势突出、资源要素涌流的价值洼地。2021年，山区26县多项经济指标增幅高于全省，区域差距进一步缩小。实施“扩中提低行动计划”，既在“共性”维度提出八大路径，推动普惠性政策落地，又在“个性”层面围绕当前阶段重点关注的九类群体，率先推出一批差别化收入分配激励政策，构建“全面覆盖+精准画像”基础数据库，实现了农民收入增速快于城镇居民，低收入农户收入增速快于全省，推动更多人迈入中等收入行列。城乡协调发展水平提高，城乡收入倍差由上年的1.96下降到1.94，城乡消费倍差由1.68下降到1.66，均位居全国前列。聚焦高标准打造3个“1小时交通圈”，加快补齐农村交通基础设施短板，完成农村公路新改建2254公里，新增15个乡镇通三级公路、600个行政村通双车道公路。

五是文化建设，促进精神富足。推进新时代文化浙江工程建设，实施新时代文化建设“186 行动”。[1]全域打响“浙江有礼”品牌，全国道德模范评选表彰人数居各省（区、市）首位。守好“红色根脉”，深入挖掘浙江红色资源，打造学习宣传实践党的创新理论的重要阵地，构建浙江红色精神谱系，激励全省人民在共同富裕道路上奋勇前进。新时代文明实践中心率先实现全覆盖，全国文明城市实现设区市全覆盖。“15 分钟品质文化生活圈”“15 分钟文明实践服务圈”覆盖率达 100%。市、县、乡三级文化设施覆盖达标率达 100%。“志愿浙江”应用让志愿服务精准触达，“浙江有礼”省域文明实践带来社会新风。“宋韵文化传世工程”加快推进，千年宋韵正在“流动”起来、“传承”下去。

六是绿色转型，打造低碳宜居。浙江让生态之绿成为幸福之绿，建设美丽中国先行示范区，开启生态文明建设的全新范式。全省控断面Ⅰ～Ⅲ类水质占比提高 1.3 个百分点，设区城市空气质量优良天数比率提高 0.8 个百分点。新增“美丽河湖”500 个，建设全域“无废城市”。浙江八大水系及近岸海域生态修复深入开展，休渔禁渔和长江禁捕制度全面落实。在 36 个县率先开展 GEP 核算应用，全省生态环境质量公众满意度连续 10 年上升。启动建设首批 11 个低碳试点县、10 个绿色低碳园区，全面开展高耗能、高排放“两高”项目清理整治。更高水平全面推行林长制，启动全省 GEP 核算应用试点建设，绘就共同富裕大场景下新时代美丽新图景。

二、浙江县域助力共同富裕示范区建设要谋定新方略

1. 畅通县域要素循环通道，强化共富发展供给力

畅通县域要素循环通道，难点和关键在于促进要素更多向乡村聚集，增强农业农村发展活力。一是从促进县域内部城乡人力资源的双向流动，健全

[1] 新时代文化建设“186”行动：“1”是指聚集打造与社会主义现代化先行省相适应的新时代文化高地这一目标。“8”指推进理论立魂、精神立德、人文立身、四治立信、精品立世、数智立新、融合立业、改革立制等“八项举措”。“6”指实施百年理论创新研究工程、百亿文化设施建设工程、百城万村文化惠民工程、百家文化名企创优工程、百张文化金名片打造工程、百名文化大家引育工程等“六百工程”。

人才入乡激励机制和城乡人才合作交流机制。二是着力优化城乡土地资源配置，积极盘活存量用地，腾退低效用地，完善城乡建设用地增减挂钩政策，深化农村宅基地制度改革试点，建立高效的产业用地供给制度。三是拓展乡村建设资金来源渠道，在完善农村金融服务的基础上，提升农村数字普惠金融覆盖的深度和广度，构建相应防风险机制。

2. 助力县域数字赋能转型，释放创新驱动重塑力

利用技术创新，推动数字赋能是县域把握机遇、实现共同富裕的战略路径。县域要注重构建良性数字生态，形成企业—政府—社会民生连轴转效应，促进数字经济、数字政府、数字社会的互相支撑和相互交融。一是打好数字化转型的基础，促进产业数字化转型、深化利用工业互联网的同时，积极向未来产业布局，同步配套新基建体系。二是“点对点”精准服务市场主体，细分小微企业服务的应用场景，提供数智化解决方案，加快传统企业数字化转型，为持续推动全域数字化转型创造条件。三是形成县域综合服务“一网统管”从数字化到智能化再到智慧化，推动城市治理体系化和治理能力现代化，建立健全城市数据库，搭建孪生城市。

3. 构建县域“四治融合”格局，凝聚城乡融合改革力

县域治理是推进国家治理体系和治理能力现代化的重要一环。创新县域治理必须把党的建设放在首位、始终贯彻围绕高质量发展建设共同富裕示范区的定位要求，以率先实现县域治理现代化为目标，完善自治、法治、德治、智治“四治融合”的治理体系。一是不断创新“四治融合”的实现形式，深入推进体系建设试点示范，探索一批县域治理的有效模式和路径，做好宣传推介。二是推广清单制在治理中的运用，探索深化小微权力清单、村干部廉洁履职负面清单等。三是探索创新县域自治模式，发扬“线上”民主，变革基层民主协商实现形式，丰富多层次基层协商模式。四是加快整体“智治”步伐，实施“县域治理 + 互联网”行动，加快数字技术在社会治理中的运用。

4. 探索县域生态价值实现，挖掘生态转化自然力

聚焦破解县域生态产品价值实现的堵点难点，拓宽生态产品价值实现路径，增强内生发展动力，在保护生态环境的同时实现生态富民和区域协调发展。一是推进 GEP 核算应用，充分衔接国家生态产品价值核算规范，陆域县优化 GEP 核算方法，沿海县创新海岸带和项目尺度生态产品价值核算标准研究。二是深化“两山银行”建设，争取在山区 26 县和“大花园”示范县实现全覆盖，在产权改革、绿色金融、共富机制等方面寻求政策突破。三是强化数字化改革赋能，迭代升级“浙里生态价值转化”场景应用，创新谋划建设生态保护补偿、生态账户等一批多跨场景应用。四是及时总结提炼创新做法和典型经验，输出浙江经验。

5. 提升县域公共服务水平，共享品质生活和谐力

公共服务均等化是共同富裕的内在要求和基本内涵，提升县域公共服务水平是提升县域生活品质促进共同富裕的必要举措。要以全局思维来审视县域高质量发展，既要考虑到县域经济的快速发展，也要顾及公共服务的均衡发展。一是要完善城乡一体化公共服务体系，提档升级公共基础设施，加快补齐排水设施、厕所革命、垃圾处理等人居环境治理方面的短板。二是要加快补齐教育、医疗、养老等公共服务设施短板，不断优化义务教育的办学条件，逐步改善县域医疗卫生条件和诊疗水平，满足独居老年人家庭养老服务等需求，提高农村公共服务的供给效能。三是要加强城乡基本公共服务标准和制度建设，优化城乡教育、卫生医疗、养老等公共服务资源均等化配置机制，促进区域基本公共服务质量水平有效衔接，加快形成标准统一、制度并轨、融合统一的城乡公共服务体系，助力农民农村实现共同富裕。

6. 加强县域精神文明建设，彰显价值导向文化力

共同富裕既包括经济的高质量发展，也包括文化文明的繁荣兴盛，随着人民群众物质生活的不断丰富，精神富有越来越成为实现共同富裕的突出任务，浙江县域也应积极在精神富有层面探索新路径。一是推动城乡公共文化服务体系一体化建设，充分利用互联网技术，有效弥合城乡公共文化服务差距，实现优质文化资源和文化服务在城乡之间双向流动和均衡发展。二是通过县域村镇党支部建设、乡村文化礼堂建设、乡村图书馆、乡村未来社区建设等措施，夯实县域思想理论高地建设之基，打造精神力量高地。三是大力挖掘和培养乡村文化人才，通过培育文明乡风、淳朴民风、良好家风等做法不断让乡村文化得到创造性转化和创新性发展，实现县域的精神富有。四是通过历史文化和非物质文化遗产的挖掘、保护与传承，不断形成文艺精品高地和文化创新高地，为县域共同富裕注入新的精神力量。

第三节　县域高质量发展呈现新面貌

一、县域经济是全省经济的重要力量

当前，县域经济在浙江经济社会发展中的作用越来越大，其发展水平位列全国前茅，已成为浙江经济的重要支柱。2021 年县域居民和政府财力充足，人均住户存款余额达到 90002.2 元，一般公共预算收入占 GDP 比重为 8.6%，两项数据均领跑长三角地区（见图 1–1）。产业基础雄厚，2021 年

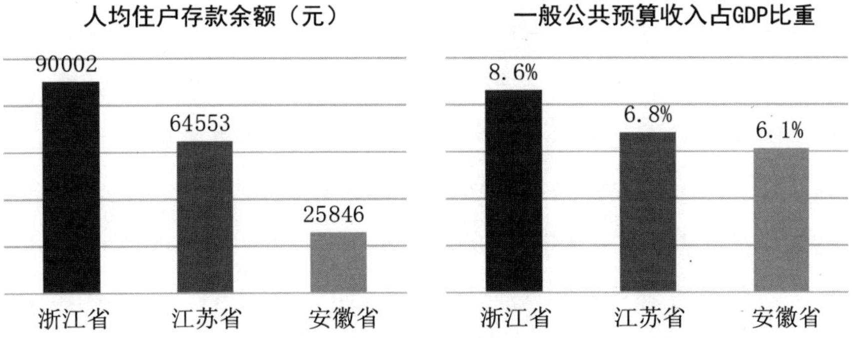

图1–1　2021年长三角三省县域居民和政府财力相关指标

浙江省县域地区（不含市辖区）的规模以上工业企业数量为 27845 家，为全国第一，占全国比重为 14.6%；入选工信部前三批国家级专精特新“小巨人”名单的县域企业 201 家，数量为全国第一（见图 1–2）。作为产业梯度转移的终端、产业基础环节的承载主体，县域产业发展转型升级对于夯实全省工业基础、培育发展新动能意义重大。

二、百强县引领高质量发展县域共同富裕

2022 年 7 月中国电子信息产业发展研究院（赛迪研究院）最新公布的《2022 中国县域经济百强研究》中，浙江省有 18 个县（市、区）入围全国县

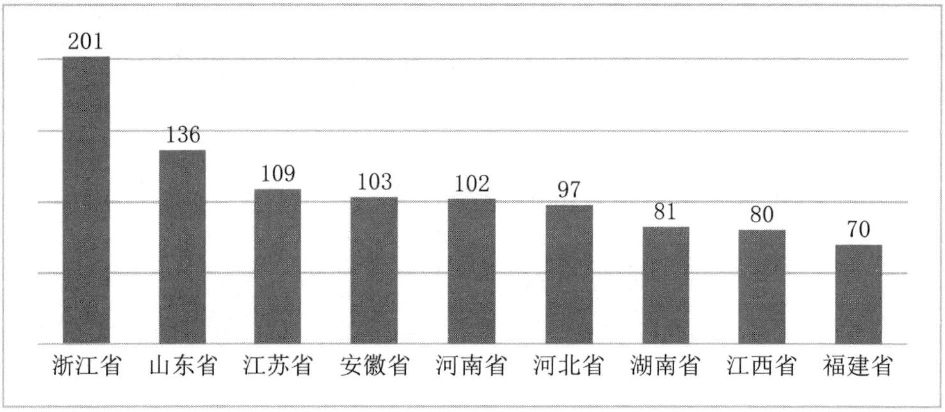

图1-2　2021年部分省份所辖县域拥有国家级专精特新"小巨人"企业数量

域经济百强县，与前两年数量一致，稳居全国第一。其中慈溪市、义乌市、诸暨市、余姚市、海宁市、温岭市、乐清市、瑞安市、桐乡市9地跻身全国县域经济前30名，与上年持平，且该9地2021年GDP总额超过1000亿元，在全国43个"千亿县"占比达到21%。特别值得注意的是，浙江18个百强县（市、区）的农村与城镇居民人均可支配收入的比例比浙江省和全国平均水平分别高出6.9个和18.8个百分点，表明百强县城乡收入水平相对均衡，是全省乃至全国县域推动共同富裕的"领头雁"。除整体经济水平外，在多个细分领域浙江县域表现优异。2021年"投资竞争力百强县"榜单、2021年"县域治理能力百强县"榜单中，浙江省分别有27个、21个县（市、区）上榜，数量均领跑全国。在2021年《县域数字乡村指数报告》中，浙江省县域数字乡村指数为82.6，全国第一，32个县（市、区）跻身县域数字乡村指数百强榜。2022年"全国县域旅游综合实力百强县"中，浙江省有35地入围，数量全国第一，其中安吉县连续4年位居榜首（见表1-1）。

表1-1　2021—2022年浙江省在全国百强县排名情况

排行榜	发布机构	浙江上榜县（市、区）
中国县域经济百强县（2022年）	赛迪研究院	慈溪市、义乌市、诸暨市、余姚市、海宁市、温岭市、乐清市、瑞安市、桐乡市、平湖市、宁海县、长兴县、嘉善县、临海市、东阳市、玉环市、永康市、海盐县，共18个

续表 1-1

排行榜	发布机构	浙江上榜县（市、区）
投资竞争力百强县（2021 年）	赛迪研究院	慈溪市、余姚市、义乌市、温岭市、瑞安市、海宁市、乐清市、桐乡市、永康市、诸暨市、平湖市、象山县、嘉善县、东阳市、玉环市、宁海县、临海市、江山市、桐庐县、安吉县、苍南县、新昌县、长兴市、海盐县、建德市、平阳县、嵊州市，共 27 个
县域治理能力百强县（2021 年）	赛迪研究院	慈溪市、余姚市、诸暨市、义乌市、乐清市、瑞安市、宁海县、海宁市、温岭市、玉环市、平湖市、海盐县、嘉善县、桐庐县、桐乡市、临海市、东阳市、长兴县、平阳县、永康市、苍南县，共 21 个
服务业百强县（2021 年）	赛迪研究院	义乌市、慈溪市、诸暨市、乐清市、温岭市、瑞安市、桐乡市、海宁市、余姚市、东阳市、临海市、长兴县、宁海县、嵊州市、平湖市、永康市、嘉善县、苍南县、德清县、玉环市、象山县、海盐县，共 22 个
县域数字乡村指数百强榜（2021 年）	北京大学新农村发展研究院、阿里研究院	德清县、安吉县、桐乡市、余姚市、武义县、萧山区、慈溪市、苍南县、嘉善县、东阳市、平阳县、浦江县、温岭市、诸暨市、缙云县、仙居县、永嘉县、天台县、临海市、海曙区、镇海区、海盐县、桐庐县、建德市、南浔区、椒江区、北仑区、嵊州市、柯城区、富阳区、黄岩区、临安区，共 32 个
全国县域旅游综合实力百强县（2022 年）	全国县域旅游研究课题组	安吉县、长兴县、象山县、桐乡市、德清县、义乌市、淳安县、临海市、东阳市、诸暨市、温岭市、海宁市、桐庐县、天台县、嘉善县、兰溪市、永康市、慈溪市、宁海县、新昌县、浦江县、江山市、遂昌县、余姚市、仙居县、平阳县、嵊州市、苍南县、缙云县、龙游县、永嘉县、武义县、建德市、玉环市、龙泉市，共 35 个

三、以县城为载体的城镇化建设进程加快

2022 年 5 月，中共中央办公厅、国务院办公厅印发《关于推进以县城为重要载体的城镇化建设的意见》，为未来一段时间各地县城找到适合自身发展的路径提供了指南。浙江城镇化基础良好，人口城镇化率长期以来都显著高于全国平均水平，2021 年为 72.7%，比全国平均高出 8 个百分点（见图 1-3）。以县城为载体的城镇化发展趋势突出，有序引导产业、人口向县城集中集聚，有利于构建大中小城市和小城镇协调发展的城镇化格局。浙江

省第十五次党代会报告提出，要推进以县城为重要载体的城镇化建设。浙江省 53 个县（市）面积约占全省面积的 70%，县城人口约为全省总人口的三分之一，量大面广，蕴含着巨大的发展潜力。推进以县城为重要载体的城镇化建设，将进一步拉动投资并激活下沉市场的消费需求，对保增长、稳经济都将起到至关重要的作用。推进以县城为重要载体的新型城镇化，有利于广大山区、海岛地区以县城为龙头，认真谋划其战略定位和主导产业，从而带动全县域经济社会高质量发展，同时辐射广大乡村地区，缩小地区、城乡差距。

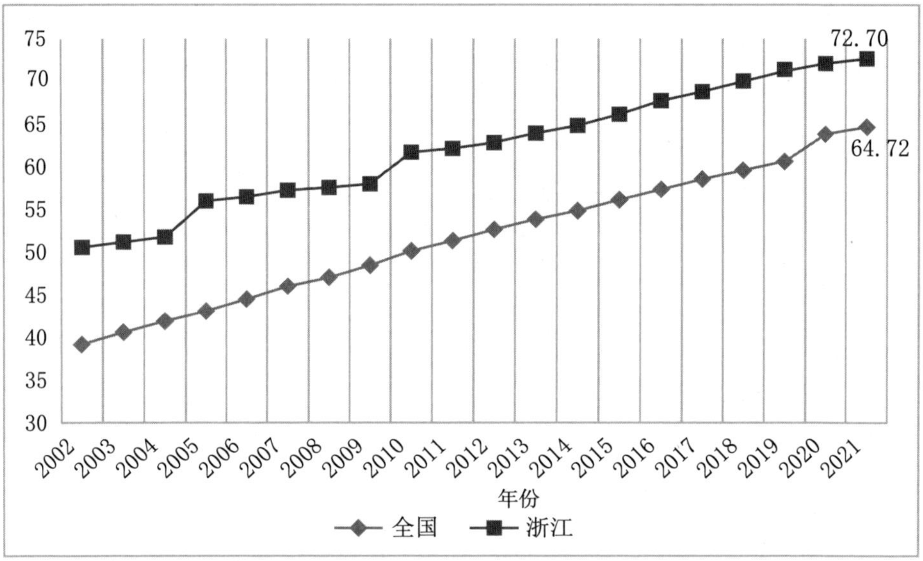

图1-3　浙江省与全国人口城镇化率

第二章
浙江县域高质量发展水平分析

第一节　浙江县域高质量发展指标体系

一、指标体系构建和完善原则

1. 立足五大理念，指明发展路径

深刻领会习近平新时代中国特色社会主义思想和党的十九届五中全会精神，坚定不移贯彻创新、协调、绿色、开放、共享的新发展理念，充分发挥五大理念的引领作用。坚持以创新提供发展动力，以协调破解发展不平衡，以绿色确保发展可持续，以开放促进“双循环”构建，以共享落实人民群众的获得感，用高质量发展的思路指导高质量发展指标体系的搭建。

2. 锚定省级指标，共赴“十四五”征程

重点参照浙江省社会发展“十四五”规划纲要的指标体系，同时结合商务、城镇化、公共服务、节能降耗等领域“十四五”规划中的细化指标，选取如全员劳动生产率、研发（R&D）经费支出占 GDP 比重、实际使用外资额、城镇调查失业率、单位能耗的税收贡献、每千人口拥有医疗卫生机构床位数等指标，增强数据指标的通用性，与全省高质量发展的步伐一致。

3. 紧扣共同富裕，聚焦人民获得感

浙江高质量发展建设共同富裕示范区意义重大，要坚持把发展作为第一要务，在高质量发展中推进共同富裕。贯彻共享发展理念，全民共享改革发展成果，尤其是共同富裕示范区建设的价值取向。2022 年的县域高质量发展指标将聚焦社会民生发展，力图通过就业、安居、医疗等相关指标衡量社会资源配置公平度，切实增强人民群众的获得感。

4. 丰富指标来源，确保数据权威

结合县域特点，依据省高质量发展指标体系，加强与省发展改革委、省统计局、省科技厅、省经信厅、省生态环境厅等部门的对接，参考各方专业人士在数据方面的建议，丰富整合数据源，精准选取指标，严谨计算处理，保证指标数据的权威。

二、评价指数构建

2022 浙江省县域高质量发展评价指标体系紧紧围绕五大发展理念的核心内容，结合浙江省“十四五”时期经济社会发展主要指标中经济发展、科技创新、改革开放、文化发展、生态环境、省域治理、社会民生、安全保障的指标分类，最终确定指标体系构架，由 1 个总指数和 6 个分指数构成。1 个总指数是县域高质量发展综合评价指数，即对浙江省县域整体及 90 个县（市、区）高质量发展总体水平的综合评价；6 个分指数是综合质量效益指数、创新发展指数、协调发展指数、绿色发展指数、开放发展指数和共享发展指数。

1. 综合质量效益指数

我国经济已由高速增长阶段转向高质量发展阶段，提升经济发展质量和效率是高质量发展下转变发展方式的必然要求。近年来，浙江省加快转变发展方式、优化经济结构，经济增长向追求高质量和高效益的模式转变。综合质量效益指数分为宏观、微观两个层面，主要从人均水平、工业效益、政府财力保障等方面反映浙江省县（市、区）经济增长质量和效益情况。

2. 创新发展指数

科技创新是高质量发展的核心驱动力，也是经济发展质量变革、效率变革和动力变革的主要依靠。创新发展指数全面评价浙江省县（市、区）创新驱动发展的总体水平，重点突出科技进步对经济增长发挥更大作用，高端人才、产业集聚引领发展；重点从创新投入、创新产出、创新主体、创新效率等层面反映浙江省县（市、区）在推动科技创新方面的进展、新兴产业动能的发展和创新环境的优化。

3. 协调发展指数

协调发展是建设现代化经济体系、推动经济高质量发展的重要任务。近年来，浙江省推动平原、山区、海岛不同地区发挥比较优势，共同发展；城乡二元经济结构转变为现代经济结构，实现乡村振兴。协调发展指数重点突出区域经济协调、城乡发展协调、经济社会协调，充分体现浙江省城乡、区域协同发展方面的进展与成效。

4. 绿色发展指数

绿色发展理念是深刻体现新阶段我国经济社会发展规律的重大理念，是高质量发展的内在要求。浙江省全面推进生产生活方式绿色转型，打造美丽中国先行示范区。绿色发展指数主要从环境质量提升、生态环境保护治理、能源利用效率等方面反映浙江省县（市、区）生态资源利用效率和生态环境保护水平。

5. 开放发展指数

开放发展是准确把握国际国内发展大势的先进理念，是高质量发展的重要路径。随着浙江省持续扩大开放，打造国内国际双循环战略枢纽，浙江省县域经济发展进一步深入参与到全球发展进程中。开放发展指数重点突出对外贸易、实际利用外资、人口流动和营商环境情况，充分反映浙江县域在扩大开放、“走出去”等方面的进展与成效。

6. 共享发展指数

共享发展理念集中体现了实现共同富裕是社会主义本质要求，是高质量发展的深度体现。共享发展指数重点突出社会就业、社会事业、公共服务供给水平，充分反映浙江省县（市、区）基层基本公共服务均等化水平的提高和居民生活质量的提升，体现了发展成果更多，更公平惠及全体人民。

三、指标选取

1. 综合质量效益指标

主要通过人均经济水平、税收效益、工业效益、政府财力保障等方面体现。具体而言，人均经济水平通过人均生产总值、全员劳动生产率衡量；税收效益通过一般公共预算收入与生产总值之比、规模以上工业亩均税收衡量；工业效益通过规模以上工业增加值率衡量；政府财力保障通过税收收入占一般公共预算收入比重来衡量。本部分共计 6 个指标。

2. 创新发展指标

主要通过创新投入、创新产出、创新主体、创新效率等方面体现。具体而言，创新投入通过 R&D 经费支出占生产总值比重衡量；创新产出通过每万人发明专利拥有量、高（新）技术制造业增加值占规模以上工业比重、战略性新兴产业增加值占生产总值比重衡量；创新主体通过每千家企业中科技型中小微企业数衡量；创新效率通过数字经济新业态、新模式指数衡量。本部分共计 6 个指标。

3. 协调发展指标

主要通过区域经济协调、城乡发展协调、经济社会协调等方面来体现。具体而言，区域经济协调通过居民人均可支配收入与人均生产总值之比衡量；城乡发展协调通过城乡居民收入比衡量；经济社会协调通过常住人口城镇化率、居民最低生活保障线以下人数与户籍人口数之比、人均一般性公共服务财政支出等衡量。本部分共计 5 个指标。

4. 绿色发展指标

绿色发展指标部分较往期报告进行了更新，采用更简约直观的统计数据指标，对县域绿色发展水平进行综合评价，主要通过生态基础条件、空气质量、废物处理能力、能源使用效率等方面体现。生态基础条件通过生态环境状况指数（EI）衡量；空气质量通过城市空气质量综合指数衡量；废物处理能力通过一般工业固体废物综合利用率衡量；能源使用效率通过单位能耗的税收贡献衡量。本部分共 4 个指标。

5. 开放发展指标

主要通过对外贸易、营商环境、实际利用外资等方面体现。具体而言，对外贸易通过外贸出口占全省比重衡量；营商环境通过区域人口净流入率、净增企业法人单位数占企业法人单位总数比重、政府和社会数字化水平指数衡量；实际利用外资通过实际利用外资总额衡量。本部分共计 5 个指标。

6. 共享发展指标

主要通过社会就业、社会事业、公共服务供给水平等方面体现。具体而言，社会就业通过城镇调查失业率来衡量；社会事业通过数字基础设施指数、平安指数衡量；公共服务供给水平通过每千人拥有医生数、每千人医疗机构床位数衡量。本部分共计 5 个指标。

总计选取 31 个指标（见表 2-1）。

四、权重设置

关于指标权重的设置，我们认为，五大发展理念各个方面相互贯通、相互促进，是具有内在联系的集合体，应“一视同仁、不可偏废”，但同时也要坚持创新引领发展的第一动力，重点评价浙江省县（市、区）的数字化水平。因在二级指标设置中，各类指标数量不一，为避免一级指标之间权重悬殊较大，我们在对二级指标进行赋权时采用熵值法和德尔菲法（也称专家调查法），充分考虑指标重要性、指标数量等因素，对于重要性指标或综合性较强的指标适当调高权重，对于一般性指标则赋予较低权重，基本形成“重要指标 4 分，一般指标 2 ～ 3 分”的原则。在对二级指标赋权后，综合质量效益指数、创新发展指数、协调发展指数、绿色发展指数、开放发展指数、共享发展指数等 6 个一级指标权重分别为 20 分、19 分、16 分、14 分、15 分、16 分，共 100 分。

表2-1 2022浙江省县域高质量发展评价指标及权重

序号	一级指标	二级指标	权重
1	综合质量效益	人均生产总值	4
2		全员劳动生产率	4
3		一般公共预算收入与生产总值之比	3
4		规模以上工业亩均税收	3
5		规模以上工业增加值率	4
6		税收收入占一般公共预算收入比重	2
7	创新发展	R&D经费支出占生产总值比重	4
8		每万人发明专利拥有量	4
9		高（新）技术制造业增加值占规模以上工业比重	3
10		战略性新兴产业增加值占生产总值比重	3
11		每千家企业中科技型中小微企业数	3
12		数字经济新业态、新模式指数	2
13	协调发展	居民人均可支配收入与人均生产总值之比	4
14		城乡居民收入比	3
15		常住人口城镇化率	3
16		居民最低生活保障线以下人数与户籍人口数之比	3
17		人均一般性公共服务财政支出	3
18	绿色发展	生态环境状况指数（EI）	4
19		城市空气质量综合指数	4
20		一般工业固体废物综合利用率	3

续表 2-1

序号	一级指标	二级指标	权重
21	绿色发展	单位能耗的税收贡献	3
22	开放发展	外贸出口占全省比重	3
23		区域人口净流入率	2
24		净增企业法人单位数占企业法人单位总数比重	3
25		政府和社会数字化水平指数	4
26		实际利用外资总额	3
27	共享发展	城镇调查失业率	3
28		数字基础设施指数	4
29		平安指数	3
30		每千人拥有医生数	3
31		每千人医疗机构床位数	3

五、指数计算方法

1. 数据来源

以全省 90 个县（市、区）为研究对象，数据主要来自各地年度统计年鉴、统计公报、专业部门报告和政府网站公开数据，因 2021 年数据尚未完全公布，数据时点选为 2020 年。

2. 数据处理

为保证各指标之间具有可比性、可靠性，对数据进行同趋化和标准化处理，公式为：

正向指标标准化值 =（实际值 − 最小值）/ 极差

逆向指标标准化值＝（最大值－实际值）/ 极差

其中，极差＝最大值－最小值。

3. 评价方法

得分＝各指标的评价值 × 指标权重

分别计算县域高质量发展综合评分和综合质量效益、创新发展、协调发展、绿色发展、开放发展、共享发展 6 个分项得分。

计算指数：

综合指数＝（综合得分 100）×40＋60

分项指数＝（分项得分 / 分项指数权重）×40＋60

经过以上处理，所有指标均为正，并且取值范围在 [60, 100]。

第二节　浙江县域高质量发展指数分析

一、总指数评价

1. 县域高质量发展分领域指数水平不一

浙江省 90 个县（市、区）高质量发展总指数平均得分 74.4 分，其中绿色发展平均得分最高，为 81.6 分；其次是协调发展，平均得分 80.6 分；共享发展、创新发展和综合质量效益指数平均分在 70 分以上，分别为 75.3 分、71.6 分、70.3 分；开放发展平均得分较低，为 69.1 分（见图 2-1）。

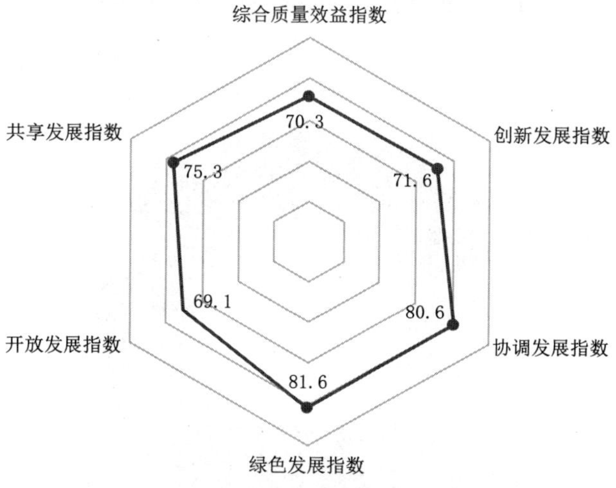

图2-1　浙江省县域高质量发展各分项指数得分情况

2. 浙北地区引领全省县域高质量发展

在浙江省 11 个地级市中，地处浙北区域的杭州、绍兴、宁波、舟山、湖州、嘉兴六市所辖县域高质量发展总指数平均得分均在 74 分以上，而浙南五市温州、台州、金华、衢州、丽水县域均分都低于 74 分。杭州市（77.3 分）、宁波市（76.1 分）、嘉兴市（74.7 分）位列前三名（见图 2-2）。总指数得分排名前 30 名中，杭州市、宁波市、嘉兴市下辖县域分别占据 10 席、7

席、4席，合计占了全省前30名中的70%，而衢州、丽水均无县（市、区）进入总指数平均得分排名前30名（见图2-3）。

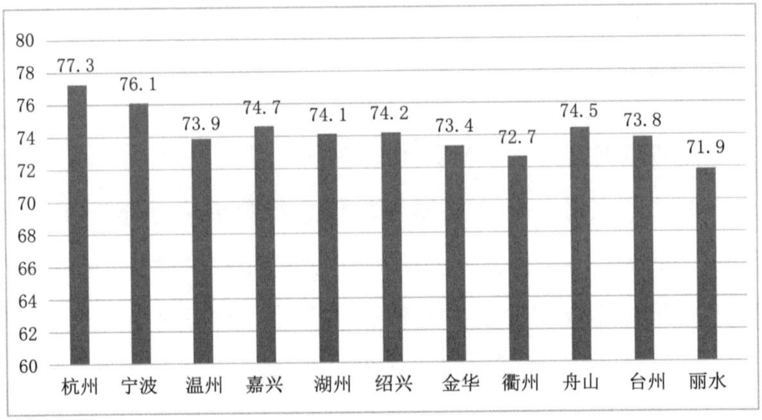

图2-2　浙江省11个地级市县域高质量发展总指数平均得分情况

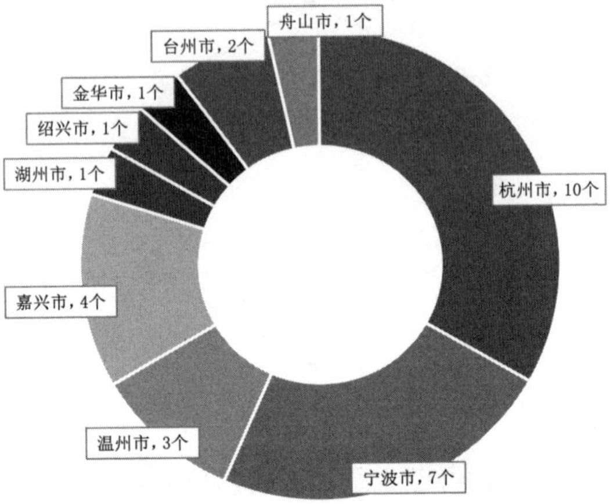

图2-3　浙江省县域高质量发展总指数得分排名前30县（市、区）数量分布图

3. 市辖区整体发展水平较高

总指数得分前10名均为市辖区，前30名中市辖区有19个，占比63%。杭州市、宁波市的市辖区全部进入总得分前30名，其中杭州滨江区连续3年总分排名第一（见图2-4）。

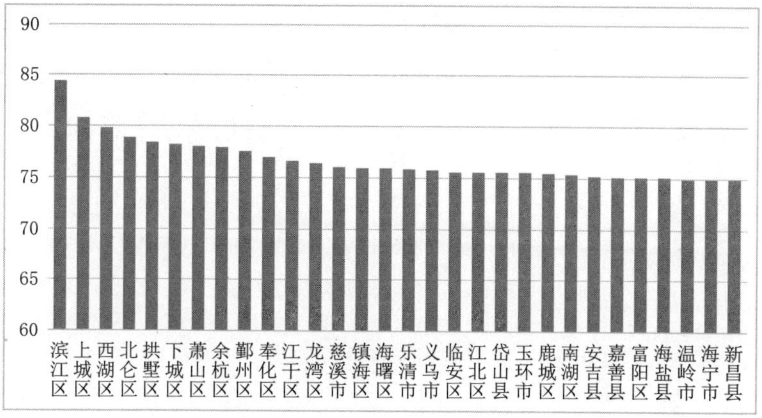

图2-4　浙江省县域高质量发展总指数得分排名前30位县（市、区）

浙江省各县（市、区）高质量发展总指数得分情况见图 2-5。

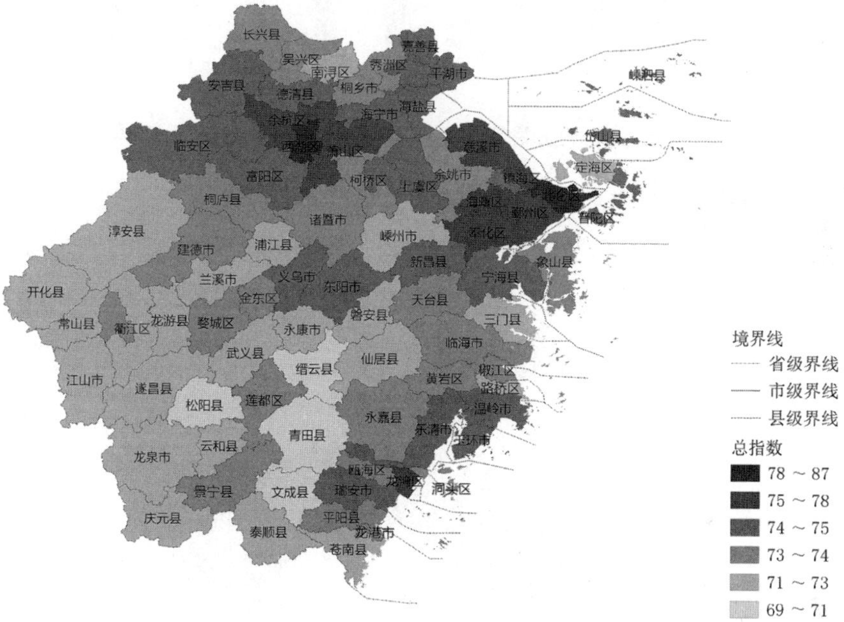

图2-5　浙江省县域高质量发展总指数得分情况

地图审核号：浙 S〔2022〕50 号。

二、综合质量效益发展指数评价

1. 杭城两区领先，龙港新星闪耀

全省县域综合质量效益指数得分平均数为 70.3 分，中位数为 69.4 分，

仅有杭州上城区和滨江区得分超过 80 分，大幅领先第二集团。值得一提的是，2020 年设立县级市的龙港市凭借全省最高的规模以上工业增加值率位列第 10，打破了过去 3 年市辖区对综合质量效益领域得分前 10 名的“垄断”（见图 2-6）。

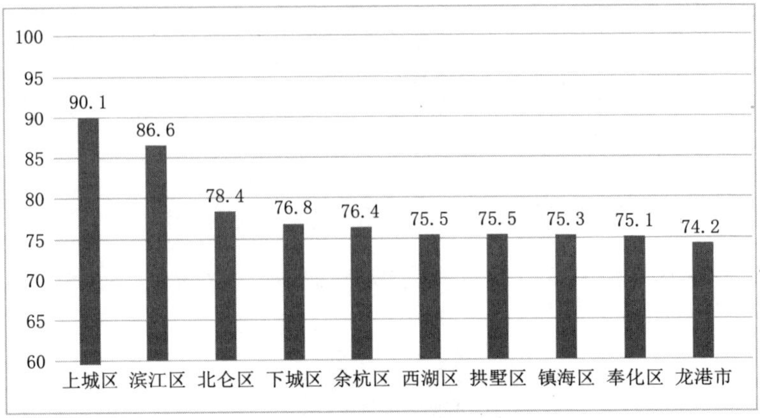

图2-6　浙江省县域综合质量效益指数得分排名前10位县（市、区）

2. 杭州、宁波、嘉兴领跑全省

综合质量效益指数得分前十名中，杭州市和宁波市合计占据 9 位。得分排名前 30 名中，杭州市、宁波市和嘉兴市分别占据 10 个、7 个和 4 个，三地合计占全省前 30 名的七成（见图 2-7）。

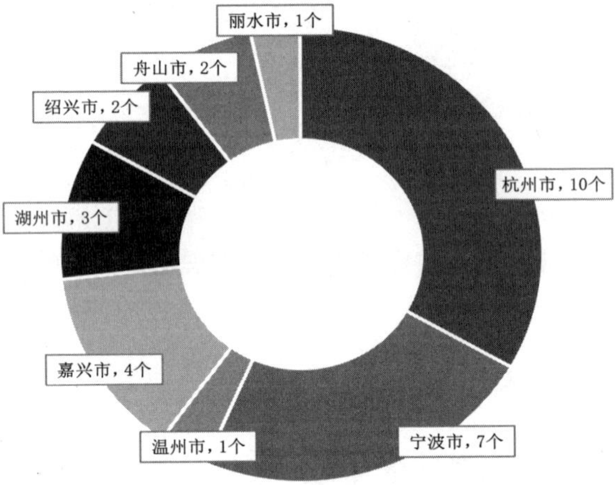

图2-7　浙江省县域综合质量指数得分排名前30位县（市、区）数量分布图

3. 浙江县域综合质量效益指标有升有降

对比 2021 年度报告测评综合质量效益指标数据，全员劳动生产率平均值从 15.14 万元提升到 15.82 万元，而受到疫情以及一系列减税纾困政策的影响，规模以上工业亩均税收平均值从 40.3 万元下降到 35.3 万元。浙江省各县（市、区）综合质量效益指数得分情况见图 2–8。

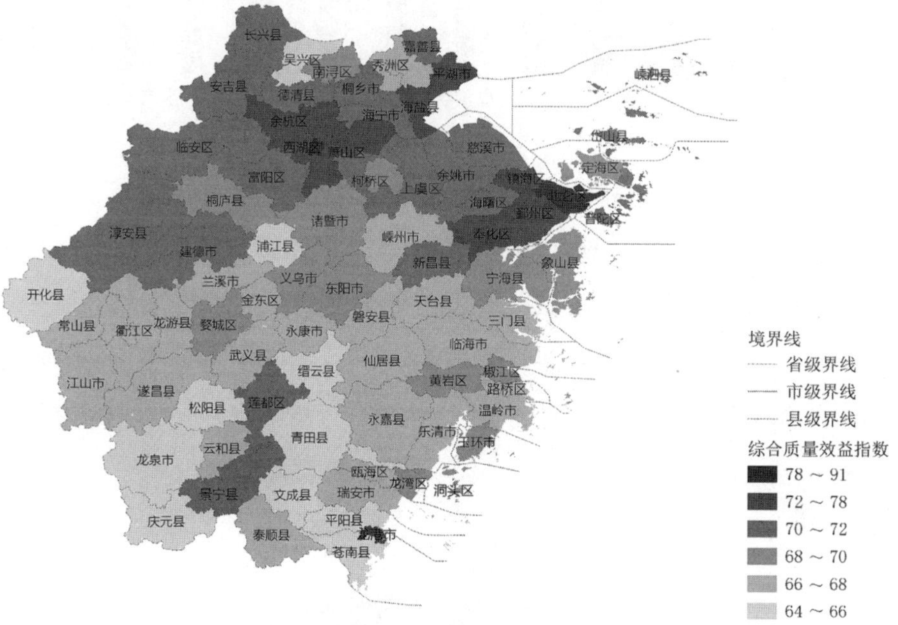

图2–8　浙江省县域综合质量效益指数得分情况

地图审核号：浙 S〔2022〕50 号。

三、创新发展指数评价

1. 县域创新发展呈现“一超多强”格局

全省县域创新发展指数得分平均数为 71.6 分，中位数为 71.4 分，标准差为 4.5，说明整体得分差距不大。杭州滨江区得分大幅领跑全省，多项具体指标位居第一位。排名第 2～10 位分数差距不大（见图 2–9）。全省排名前 30 位中，市辖区和县（市）分别有 13 个和 17 个，县域创新动能增强。

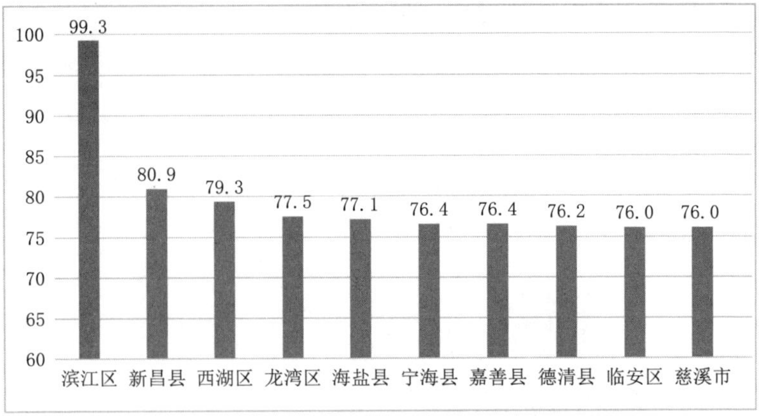

图2-9　浙江省县域创新发展指数得分排名前10位县（市、区）

2. 杭州湾地区创新力领跑全省

创新发展指数得分前 10 名中有 8 名来自杭绍甬嘉四地。前 30 名中，嘉兴市表现出众，下辖 7 个县域全部入围，杭州、绍兴、宁波、嘉兴、湖州、舟山六市合计占据 26 席（见图 2-10）。杭州湾大湾区作为全省创新引擎的地位凸显。

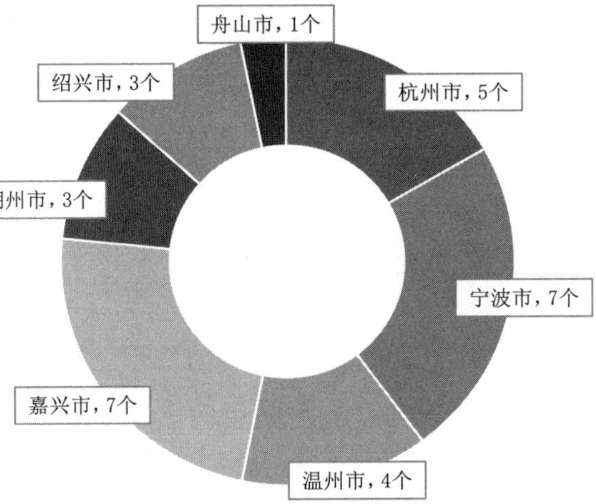

图2-10　浙江省县域创新发展指数得分排名前30位县（市、区）数量分布图

3. 创新指标持续提升

对比 2021 年度报告测评创新发展指标数据，全省 90 个县域的平均

R&D 经费支出占生产总值比重由 2.2% 提升到 2.4%，战略性新兴产业增加值占地区生产总值比重由 6.8% 大幅提升到 7.2%。这说明各县（市、区）在科创投入、高科技产业布局、成果转化等多方面进步明显。浙江省各县（市、区）创新发展指数得分情况见图 2–11。

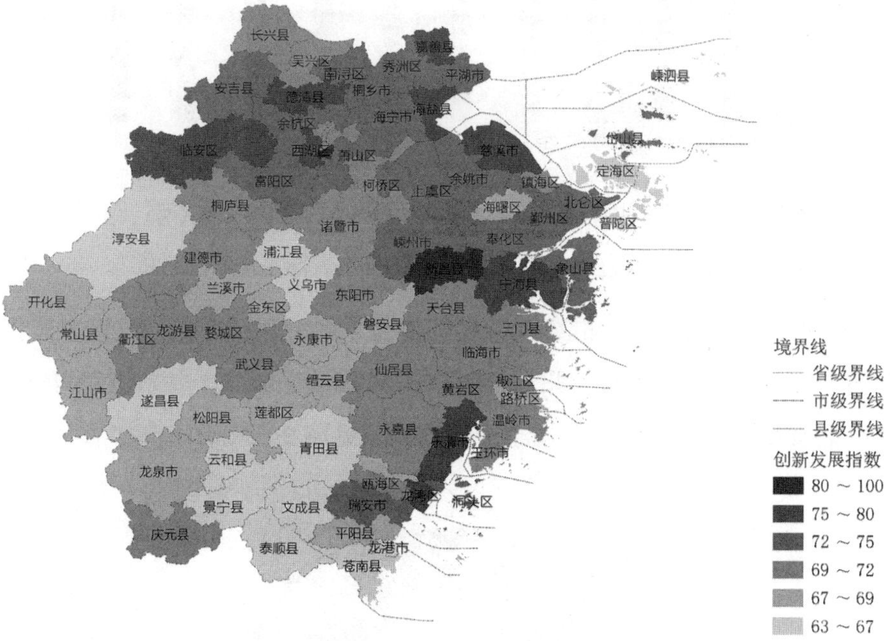

图2–11　浙江省县域创新发展指数得分情况

地图审核号：浙 S〔2022〕50 号。

四、协调发展指数评价

1. 县域协调发展水平整体处于高位

全省县域协调发展指数得分平均数为 80.6 分，中位数为 81.0 分，标准差为 3.5，数据分布较为集中。所有县（市、区）得分均在 70 分以上。全省得分前 10 名平均分高达 86.2 分（见图 2–12）。各个县域的较高水平协调发展也一同构成了浙江全省高质量协调发展的有利局面。

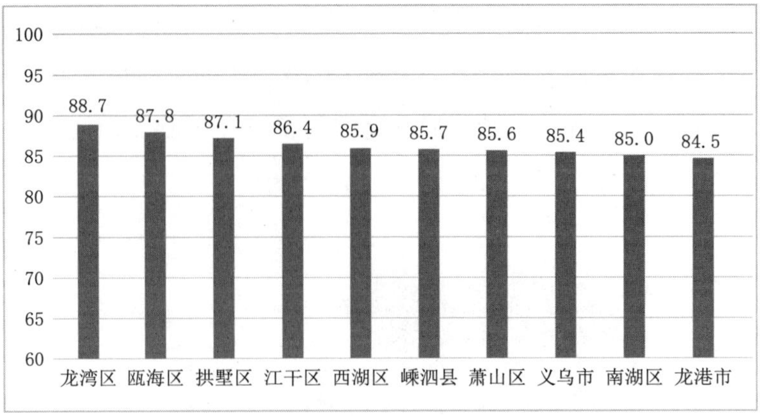

图2-12　浙江省县域协调发展指数得分排名前10位县（市、区）

2. 排名前列的县域分布更均匀

不同于综合质量效益指数和创新发展指数杭甬领跑局面，协调发展指数得分前 2 位的县域均来自温州市。舟山市嵊泗县、金华义乌市也跻身前 10。前 30 名县域所属设区市的分布也更加均匀（见图 2-13）。

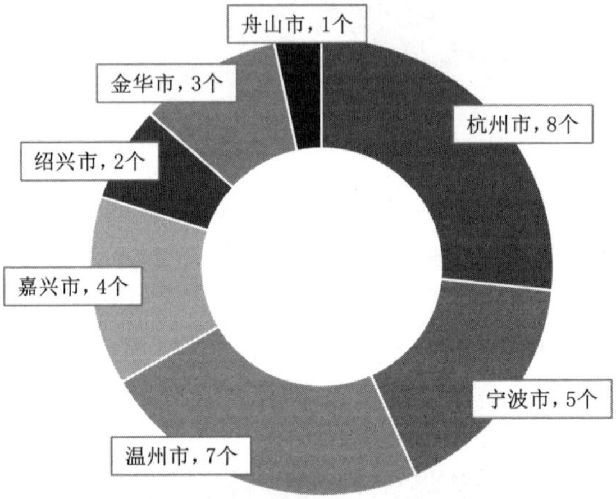

图2-13　浙江省县域协调发展指数得分排名前30位县（市、区）

3. 协调发展水平显著提升

对比 2021 年度报告测评协调发展指数多项指标持续提升。常住人口城镇化率平均值由 67% 提升到 68.5%，城乡居民收入比平均值由 1.81 下降到

1.80，居民人均可支配收入与人均 GDP 之比平均值由 53.0% 提升到 56.8%。居民最低生活保障线以下人数与户籍人口数之比从 1.45% 下降到 0.5%。协调发展各项指标数据的进步也是浙江省奋力推进共同富裕先行示范的直接体现。浙江省各县（市、区）协调发展指数得分情况见图 2–14。

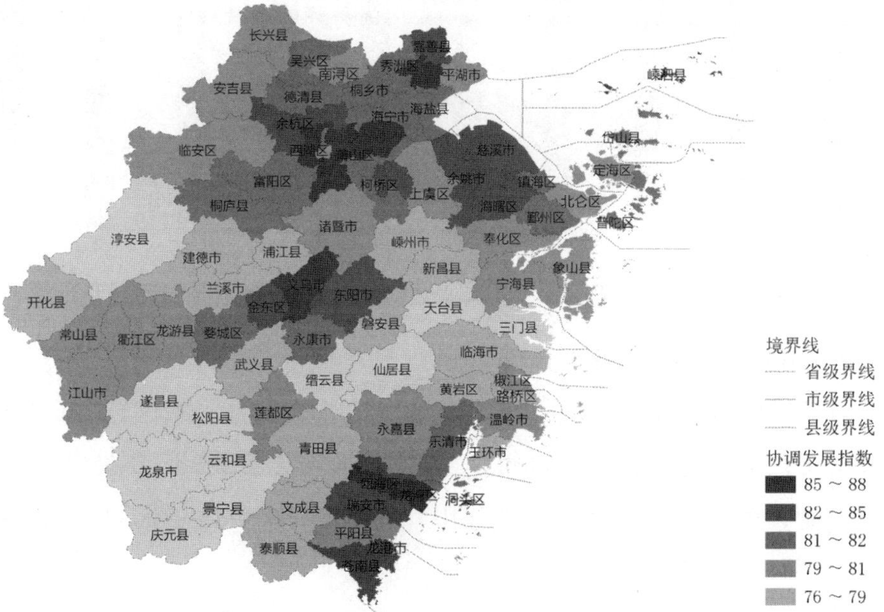

图2–14　浙江省县域协调发展指数得分情况

地图审核号：浙 S〔2022〕50 号。

五、绿色发展指数评价

1. 县域绿色发展总体水平高

全省县域绿色发展指数得分平均数和中位数分别为 81.6 分和 81.4 分，全省共有 56 个县区得分都在 80 分以上。龙泉市、奉化区、庆元县得分突破 90 分（见图 2–15）。山区 26 县绿色发展指数平均分为 86.0 分，大幅领先全省平均值。

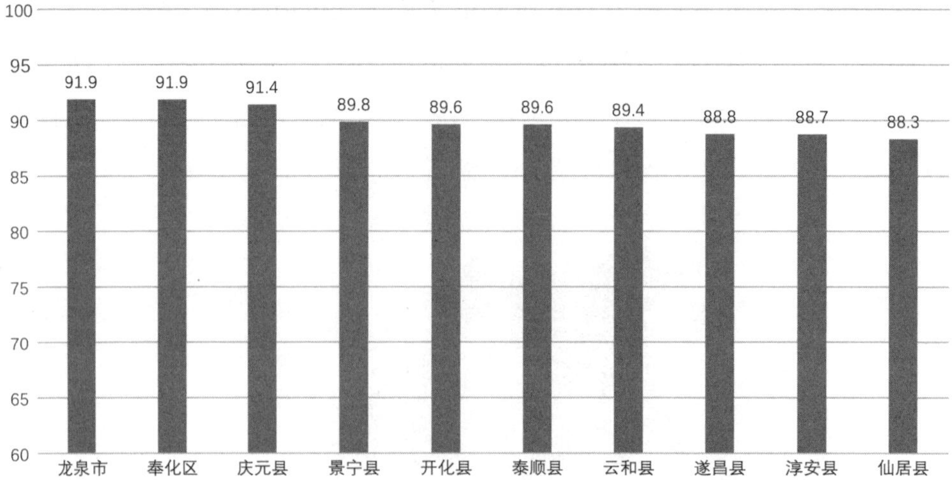

图2-15 浙江省县域绿色发展指数得分排名前10位县（市、区）

2. 山区县绿色发展走在前列

绿色发展指数得分排名前30位中共有17个山区县，体现了山区县在绿色生态方面的独特价值和巨大潜力。丽水市所辖县（市、区）在前30位中占据8席、在前10位中占据半壁江山，台州市有7个县（市、区）跻身前30位（见图2-16）。

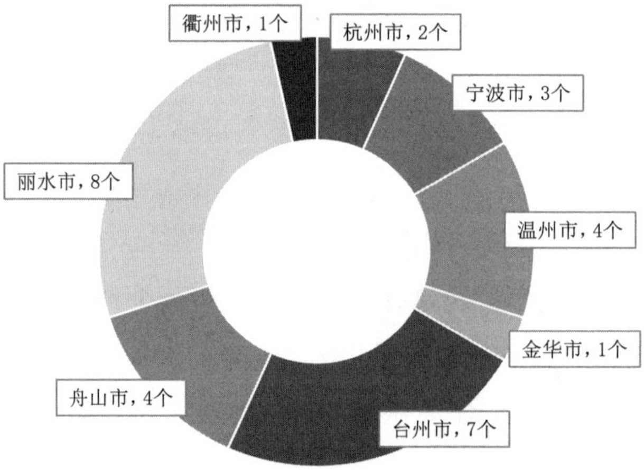

图2-16 浙江省县域绿色发展指数得分排名前30县（市、区）数量分布图

浙江省各县（市、区）绿色发展指数得分情况见图2-17。

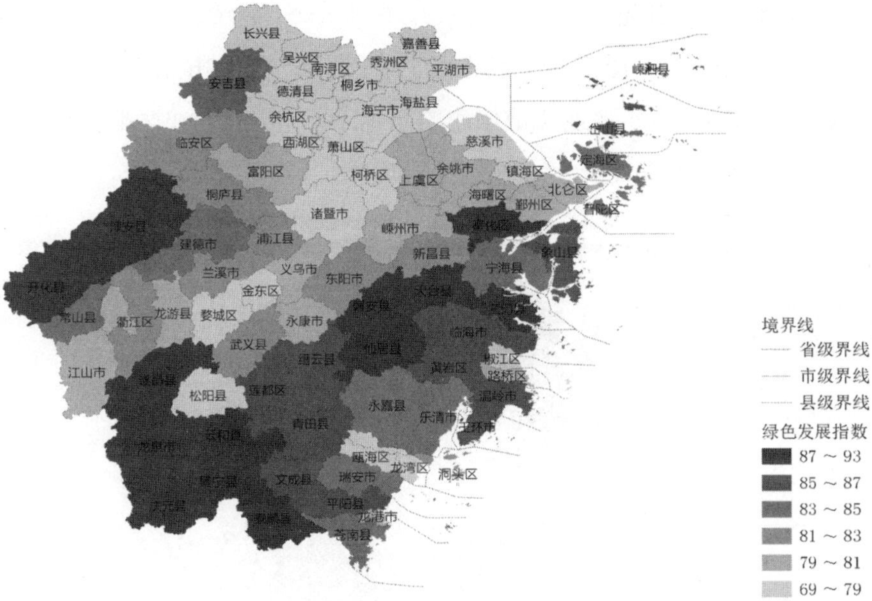

图2-17　浙江省县域绿色发展指数得分情况

地图审核号：浙 S〔2022〕50 号。

六、开放发展指数评价

1. 县域开放发展水平差异较为明显

全省县域开放发展指数得分平均数为 69.1 分，中位数为 67.4 分，标准差为 6，极差是各分项中最大的，显示全省各县（市、区）开放发展水平差异较大。杭州滨江区再次位居第一位（见图 2-18）。

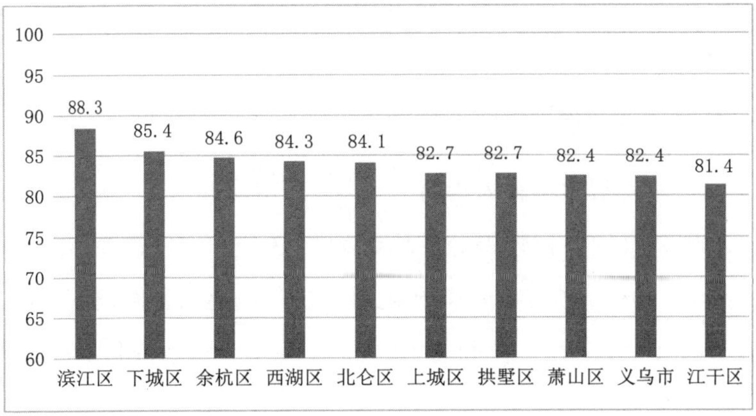

图2-18　浙江省县域开放发展指数得分排名前10位县（市、区）

2. 杭州市处于领先位置

开放发展得分前10名中，杭州市占据8席。宁波市北仑区占据1席，金华义乌市作为国际小商品集散中心跻身前10。得分前30名中，杭嘉甬温四地占据22席，占全省比重达到73%（见图2-19）。

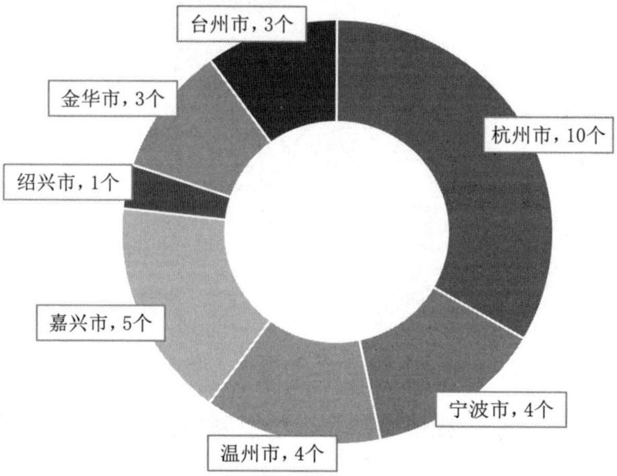

图2-19　浙江省县域开放发展指数得分排名前30县（市、区）数量分布图

3. 开放发展指标变化情况

对比2021年度报告测评开放发展指标数据，实际利用外资金额、人口净流入率等指标均有显著增长，而净增企业法人单位数占企业法人单位总数比重受疫情影响出现了一定程度的下滑。政府和社会数字化水平的平均数和中位数分别由上年度的81.4和79.9提升至88.8和86.1，数字化改革成效明显。浙江省各县（市、区）开放发展指数得分情况见图2-20。

七、共享发展指数评价

1. 县域共享发展水平较为均衡

全省县域共享发展指数得分平均数为75.3分，中位数为74.6分，有72个县（市、区）的得分在70～80分之间。杭州、温州、衢州、宁波、嘉兴、台州共6市有县（市、区）位列前10名，是各项分指数排名中最均衡的（见图2-21）。

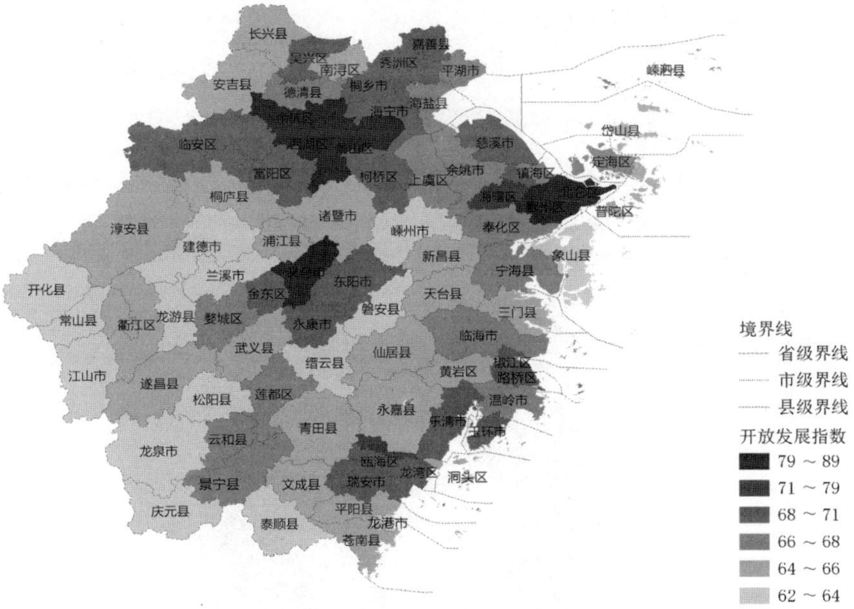

图2-20　浙江省县域开放发展指数得分情况

地图审核号：浙 S〔2022〕50 号。

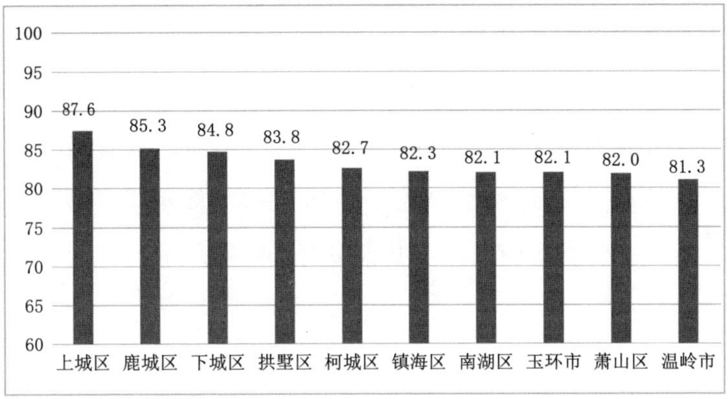

图2-21　浙江省县域共享发展指数得分排名前10位县（市、区）

2. 得分前 30 名县域分布广泛

共有 9 个市所辖的县（市、区）位列共享发展指数得分前 30 名，为各领域中分布最为广泛的。这体现了在高质量建设共同富裕示范区的时代背景和目标指引下，浙江省各区域共享发展的良好势头。杭嘉甬三地合计有 17 个县（市、区）进入全省前 30 名，占比 57%（见图 2-22）。

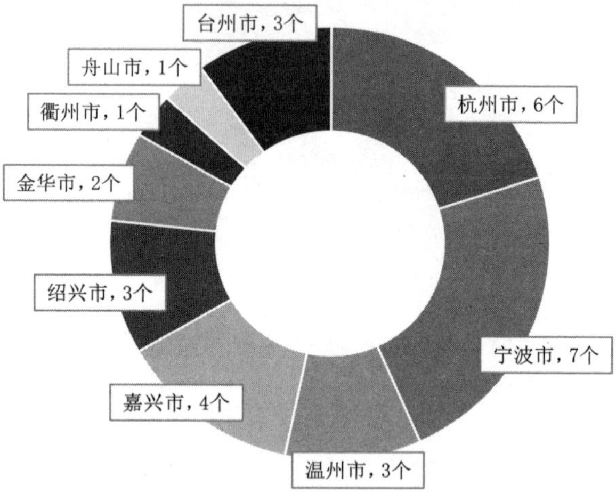

图2-22　浙江省县域共享发展指数得分排名前30县（市、区）数量分布图

3. 共享发展水平持续提高

对比 2021 年度报告测评共享发展指标数据，90 个县（市、区）每千人拥有医生数平均值从 3.7 人增加到 4.7 人，体现了浙江省县域医疗供给水平显著提升。城镇调查失业率由 1.8% 下降到 1.3%，体现了县域就业保障水平不断加强。浙江省各县（市、区）共享发展指数得分情况见图 2-23。

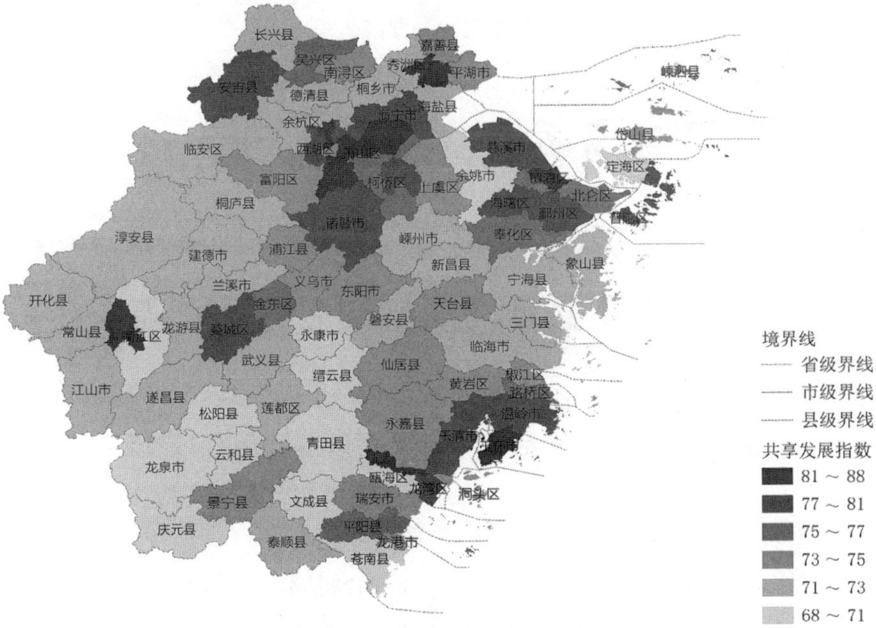

图2-23　浙江省县域共享发展指数得分情况

地图审核号：浙 S〔2022〕50 号。

第三章
浙江县域高质量发展成就启示

第一节　县域高质量发展亮点成就

一、唱响新时代“山海经”，打造共富金名片

山海协作是浙江破解区域发展不平衡不充分问题、推动山区跨越式高质量发展的重要举措。自2002年实施以来，山海协作已经历20年的探索和实践，26个山区县实现全面对接，合作领域不断拓宽，合作机制不断健全，政策规划不断完善，构建形成了宽领域、多层次、全方位的山海协作格局，涌现了一大批可复制可推广的典型案例。例如，温州市泰顺县通过与鹿城区结对，共建山海协作产业园、鹿泰总部科创园平台、农产品展销平台、旅游推荐平台等合作平台，助力泰顺县三产融合高质量发展。又如，常山县与宁波慈溪市结对，合作共建了常山-慈溪山海协作产业园，引进常山单体投资额最大的工业项目“万洋众创城”，同时扎实推进三大“飞地”建设，创新建立“一共二代三保”[1]的合作模式，推动了正丽机电、麦迪森共享汽车等一批优质项目落地。

二、打造山区特色产业，形成共富新动能

提升“造血”能力，做大特色工业产业是山区跨越式高质量发展的关键。山区26县在“一县一策”等政策引导下，以特色生态工业为基础，探索出一

[1]“一共二代三保”：即双方共同出资，支援方代运营、代管理，保招商、保资产、保收益。

条厚植特色、科技创新、绿色低碳、数字智慧的蝶变之路。例如，丽水松阳县特色农业积极“问海借力”，聚焦品控，提升特色农业竞争力，成立集网络问诊和测土配方于一体的新型庄稼医院，服务达2000余人次2.5万余亩，完成香榧、油茶、茶叶产业农合联组建；搭建线上线下优质农产品展示展销中心，扶持建设优质农产品农村电子商务运营服务中心，助力打造集农文旅融合发展的电商产业园，促进产品线上销售。再如，衢州市柯城区依托柯城–余杭山海协作乡村振兴示范带，以“画乡余东”余东村为中心，辐射周边斗目垅村、碗窑村、五十都村等历年乡村振兴示范点，连点成线、串线成面、抱团发展，积极创建农业品牌标识，拓宽特色产品销售渠道，创新建立“一卡”“一店”“一批公司”的消费帮扶“消薄卡”项目模式，成功孵化了8家村集体企业，打造了“柯城善品”农产品帮扶品牌，培育了“九华春糕”“德门龙手工面”“前昏功夫虾”等一批知名特色农产品。

三、共建开放合作平台，开发共富新空间

山区26县最欠缺的就是能够承接产业发展的高能级平台。经济开发区成为山区县开放跨越发展的新平台，全省11个经济发达地区开发区率先与山区县开发区结对，推进项目共引、产业共建，在共同富裕的道路上结伴同行，通过结对的方式，寻找双方产业中的共性和互补性，真正做到跨区县之间的延链、补链、强链。例如，天台经济开发区的“大车配”产业颇有特色，而湖州经济技术开发区在新能源汽车产业方面集聚了一批龙头企业，开展了一系列产需对接和产业链上下游整合互补的招商推介活动，推动优质项目在天台县发挥溢出效应，加速落地，推动山区县激活土地资源，利用生态优势发力，拓展共同富裕新空间。再如，江山开发区与柯桥开发区通力协作，高起点打造“飞地”产业园，年产20万吨高精密新能源汽车结构件等一批支持山区26县发展的项目签约落地，签约总额超80亿元，涉及智能制造装备、生物医药、食品饮料等产业，打造山海协作的“产业飞地”新样板。当前浙江省50个经济强县结对帮扶山区26县，26个山海协作“产业飞地”在省级

新区、能级较高的开发区（园区）签约共建，年度推进产业合作项目 369 个、完成投资 460 亿元，助力山区县加快实现“弯道超车”。

四、解决群众急难愁盼，绘出共富新图景

带领人民创造美好生活，不断提高人民群众获得感、幸福感、安全感是共同富裕的根本。山区县通过山海协作工程、数字化改革等方式不断提升公共服务供给水平，实现老有所养、幼有所育、病有所医、学有所教的美好愿景。例如，庆元县深化山海协作，其教育现代化发展监测跃升至全省第 43 位，与西湖大学、浙江中医药大学、清华长三角研究院、浙江发展规划研究院等大院名校开展战略合作。同时，“健康浙江”考核三连优，省级优质医疗资源下沉庆元县，9 家基层卫生院完成规范化改造。再如，龙游县与镇海区结对，开办“山海班”，镇中名师团队到龙游，龙游学子每年赴镇海中学交流学习，与镇海中学学子同班共师、同堂共学、同考共析。2020 年“山海班”高考清华大学录取 1 人，香港大学录取 1 人，高考文化分一段线以上比例为 96.7%，浙江大学分数线以上占 41%，成绩创龙游中学历史新高。

五、全力护美绿水青山，擦亮共富新底色

浙江县域协同推动经济高质量发展和生态环境高水平保护，加速迈向天更蓝、山更绿、地更净、水更清、环境更优美的目标，为建设浙江展示生态文明高度发达窗口作出了巨大贡献。例如，衢江区、龙游县签署了行政边界地区环境应急联防联控合作协议。这一实践有效促进了全过程、多层次的环境风险联合防范体系形成，使得科学应对跨行政区突发环境事件、共同打击区域环境违法行为成为可能。又如，苍南县积极推进生态固碳，在蓝碳理念的领导下，通过海菜养殖、渔业碳汇等方式为世界蓝碳资源开发与保护提供了“中国方案”。再如，仙居县以国家公园建设为抓手，争取国家相关部委、世界自然基金会、全球环境基金等国际机构的资金、项目和智力支持，并利用全球环境基金（GEF）赠款，实施了国内首个生物多样性新型碳汇项目。

还有遂昌县仙峡湖流域生态环境导向的开发（EOD）模式试点实施方案入选全国试点，启动分布式光伏碳资产的国家核证自愿减排量（CCER）交易工作，并基于碳交易机制模式，建立“分布式光伏碳资产虚拟银行”。

六、挖掘传承历史文脉，彰显共富新魅力

浙江县域坚持传承中华优秀文化，推动社会主义核心价值观深入人心，为高质量发展建设共同富裕示范区提供优质文化服务，为促进人民精神生活共同富裕提供更高质量的文化供给。例如，永嘉县提炼“SONG”[1]文化概念，以诗路文化为核心打造文旅融合新样板，举办大型系列报道座谈会，突出文化品牌特色。又如，景宁县在推动公共文化服务提档升级方面，畅通公共文化服务“最后一公里”，建立县域文化产品库，通过“文化物流”等品牌的创建，送文艺创作精品下乡，并推行开放式点单“约文化”，精准对接供需双方需求。再如，磐安县通过中医药文化宝藏赋能人居环境整治，建成西溪、夹溪省级美丽河流，彰显河流人文历史，坚持“文化＋农事活动”，完成125个美丽田园清洁、提升，建成首个下沉式文化公园——行知文化公园。还如，天台县举办“和合文化基因解码暨文化标识建设成果展”，集中展示了1082个文化元素，确定了以天台山“和合文化”、浙东唐诗之路目的地、济公传说等为核心的20个文化基因重点解码项目，展现了中华“和合文化”的标志地、传播地、示范地的风采。

[1]“SONG”：既是“宋”字的拼音，也是“歌唱、诗歌”的英文。其中“S”是以“山水诗”为代表的“诗歌”文化；“O”是以“瓯窑”为代表的“瓯”文化；“N”是以“南戏”（永昆、乱弹）为代表的“戏曲”文化；“G”是以“古村落”为代表的“耕读”文化。

第二节 县域高质量发展重要启示

一、政策护航，走出“一张蓝图绘到底”的共富之路

2003年习近平同志在“八八战略”中就提出要“推动欠发达地区跨越式发展，努力使海洋经济和欠发达地区的发展成为浙江省经济新的增长点”，并制定出台了“山海协作工程”等一系列政策举措。多年来浙江历届省委省政府忠实践行“八八战略”，都把推动山区县域高质量展作为施政重点，从“欠发达乡镇奔小康工程”“重点欠发达县特别扶持政策”到“促进山海协作‘飞地经济’健康发展”“低收入群众增收行动计划”等系列政策，形成涵盖生态补偿、异地搬迁、结对帮扶等方面的扶持体系。良好的政策基础，助力山区26县一举摘掉欠发达的“帽子”，向着高质量建设共同富裕示范区大步迈进。近年来，全省上下坚持“一张蓝图绘到底”，加快“一县一业”精准谋划、“一县一策”落地生效和山海协作迭代升级，随着《浙江省山区26县跨越式高质量发展实施方案（2021—2025年）》《进一步加强山海协作结对帮扶工作的指导意见》等先后发布，一套“1+2+26+N”顶层设计体系逐步成型，不断推动山区26县放大特色、转换优势，走出山区发展推动共同富裕的蝶变之路。

二、设施联通，走出“不以山海为远”的共富之路

过去交通不便、信息不灵，是阻碍山区26县发展的“鸿沟”。随着杭金衢高速公路、金丽温高速公路、龙丽温高速公路顺利通车，浙江全省已经实现了县县通高速，山区县联通对外发展的这道“鸿沟”正在被不断填平；此外，衢宁铁路、杭绍台城际铁路建成通车，杭衢高铁、杭温高铁等建设如火如荼，为山区26县接轨大上海、融入长三角和融入省内四大都市圈创造了有利条件，打通了山海相接、跨越发展的大动脉。未来山区县发展将按

照“修一条路、造一片景、兴一地业、富一方民”的理念，着力推动共同富裕特色示范路创建，进一步将生态、文化、旅游、体育、产业融入通道设计建设全过程，串联“山水林田湖、城镇乡村景、畅安舒美绿”，形成“一县一路”典型样板，把26县公路打造成为自然生态、安全畅通、舒适美丽的山区共同富裕走廊。

三、数字赋能，走出“平台+大脑+应用”的共富之路

数字赋能是推动山区26县跨越式高质量发展的动力之源。自2018年以来，全省持续实施数字经济“一号工程”，极大完善了以5G为支撑的新一代互联网基础设施，实现了山区县与城市发展的无差别信息共享。随着数字化改革深入推进，以加快山区26县数字经济创新发展为引领，打造“5G+工业互联网”平台、试点培育“未来工厂”为抓手，有力推动山区县数字经济蓬勃发展，拓展增收致富渠道。创新发展智慧农业，提升农业生产等各环节数字化水平；完善电子商务配套设施，壮大直播电子商务等新业态；以“数据云平台＋乡村大脑＋场景应用”为抓手，推动更多生产、经营、服务、监管等多跨场景落地；积极引进和吸引数字化人才、资本、技术等要素流入26个山区县，增强山区县实现共同富裕的内生动力和发展后劲。

四、小县大城，走出“基本单元+组团发展”的共富之路

“小县大城”是浙江独具特色的城镇化发展方式，区别于以土地城镇化为主导的发展模式，是以“人口集中、产业适宜、空间集聚、资源集约、生态宜居”为方向，以改革创新为动力，通过“小县大城”“县城＋重点镇”等不同组团发展模式，促进人口和经济集聚，实现以人为核心的中国特色新型城镇化道路的成功实践。当前，“未来社区”“未来乡村”等作为共同富裕基本单元，赋能山区县域通过“人口集中、产业集聚、要素集约、改革集成、功能集合”，做大做强县城和集镇，在各种内外部约束条件下，努力实现资源要素的最优配置和经济社会的最优发展，走集聚集约的跨越式高质量发展

之路。

五、内外发力，走出“输血与造血相结合”的共富之路

在实践共同富裕的道路上，发达县市、央企、国企与山区26县的“山海协作”“结对帮扶”“新型帮共体”等举措，聚焦平台共建、产业共兴、项目共引，实现山海资源要素精准对接、合作共赢，为山区县补齐交通基础设施、优质公共服务和新型城镇化建设三大短板发挥了重要作用。但山区县跨越式走向共同富裕更离不开自身的“造血”功能，在“一县一策”引导下，山区26县均已因地制宜地明确各县主导产业，遂昌金属制品、天台汽车零部件、青田不锈钢、龙游特种纸、永嘉泵阀、淳安水饮料、缙云机械装备等“一县一业”产值超百亿。生态农产品、特色旅游加快发展，更加提升居民收入、壮大市场主体、打通经济效率的转化通道，走出内外力融合、可持续发展的共富之路。

专题篇

第四章
共同富裕先行浙江县域创新发展探索与展望

“郡县治，天下安。”自古以来，县域经济发展在国家的发展过程中，一直起着重要而独特的作用。县域经济强，是浙江经济的一大特色。浙江省第十五次党代会报告提出“在高质量发展中实现中国特色社会主义共同富裕先行和省域现代化先行”的奋斗目标，对县域发展提出了新要求，指明了新方向。在高质量发展实现共同富裕的新征程上，浙江不断探索县域创新发展新路径，通过产业创新和科技创新赋能县域经济发展，加快突破发展不平衡不充分问题，为实现共同富裕提供浙江示范。

第一节　共同富裕背景下县域创新发展的形势要求

县域产业是浙江省县域经济发展的基石，也是缩小城乡区域发展差距、提高居民生活水平的重要支撑。2021 年，浙江 GDP 超千亿元的县（市、区）达 25 个，其中超 2000 亿元的 7 个，数量在全国名列前茅。2021 年，中共中央、国务院赋予浙江高质量建设共同富裕示范区的历史使命，对浙江县域产业创新发展提出了新要求。浙江以改革创新为根本动力，做大做强县域富民产业，数字赋能产业转型升级，特色产业平台能级持续提升，一二三产业融合发展，“两山”理念稳步践行，推动县域产业不断提高质量效益，成为建设共同富裕示范区的中坚力量。

一、集聚化：块状经济加速向现代产业集群转型

浙江省块状经济先发优势突出，各县（市、区）因地制宜，在地理版图上发展出独具特色、分区明显的“经济马赛克”。既有县域性的义乌小商品、海宁皮革、新昌纺织、诸暨珍珠等，也有镇域性的濮院毛衫、柳市电器、横店影视等。2019—2022 年，浙江省相继发布《浙江省块状特色经济质量提升三年行动计划》《浙江省培育先进制造业集群行动计划（2020—2022 年）》《浙江省全球先进制造业基地建设“十四五”规划》等政策文件，对统筹规划块状经济向高端化、智能化、绿色化等方向转型提出新要求。块状经济的内涵从自发集聚向转型升级、产业深度融合、数字赋能等方向深化，范围从县域地域拓展至区、市，领域从传统产业向战略性新兴产业、未来产业延伸，空间朝集中、集聚、集约“三集”发展，逐步呈现出现代产业集群的新特征。2022 年浙江有 18 个县入选全国百强县榜单：从质量上看，8 个县位居榜单前 20 名，是名副其实的“头部阵营”；从数量上看，长三角百强县中，浙江占 38 席，占全部县（市、自治县）的 71.7%。全省陆续涌现出钱塘区高端装备制造产业集群、宁波杭州湾新区汽车产业集群、绍兴滨海新区生命健康产业集群等县域产业新势力。

二、数字化：数字赋能县域产业以“智”提“质”

2021 年，浙江省全面推进数字经济“一号工程”2.0 版，大力推进产业数字化和数字产业化。数字赋能下的县域农业、制造业、服务业都呈现加速壮大的良好态势，成为推动全省经济社会发展的主引擎和创新支撑。一是数字农业农村建设稳步推进，浙江省县域数字农业农村总体发展水平连续三年居全国首位。杭州余杭区、湖州南浔区、嘉兴平湖市、金华浦江县等 10 个县（市、区）连续三年获评数字农业农村先进县，数量居全国第一。二是“产业大脑 + 未来工厂”降本增效，2021 年浙江累计创建省级工业互联网平台 285 家，认定未来工厂 61 家（含培育 29 家），基本覆盖“415”先进制造

业集群、17个重点制造业行业和主要块状经济产业集聚区。三是数字生活新服务全面开展，各县（市、区）聚焦数字商贸、数字学习、数字出行、数字文旅、数字健康、数字政务“六大建设”，逐步满足城乡居民对美好生活的向往。全省实现省市县医疗机构检查结果互联互通互认，“浙里好玩”3A级以上景区和省级以上旅游度假区实现数字服务全覆盖。

三、融合化：“三产”融合培育县域产业发展新动能

浙江省顺应技术变革、产业变革、消费升级趋势，发挥数字经济发展优势，县域经济加速向一二三产业融合、“两业融合”等产业深度融合方向发展，产业基础趋于高级化、产业链日益现代化，推动浙江成为经济高质量发展的全国省域范例。一是围绕浙江省发展中相对短板的山区26县，乡村一二三产业融合发展加快推进，涌现出“丽水山耕”、仙居“神仙大农”、安吉“两山优品汇”等一批区域公共品牌，以及磐安“浙八味”中药材、庆元食用菌生物科技等优势特色产业集群。二是围绕浙江省重点发展的战略性新兴产业和特色优势产业，依托数字化、柔性化、集成化、共享化、平台化的“五化”融合路径，呈现先进制造业与现代服务业深度融合的发展趋势。截至2022年9月，浙江省共有4个县域（杭州高新区、宁波北仑区、宁波慈溪市、嘉兴海宁市）入选“两业融合”国家试点，15个县域入选省级试点。例如宁波北仑区以产业高端化为核心，聚焦高端装备、工业互联网、港口物流和工业原材料等领域，不断探索智能工厂建设、供应链管理和总集成总承包服务等“两业融合”的“北仑模式”。杭州高新区充分发挥数字经济先发优势，在物联网、智能制造、生命健康、信息软件等领域推动两业融合，串联“数字+服务+制造”，推广协同制造、智慧制造、共享制造等制造业向服务端延伸，服务业向制造端拓展的新模式。

四、平台化：平台能级提升支撑县域产业高质量发展

浙江省各县域不断完善“产业平台+创新平台+公共服务平台”等平台

体系，各类平台载体加速向集约化、高效化发展，有力支撑县域产业释放经济新活力、产业集群实现高质量发展。一是“万亩千亿”新产业平台支撑制造业实现新飞跃。自 2019 年启动以来，全省累计培育四批共 27 个“万亩千亿”平台。据省发展改革委 2021 年考评结果，2021 年平台工业总产值 5706.2 亿元，新增固定资产投资额 1104.7 亿元，以占全省 1.5% 的土地面积，贡献了全省 2.6% 的固定资产投资、6.3% 的规上工业产值，平台能级显著提升。绍兴集成电路产业平台、宁波杭州湾新区智能汽车产业平台和衢州高端电子材料产业平台位居前三。“万亩千亿”平台以承载重大改革、重大政策、重大平台、重大项目，成为全省未来制造业发展的投资热土、创新高地和发展新增长点。二是服务业创新发展区激活服务业新动能。2020 年启动以来，全省累计形成两批次共 81 个服务业创新发展区，成为服务业发展的关键抓手，计划于 2025 年前建成 100 个，其中包含 20 个高能级平台。浙江省现代服务业“556”重点产业领域各类服务业新业态新模式不断丰富，集聚大批服务业龙头企业，加速服务业能级升级、结构升级、质效升级，高质量支撑浙江省“两个先行”。三是“双创”示范基地跑出创新创业加速度。截至 2021 年底，浙江省拥有国家级双创示范基地 13 家，居全国第三，开展五批共 85 家省级双创示范基地建设，覆盖全省 11 个设区市 38 个县（市、区），涵盖高校、科研院所、企业等多元主体，构成了创业就业、融通创新、精益创新、全球化创新等差异化发展的特色格局，为全国提供了可复制可推广的双创“浙江经验”。

第二节　共同富裕背景下县域创新发展的实践探索

高质量发展建设共同富裕示范区是党中央、国务院赋予浙江的重大战略使命。浙江各级政府部门深入贯彻习近平总书记关于共同富裕的重要讲话和指示批示精神，全面落实党中央、国务院决策部署，勇担“重要窗口”责任担当，打造全国推动共同富裕省域范例。二年间，共同富裕示范区建设扎实开局，各县（市、区）砥砺奋进、各展所长，不断掀起争创共同富裕示范区县域典范的新高潮。

一、县域产业高质量发展走出新路子

1. 走好产业集群发展新路径，助力块状经济转型升级

浙江省县域多为自发性集聚的块状经济，在数字赋能、技术创新的驱动下，块状经济加速向产业集群转型升级，产业链实现补链、强链，向价值链中高端攀升。位于绍兴西北的柯桥区，是全国综合实力“十强区”，拥有全国纺织产业链最完整、纺织产能最大、专业市场最大的纺织产业集群。中国（柯桥）轻纺城全年面料销售约占全球的四分之一。为实现柯桥纺织“再突破”，柯桥着力打好“全球化”“数字化”“高端化”三张牌，为共同富裕先行探索出一条块状经济转型升级的“柯桥路径”。从柯桥纺织业转型升级的实践探索来看，其主要经验如下：一是着眼全球化，赋能中国纺织品更好“卖出去”。柯桥区大力推进“数字轻纺城”和“数字物流港”两大项目建设，做好跨境电商和市场采购贸易方式两大试点，积极举办云展会、云对接、云直播、云发布等线上活动；同时，深化“一带一路”、RCEP贸易通道，开办“外商集市展”等活动，提供“代参展”等服务。2022年1—7月，柯桥外贸出口同比增长31.8%，增速高于全国、浙江全省，出口总量创历年同期新高。二是拥抱数字化，破解产业难点痛点。通过培育智能制造工程服务机构和“印

染大脑”等纺织工业互联网平台，打造“数智轻纺城”，积极引入“机器换人”“数字车间建设”等智能制造及管理举措，推动企业由“化纤制造”向“化纤智造”转型发展，有效破解安全生产、供需管理等过程中的痛点难点。三是冲击高端化，发展时尚创意等价值链高端产业。重点实施产业提升、品牌提升、绿色发展、创新驱动四大功能工程；全面构成“商标、版权、信用（荣誉）”三位一体的大品牌指导体系；制定发布了全国首个绿色印染团体标准，筹办了“中国轻纺城”冠名30周年庆祝大会暨第五届世界布商大会。通过建设浙江省现代纺织技术创新中心（鉴湖实验室）、现代纺织产业创新服务综合体等高能级平台，持续提升纺织科技型中小企业、高新技术企业创新发展势能。引进中国纺织工业联合会、中欧时尚梦工厂等知名设计机构，推动设计人才、赛事论坛落户，发展完善时尚创意产业价值链条。柯桥“国际纺都”“金名片”日益鲜亮。

2. 挖掘千年文化蕴藏，推动历史经典产业出彩发展

浙江是文旅资源大省，拥有丰富的历史文化资源，诞生出丝绸、黄酒、茶叶、青瓷、宝剑、文房、木雕等各类历史经典产业和非遗特色产业集群。新形势下历史经典产业也亟待实现创造性转化和创新性发展，更好服务经济社会发展和人民高品质生活。“青瓷宝剑，天下龙泉”，丽水龙泉宝剑传承千年，是浙江省十大历史经典产业之一，其传统锻制技艺被列入国家级非物质文化遗产。近年来，龙泉市坚持振兴剑瓷经典文化，深耕剑瓷文化产业，推动文化传承，为共同富裕先行探索出保护传承创新历史经典产业的“龙泉方案”。从保护传承创新龙泉宝剑的实践探索来看，其主要经验如下：一是狠抓产业平台建设。积极构筑“两小镇八平台”，聚力打造中国青瓷小镇和龙泉宝剑小镇，加快推进剑瓷“两文化园”“两产业园”“两双创园”和剑瓷电商园、剑瓷产业带“八大平台”建设，引导企业集群集聚发展。中国青瓷小镇成为全国首批特色小镇，龙泉宝剑小镇列入省级特色小镇，带动150余家企业入驻。举办“第二届世界青瓷大会·第十一届龙泉青瓷宝剑文化旅游节”、“一剑钟情 从瓷开始”中国旅游日精品项目等文化创意赛事活动。二是跨界融合激活发展活力。通过“体育 + 青瓷”“体育 + 宝剑”实现文旅体跨界联姻。龙泉成为长三角“龙泉论剑”武术大赛、浙江省传统武术大赛的承办地；自主赛事 IP“江南之巅”天空越野赛奖牌选用龙泉青瓷制作；“中国瓷·龙泉窑”主题体育彩票于 2022 年 4 月在全国公开发行，覆盖全国 20 多万个网点，一期发行金额 1.08 个亿，发行数量 1080 万张。三是人才、技术、品牌赋能产业发展。以人才作为传承滋养的生力军，设立龙泉市青瓷宝剑产业局，整合统筹剑瓷产业要素；龙泉青瓷宝剑技师学院建设成为国家级高技能人才培训基地，培育了 5 位中国工艺美术大师，47 位浙江省工艺美术大师及 4 位国家级青瓷烧制技艺项目非遗代表性传承人，年龄跨度从“60 后”到“90 后”。坚持科技创新和商业模式创新赋能产业发展，成立产业创新服务综合体等平台，利用高强度抗菌龙泉青瓷技术等技术手段，突破烧制温度控制难、原料标准化、易碎过重等技术共性难题，依托数字技术进行剑瓷文化和品牌推广，完善标准化体系，赋能产业高端发展。

3. 致力追赶超越，大力发展战略性新兴产业

浙江省许多县域工业有一定规模，但企业多而不强、产业全而科技含量不高，当比照共同富裕示范区建设导向时，以往的粗放发展模式导致现有产业格局无法达到“聚焦高新低碳产业”“打造高能级产业新平台”等新要求，甚至陷入“尾大不掉”的尴尬处境。作为山区 26 县的武义县，积极响应“一县一策”“一县一业”，聚焦新材料产业，攻坚克难、创新求索，走出了一条战略性新兴产业开拓新赛道跨越赶超共同富裕的“武义路径”。从武义县聚力培育壮大新材料产业的实践探索来看，其主要经验如下：一是立足特色，夯实发展基础。武义有“萤石之乡”的美称，以三美化工为龙头的含氟新型材料生产企业已颇具规模。武义聚焦新材料高质量发展，限制、淘汰一批生产线，在实现“腾笼”“扩园”后，以三美化工为核心，加快引进高端、专精的优质项目，着力发展含氟新材料产业，其新材料产业园通过省化工园区认定。二是面向未来，拓宽市场需求。加快向含氟新材料产业链下游延伸，依托日本半导体氟化学品顶尖研发与制造技术推动湿电子化学品项目建设，布局聚全氟乙丙烯项目和聚偏氟乙烯项目和双氟磺酰亚胺锂项目，不断挖掘光伏、锂电等新能源领域及半导体领域的市场需求，加快培育氟化工新材料产业集群。三是多核牵引，增强抗风险能力。武义在持续支持三美化工发展的同时，也努力招大引强，开辟其他产业发展路径。2021 年底引进投资超 50 亿元的年产 8 亿米超高速高聚光纤及设备研发生产基地项目，并依托该项目建设 5G 光电产业园，与含氟新材料联动发展，有效缓解“三美化工依赖症”。

4. 用好“绿水青山”，奏响特色文旅产业发展新乐章

浙江是文化和旅游大省，得天独厚的自然风光和积淀深厚的人文景观交相辉映，许多县域着重挖掘稀缺性文旅资源，构建具有标识度、影响力的综合性产业链，努力打通文化共富路径，为县域经济强基铸魂。“江南清妍地，人间处士家”，湖州市德清县历来以山水秀美而著称，名山、湿地、古镇荟萃，旅游资源丰富，历史文化底蕴深厚。近年来，德清县紧抓文化和旅游融合机遇，创新推进全域旅游，大力发展乡村旅游、山地度假，探索出独具特色的文旅产业共同富裕“德清路径”。从德清发展文化旅游业的实践探索来看，其主要经验如下：一是打造标杆景区，构筑美丽经济走廊。德清县深入实践全域旅游理念，把全县作为一个大景区、大公园、大花园来谋划布局。德清莫干山国际旅游度假区成功创建了国家级旅游度假区，成为德清文旅标杆景区。下渚湖为国家 4A 级旅游景区、国家湿地公园，曾获评“中国最美湿地”称号，以下渚湖湿地风景区为核心，先后引进升华度假酒店、开元森泊度假乐园、天际森谷山野度假区等项目，旅游配套设施提档升级，“环下渚湖”板块旅游格局不断完善。二是数字赋能发展，推动全域旅游。成立莫干山旅游旗舰店、“百县千碗·德清味道”美食旗舰店，以“当地政府 + 地方文旅企业 + 互联网数字平台”的全新方式，探索文旅产业发展路径，利用规模优势统一运营和线上营销，不断丰富“吃住行游购娱”全过程的高质量旅游消费服务。三是农文旅融合发展，实现增收。德清县广角度、深层次、宽领域地打造以产业为核心、文化为灵魂、旅游为主线的农文旅融合优秀项目。深度挖掘本土淡水珍珠品牌，打造集珍珠养殖、文化体验、工业观光、美容养生、互动娱乐于一体的欧诗漫珍珠文化园和珍珠博物馆，进一步提升游客对淡水珍珠旅游项目的参与度和娱乐性、互动性消费体验。与国家贝类产业技术体系金华综合试验站合作，建设淡水贝类种质资源库。截至2022年9月全县珍珠产业从业人员近五千人，带动延伸就业超两万人。

二、县域科技创新探索形成新模式

1. 着力建设新型研发机构，赋能创新驱动发展活力

新型研发机构主要从事科学研究、技术创新和研发服务，具有投资主体多元化、管理制度现代化、运行机制市场化、用人机制灵活化的特征。嘉兴市南湖区是全国创新百强区之一，近年来以新型研发机构为抓手，一以贯之不停步、创新奋斗谋突破，走出了一条科技支撑共同富裕的全域创新之路。从南湖区推动新型研发机构建设的实践探索来看，其主要经验如下：一是聚焦地区需求，做好建设管理。南湖区把融入地区创新格局作为新型研发机构建设和发展的重要目标，例如，通过实施清华长三院“深根计划”，进一步深化清华长三院与嘉兴全市层面合作，形成新型研发机构与南湖区各有侧重、统一协同，创新资源有序分布、高效配置的全域创新格局。二是引进大院名所，合作建设载体。2005年时任省委书记习近平同志亲自谋划和推动浙江清华长三角研究院落地后，南湖区不断深入引进大院名所，合作推动浙江清华柔性电子技术研究院、中国电子科技南湖研究院、南湖实验室等新型研发机构集聚南湖，成为嘉兴市率先拥有省级新型研发机构的区域。三是创新运作模式，激发发展活力。南湖区创新运作模式，通过形成利益共同体激发载体活力，例如，清华长三院以“政产学研金介用”的“北斗七星”发展理念为基础形成“中心+公司+基金”的产业化模式；浙江清华柔电院探索形成“一院一园一基金”链条式发展模式。

2. 依托科创飞地“借梯登高”，飞出互利共赢新天地

“科创飞地”模式是“飞出地”政策、劳动力优势与“飞入地”创新资源

的要素叠加，实现创新资源高效溢出的方式。台州临海市位于长三角经济圈南翼，离上海、杭州等中心城市相对较远，技术、人才相对短缺曾制约着临海市创新发展。近年来，临海市积极融入长三角一体化，与复旦大学共建复旦大学张江研究院临海科技创新园，通过“科创飞地”模式开辟了一条科研资源互通的“高速公路”。从临海市以“科创飞地”模式推动科技资源联通的实践探索来看，其主要经验如下：一是找准产业结合点。立足临海产业优势和发展实际，在上海的“飞地”建立生物医药、化工与新材料、数字经济、智能制造、现代农业“五大研发平台”，聘请教授团队引领项目研发；同时，在临海市建立孵化运营、项目推介、技术转移、科技金融及人才培养“五大服务体系”，确保对接成效。二是抓好人才切入点。依托上海“飞地”，充分利用复旦大学和上海市科研、人才等相关资源，建立梯度式人才引育机制。组织 15 名教授申报台州市“500 精英”，分批通过“500 精英”项目 4 个，引进高端人才 5 人。同时，临海市还在积极推进高层次人才创业创新园、临海国际科创中心等人才孵化培育平台，进一步做大人才“蓄水池”。三是明确服务着力点。上海的“飞地”聘请专家组建专业技术咨询委员会，针对研发项目提供专业化的项目技术指导和产业化咨询；临海市本地开展各类技术推荐、项目对接活动，走访调研企业，签订科技合作项目意向，双向联动，做到服务效能最大化。

3. 坚持“不求所有求所用”，探索柔性引才新模式

柔性引才模式是指在人才引进过程中淡化人才归属，强化智力使用，将人才吸引到本地工作或创业的模式。丽水市庆元县地理位置相对偏远、交通相对不便，在山区 26 县中长期处于欠发达位置，留才用才一直是困扰庆元县的难题。近年来，庆元县树立“不为我所有，但为我所用”的用人理念，按照“政府引导、以需为本、市场配置、契约管理”的柔性引才政策，有效破解了缺少人才这一难题。从庆元县以“柔性引才”模式激发智力支持的实践探索来看，其主要经验如下：一是坚持以发挥人才智力为第一原则。庆元县以不改变人才原单位人事关系，户口不迁、关系不转的原则，通过项目引进、合作引进、兼职引进等方式，柔性引进“星期天工程师”，利用节假日、周末或业余时间来贫困山区开展创新服务，充分发挥高层次、紧缺型人才的智力，激发贫困山区创新活力。二是坚持以自身发展需求为基本遵循。庆元县坚持“因事找人”，围绕特色农业、特色旅游业、城乡规划等行业产业及重点建设项目的需要，按照“用人单位提出需求、政府有关部门牵头”的模式，有目的、有计划、有步骤地柔性引才，并依据贡献度给予人才相应报酬，调动人才的积极性。三是开展“组团式”引才模式。庆元县注重柔性引进高层次人才服务本地产业发展的同时，进一步引进人才团队，持续优化完善单一服务、单线作战、单打独斗的“三单”局面，充分挖掘高层次人才的资源和人脉，实现引才数量“指数增长”，服务能力“指数提升”。

4. 发挥龙头引领作用，点燃产业链协同创新“主引擎”

龙头企业位于产业链、创新链、供应链的核心，发挥龙头企业技术创新引领作用，是推动产业高质量发展的重要途径。台州市天台县地处浙东丘陵南部，与山相依，区位条件不优、科创资源匮乏、产业基础薄弱曾一度成为制约天台发展的桎梏。近年来，天台县以浙江省全面创新改革联系点建设为契机，强化“链长”引领，加快推进县域科技创新，走出了科技赋能山区26县跨越式高质量发展的“天台路径”。从天台县以龙头企业引领科技创新的实践探索来看，其主要经验如下：一是引导龙头企业牵头研发攻关。天台县通过整合资源，建立共享渠道和交流机制，搭建市场战略和信息情报系统，推动产业链协同，并针对“卡脖子”问题，引导支持龙头企业带头进行自主研发，对制约产业链发展的关键配套环节投入国际先进设备、引进国内一流人才，全面提升产业链的整体竞争力。二是“链长”协同政府共建产业服务平台。天台县通过施行政府搭台、龙头企业为主导的运作模式，依托浙江银轮机械股份有限公司建设“大车配产业创新服务综合体”，立足大车配产业内中小微企业的共性需求，加强研发攻关，赋能天台大车配产业高质量发展。三是支持龙头企业加强大院大所合作创新。天台县利用“揭榜挂帅”平台，发布企业技术难题，由高校院所揭榜，同时鼓励优质企业与高校院所合作研发，加速科技成果转化，如浙江银轮机械股份有限公司与南方科技大学合作的3D视觉检测项目，样机已研发成功，预计可为企业节省成本数千万元。

三、县域数字经济发展呈现新优势

县域数字经济建设是深入实施乡村振兴战略的具体行动。浙江省有“七山一水二分田”之称，农村户籍人口占一半以上，城乡发展均衡性相对较好。依托浙江互联网大省、平台经济大省和数字经济发展先行省的良好发展环境，浙江县域数字经济建设形成了独特优势和良好基础。以数字化改革、创新驱动撬动县域商业体系、文旅体系、消费体系发展，聚焦乡村宜居宜业、农民富足富裕，为高质量建设共同富裕示范区提供有力抓手。

1. 发挥电商“指尖优势”，激活乡村振兴新潜力

以电子商务为代表的数字贸易是浙江省极具先发优势的“金名片”，并拓展出内容电商、农村电商、跨境电商等新型业态，成为催生数字产业化、拉动产业数字化、推进治理数字化的重要引擎，提升人民生活品质的重要方式，全面推动乡村振兴、高质量发展建设共同富裕示范区的重要力量。自2013年浙江实施“电子商务进万村工程”以来，电子商务进农村综合示范、“互联网+”农产品出村进城等工作深入推进，浙江省农村电子商务迅猛发展。浙江农村电商工作连续三年获得国务院督查激励，34个县（市）列入国家电子商务进农村示范县，其中16个是“山区26县”。2021年农村网络零售额占全省网络零售比重持续保持在40%以上，共有活跃涉农网店2万家，实现农产品网络零售额1238.9亿元，累计培育电商示范村949个，电商专业村2444个，数量连续八年居全国第一。武义县以建设国家电子商务进农村综合示范县为抓手，致力把农村电商打造成消费者信得过、贫困群众得实惠的致富产业。习近平总书记在浙江工作期间指出：“武义下山脱贫工程是一项德政工程。民心工程。武义下山脱贫成绩显著，经验十分宝贵，要善始善终继续抓好。”其具体做法：一是完成搬迁撤并，提高村庄能级。合并位于海拔800米的后定垅村、上夫山村两个高山深度贫困村为倪上垅村，搬迁至工业区以东。二是抢抓“互联网+”东风，电商进万户。通过县内中国首个“淘宝村”楼王村示范引领、孵化带动，推动村民以亲帮亲，以网店形式售卖五金产品、有机农产品等，带动韩王村、倪上垅村先后入选“中国淘宝村”。三是完善基础设施，打造三级物流体系。武义县大力开展电商服务体系及物流配送网络建设，加快农村电商领域信息化运用。四是“上行下乡结合”，提升电商应用水平。构建“工业品下乡，农产品进城”双向商贸流通网络，开展多形式、分区域的电子商务应用和技能培训。目前，村民曾以卖笋挖菜为生、“上夫岭十里长，百步峻更难攀”的倪上垅村，已拥有大小电商企业店铺36家，年销售额4000万元以上。

2. 做活优势区域公共品牌，铺就小农户“致富路”

区域公共品牌打造是浙江省县域扬长避短的独特要诀，根据自身特点突出生态优势，实现让生态变业态，让农业产区变景区，让农产品变商品。台州市仙居县依托良好的生态优势和旅游平台资源，聚焦“为农民卖好产品、让好产品卖出好价钱”，健全农旅“输血机制”与“反哺机制”，大力推进覆盖全区域、全品类、全产业链的区域公共品牌“神仙大农”。2022年上半年，“神仙大农”已覆盖全县农业从业人数75%，完成8大品类、127个品种、236种规格款式、8个子品牌联名产品入驻开发，纳入“神仙大农”品牌体系的产品销售总额已达11.9亿元。具体做法：一是政府主导强运营，区域公共品牌领导小组“搭台”，成立隶属县旅游集团的浙江神仙大农有限公司“唱戏”，以神仙居景区和仙居杨梅等网红景点、农特产品，引流文旅消费者。二是标准引领促管理，形成收购、包装、定价、销售“四统一”的全链式管理模式，对聚仙庄杨梅、仙青茶叶等强势农产品，“母子”品牌联动销售；米面肉等普通产品统一收购，以“神仙大农”品牌销售。三是产业赋能提质效，通过建立油茶加工厂、茶叶生产线，标准化规模化优质化生产，打造了安岭“小罐茶”、仙居杨梅线上线下销售等新模式。

3. 畅通“五新”消费生态体系，提振消费升级

消费是畅通国内大循环的关键环节和重要引擎，对经济具有持久拉动力。激活消费动能，既是充分挖掘潜力、扩大内需的重要立足点，更是提升居民获得感和满足感，推进高质量发展共同富裕示范区建设的重要内容。萧山区县域数字经济发展影响力指数全省排名第一，以“扩内需、促消费”为战略基点，紧紧抓住“双循环、大湾区、亚运会、自贸区”战略机遇，以打造“亚运国际城·数智新萧山”为战略目标，构建萧山供给新消费产品、发展新消费服务、打造新消费渠道、建设新消费场景、完善新市场治理的“五新”消费体系。具体做法：一是响应需求，供给新消费产品。萧山区扩大优质产品进口，培育免税商店，发展“首店经济”，做强“萧山本味”萝卜干等农产品品牌。二是数智赋能，发展新消费服务。以打造省级数字生活新服务样板区为抓手，培育智慧商业特色街区，延伸音乐产业链，丰富数字文化产品。三是创新引领，打造新消费渠道。萧山区建设省级电子商务示范村等电商服务点，打造农村电商新载体，探索全产业链直播商业生态圈。四是智慧改造，建设新消费场景。进一步推进 COSTCO、钱塘湾未来总部、奥体博览城等国际化消费场景建设，推进一站式社区商业中心、无人便利店、“1+X”夜间经济地标建设。五是优化管控，完善新市场治理。开展“放心消费在萧山”行动，建设“数智保供”平台，完善民生商品供应保障体系，深化“萧铃铛”再生资源回收体系建设。

第三节　共同富裕背景下县域创新发展的未来展望

新历史时期，浙江仍将紧紧围绕产业这个县域经济发展的命脉，以科技创新驱动效率提升、促进模式转变，着力建立以企业为主体、市场为导向、产学研深度融合的县域创新体系，以数字经济发展、传统产业数字化转型为突破口推动县域创新发展，为实现县域高质量发展和共同富裕提供重要支撑。

一、县域产业高质量发展的未来展望

1. 坚持生态为先，山区县域加快构建绿色产业体系

念好新时代“山海经”，加快推进山区 26 县跨越式高质量发展，是浙江省扎实推动共同富裕先行示范的题中应有之义。为此，省级各部门出台多项专项支持政策，深入实施做大产业扩大税源和提升居民收入富民行动，促进山区 26 县高质量发展取得明显成效。接下来，浙江省将继续支持山区 26 县壮大区域循环经济，大力发展技术含量高和环境质量优的绿色产业，形成山区生态经济新的增长点。深入践行“绿水青山就是金山银山”理念，充分发挥生态资源优势，加快发展高效生态农业；开展生态工业发展“攀登计划”，在“一县一策”基础上，推动山区 26 县加快打造 3 平方公里左右特色生态产业平台，做强“一县一业”，培育发展高端装备、电子信息、生物医药、医疗器械、新能源、新材料等战略性新兴产业，加大对新兴产业项目的招引和支持力度，形成一批百亿级规模主导产业；加快推进传统制造业数字化、智能化、绿色化改造，积极发挥产业创新服务综合体作用，加快推进特色优势产业创新发展。

2. 全面经略海洋，沿海县域加快打造“蓝色产业”体系

从全球范围来看，人类对海洋能的利用尚处在研发初期，面临技术门槛

高、投资规模大、见效周期长等主要挑战。浙江省是海洋经济大省，海洋生产总值占全省地区生产总值的比重多年保持在14%以上，高于全国平均水平4到5个百分点。近年来，沿海县域依托自身资源和区位优势，大力发展“蓝色产业”，潮汐能、潮流能、波浪能等海洋能源利用项目不断增加，“蓝色动能”不断得到挖掘。下一步，在全省海洋经济发展的统一部署下，各沿海县域将聚焦新业态、新技术、新模式，不断提升海洋经济创新能力，集聚壮大绿色石化、先进装备制造等海洋优势产业，提升海洋渔业等海洋传统产业的装备化、绿色化、智能化水平，加快培育海洋新材料、海洋生物医药、海洋新能源等海洋新兴产业。同时，浙江省将着力推动山区与沿海地区协作联动，“全省域”发展海洋经济，构建“一环、一城、四带、多联”的陆海统筹海洋经济发展新格局。

3. 发挥聚合效应，平原县域加快融入都市区经济

新发展格局下，县域经济差异不断增大，融入都市圈、城市群发展，将是浙江县域经济发展壮大的必由之路。随着杭州、宁波、温州、金义四大都市区核心区的集聚辐射功能不断增强，周边县域经济正加快与都市区经济接轨。浙江省正以大都市区建设为引领，以县城为重要载体，着力构建大中小城市及小城镇协调发展的新型城镇化格局。实施大都市区同城化“五个一”工程，推动都市区中心城市与周边区县同城化发展；以重大平台为依托，推动杭绍、杭嘉、嘉湖、甬绍、甬舟等省内一体化合作先行区建设，加快形成区域一体化发展格局。县域产业将坚持差异化、特色化发展路径，围绕都市圈全产业链分工协作、优势互补、协同发展，在原有产业基础上吸引核心城市的产业转移；充分利用核心城市的服务业优势，积极探索“共管园区”“双向飞地”“异地孵化”等跨区域产业合作模式。从更大范围来看，各区县将全面扩大开放，积极主动融入长三角一体化发展，推动“县域经济”向“都市圈经济”转型升级。

二、县域科技创新的未来展望

1. 加强科创走廊品牌带动，着力构建区域创新生态

创新载体是县域创新资源集聚的基石，也是推动县域创新发展的关键。近年来，浙江省以科创走廊建设作为强化科技创新、提升地区发展竞争力的关键抓手，着力打造引领区域高质量发展的创新策源地。在增强科创走廊创新要素集聚力的同时，浙江省将不断提升科创走廊对县域科技创新的辐射带动作用，着力构建区域创新生态。对于山区26县等高层次创新载体缺乏的地区，浙江省将按照“一业一载体”的配置思路，加快推动已有省级重点实验室、产业创新中心、制造业创新中心、产业创新服务综合体等省级创新载体与26县精准对接并开展“一对一”结对共建；通过项目、资金等一体化配置，支持结对载体围绕26县产业需求持续稳定开展基础研究、技术攻关和服务，提升县域主导产业发展水平。

2. 深化央地合作创新导入，培育县域发展新动能

共同富裕示范区建设背景下，浙江正以超常规举措推动山区26县跨越式高质量发展。2021年以来，“央企走进26县建设共同富裕示范区”活动分别在辖内县（市、区）均属“26县”的丽水市、衢州市举行，参与央企纷纷投资，在两地签约投资额均超千亿元。接下来，浙江将继续聚焦当地所需、央企所能、未来所向，全方位、多维度地推动央企与山区26县的务实合作，进一步深化推广“央地”合作新模式、搭建合作交流新载体、健全项目推进新机制，通过诚挚的邀请、科学的谋划、双赢的项目，吸引更多央企参与到建设共同富裕示范区的伟大实践中来，实现央企与山区26县合作全覆盖；深化央企合作直通车应用场景的开发，实现项目信息的共享互通，推动涉企服务流程再造、制度重塑和政策创新，为央企与山区26县的合作提供全方位服务。

3. 聚焦山海协作模式创新，实现县域发展合作共赢

山海协作工程是习近平总书记在浙江工作时亲自谋划、亲自部署、亲自推动的一项重要工作，是"八八战略"的重要组成部分，是实现浙江省区域协调发展、高质量发展建设共同富裕示范区的一项重大战略举措。经过20年的山海协作实践，浙江走出了一条造血帮扶、双向互动、合作共赢的发展之路。2022年3月，《浙江省产业链山海协作行动计划》正式发布，浙江将以产业链延链补链为小切口，探索实施"一企一县"，引导发达地区龙头企业与山区26县企业建立"1+N"伙伴协作、结对帮扶机制，实施一批产业链协同项目。同时，鼓励发达地区与山区县结对建设"飞地"小微企业园，引导山区26县在发达地区建设一批科创和数字经济"飞地"，实现省级小微企业园山区26县全覆盖。此外，山海协作将不仅聚焦产业链合作，在科技创新方面，将加快推动其他地区科技优势与山区特色资源充分结合，增强山区县的科技创新能力和区域竞争力，以科技成果转移转化推动山区26县高质量发展。

三、县域数字经济发展的未来展望

1. 数字技术激活县域经济效能，形成产业发展新动力

当前，新一代信息通信技术与县域农林牧渔、农副产品加工、工业产品制造、休闲旅游等产业全面深度融合应用，数字技术已成为推动县域经济高质量发展的新动能。在农业生产领域，新一代传感器技术、地理信息技术、移动计算处理技术及人工智能技术等逐步深化应用，通过对土壤、气象等环境和育苗、耕种等作业过程进行感知和数据采集，生成农事活动规划，实现农业生产自动化和管理数智化；在制造业领域，基于人工智能的智能化生产管理、产品质量控制将逐步在县域相关制造场景应用，推动精细化管理和效率提升；在服务业领域，虚拟现实智能建模、自然语言处理等数字技术将加速应用于文字、影音、实际场景的跨媒体融合，为县域文旅产业带来全新的发展机遇，并加速推进县域互联网医疗、在线教育等的快速发展。

2. 数字新基建加快县域生产要素重构，创造经济发展新价值

新型数字基础设施将促使信息和物理世界之间的链接更加高效，改变传统意义上的时空距离，加快县域生产要素重构，重塑县域经济竞争优势。信息基础设施构筑的县域实时信息连接、数据处理及跨域协同能力，可以在一定程度上减弱物理世界的区位重要性，提升部分区位偏远但特色鲜明的县域和乡村对人才的吸引力，构成县域对人口和经济要素的反向吸引。新基建将同步带动数字技术下沉应用，推动县域层面各领域海量数据的汇聚、挖掘、分析，实现市场化开发应用，形成独特的县域数据经济价值。此外，数字技术、数据要素与县域土地、资本、劳动力等传统生产要素的互动融合，将有效提升传统生产要素价值，创造县域经济发展的新模式、新路径。

3. 数字化助力县域融合式创新，催生产业发展新形式

数字化将进一步打破行业边界，推动县域产业在更广范围、更深层次、更高水平上深度融合。在数字化赋能下，农业与二三产业的融合场景进一步丰富，催生创意农业、认养农业、观光农业、都市农业、共享农业等新业态，以及农业生产托管、农业产业联合体、农业创客空间等生产经营新模式，工厂化、立体化的数字农业园及教育农园逐渐兴起。县域传统制造与新创意、新消费、新技术不断融合，通过创意叠加、主题赋能、互动娱乐、生产制作体验等方式，大幅提升商品的触达性和用户参与度；通过新载体形式和新消费空间打造，推动“智造 + 创意 + 文化”的融合，提升产品附加值，推动制造与服务的双向延展与融合。数字技术也将进一步推动县域旅游与文化、商业、体育等领域的融合，创新消费场景，提升消费者“全链路”体验，创造更多县域新消费增长极。

第五章
共同富裕先行浙江县域协调发展探索与展望

2021年浙江省经济总量达7.35万亿元，人均可支配收入达57541元，在各省中排名第一，全国总体排名第三，仅次于上海市、北京市。截至2021年，浙江城乡居民人均可支配收入分别连续21年和37年居全国各省区第1位，城乡居民收入倍差缩小至1.94。如今，在深入贯彻落实省第十五次党代会提出的"在高质量发展中实现中国特色社会主义共同富裕先行和省域现代化先行"奋斗目标的时代背景下，县域区域协调发展既是浙江省推动共同富裕的重要命题，也是独特优势。

第一节　共同富裕背景下县域协调发展的趋势特征

2022年5月，中共中央办公厅、国务院办公厅印发了《关于推进以县城为重要载体的城镇化建设的意见》（以下简称《意见》），对全国县域发展提出了新方向新要求。从国家要求看，《意见》明确提出下一阶段最大战略导向是统筹推进新型城镇化和乡村振兴，促进城乡融合发展，首要目标是强化县城对就地、就近城镇化的重要载体作用。

一、共富示范区建设协调发展县域样板的国家要求

1. 提高县城综合承载能力，强化县城对就地就近城镇化的重要载体作用

县城是我国城镇体系的重要组成部分，在城镇化进程中，农民到县城买

房子、向县城集聚的现象很普遍。《意见》强调了县城作为农业转移人口就近城镇化承载地的关键作用，引导各地加快提高其综合承载能力，以适应农民日益增加的到县城就业安家需求，避免人口和各类资源要素过于集中地流向大城市，进一步促进大中小城市和小城镇协调发展。

2. 要求增强县城对扩大内需的重要引擎作用，拉动投资和消费增长

实施扩大内需战略、促进形成强大国内市场，是新形势下推动高质量发展的战略选择。现阶段，县城投资消费与城市的差距很大，人均市政公用设施固定资产投资和人均消费支出分别仅为地级及以上城市城区的1/2和2/3左右。《意见》突出了县城城镇化建设的重要性并予以政策支持，将推动新的投资消费空间开拓，让"量大面广"的县城成为活跃经济、扩大内需的重要载体。

3. 要求统筹推进新型城镇化和乡村振兴，促进城乡融合发展

县城位于"城尾乡头"，是连接城市、服务乡村的天然载体，也是城乡融合发展的重要支撑，县城的城镇化水平和质量决定着其辐射带动广大乡村地区发展的能力。《意见》要求协同推进新型城镇化和乡村振兴，让县城辐射带动乡村发展和农业农村现代化，充分体现了推进城乡融合发展和促进城乡共同富裕的导向。

4. 要求科学把握功能定位，分类引导县城发展方向

县城数量大、类型多、基础条件千差万别，因此需要因地制宜、因势利导、分类推进。《意见》创新性地将县城划分为大城市周边县城、专业功能县城、农产品主产区县城、重点生态功能区县城、人口流失县城五大类，主要是基于各县城在资源环境承载能力、区位条件、产业基础、功能定位等方面的差异和特点，统筹县城生产、生活、生态、安全需要，合理确定不同类型县城的发展路径。

二、共富示范区建设协调发展县域样板的省级特征

1. 县城人口持续流入，集聚了全省四分之一的人口

2010 年至 2020 年，浙江省县城常住人口呈现如下变化：从数量上看，由 1132.4 万人增加至 1629 万人，占全省人口比重从 20.8% 提升至 25.1%；从学历结构看，2020 年大专以上人口超过 385 万，较 2010 年增长约 144%（全省平均增长率为 82%），占全省比重由 31.1% 提升至 35.1%；从年龄结构看，2020 年 60 岁以上和 0 ～ 14 岁人口占比分别为 20.08% 和 13.75%（较 2010 年分别提高 1.38 和 0.3 个百分点），均高于全省平均值，表现出“一老一小”占比高的特征，这与青壮年劳动力人口不断由县（市）流向杭州、宁波等大城市有关。

2. 县域协调发展格局加快优化，主要表现为“小县大城”与“大城重镇”两种

县域内人口、产业、经济等加快向县城和特大镇集中，主要形成了“小县大城”和“大城重镇”两种模式。其中“小县大城”最为典型的是云和县，其县城常住人口占全县总人口比例超 85%，有 96% 的企业集中在县城发展，93% 的学生集中在县城就读；“大城重镇”比较有代表性的是乐清市，不仅城区人口为 50 万人左右，达到中型城市规模，辖内柳市镇常住人口也突破 33 万人，约占乐清全市常住人口的 23%，经济总量则达 338 亿元，约占乐清全市的 27% 左右。

3. 县域发展空间不断拓展，建成区面积十年扩大近一半

2021 年，浙江省县城建成区面积达 1575 平方公里，较 2010 年的 1068 平方公里扩大了 47.5%。同时，县城功能也较为完备，如 2020 年路网密度每平方公里 7.78 公里，高于全省平均水平 0.4 公里；燃气 100% 普及、建成区排水管道密度每平方公里 15.94 公里，均为全国各省区第一；此外县城人均道路面积、县城建成区排水管道密度、县城建成区绿化覆盖率、县城污水处理率等指标均高于江苏、山东、广东等沿海省份，也高于全国平均水平。

4. 县市经济稳步成长，占据了全省四成多的经济体量

截至 2021 年，浙江省共有 65 个开发区（园区）位于县城，约占全省总量的 48%，其中，国家级经济技术开发区 4 个，数量在全国仅次于江苏和新疆。县城产业平台的做大做强，带动县（市）经济总量由 2010 年的 11978 亿元增长到 2020 年的 27541 亿元，占比达到全省的 43%，财政总收入由 1460 亿元增加到 3909 亿元，占全省比重提高了 1.65 个百分点，三次产业结构也从 7∶56∶37 调整为 5∶47∶48，非农产值占比提升 2 个百分点，快于全省同期 0.3 个百分点。

5. 县域城乡差距稳步缩小，公共服务优质共享水平不断提高

53 个县（市）城乡居民可支配收入倍差平均数由 2010 年的 2.42 大幅收窄至 2020 年的 1.85，缩小态势明显快于全省同期（从 2.42 降低至 1.96），也优于全国各省市中城乡收入差距最小的天津（1.86）。同时，城乡基础设施和公共服务一体化进程不断加快，全省累计创成“四好农村路”全国示范县 18 个，数量居全国第二，城乡公交一体化率十年间也由 46% 提升至 68%。

第二节　共同富裕背景下县域协调发展的实践探索

2021 年 5 月，《中共中央 国务院关于支持浙江高质量发展建设共同富裕示范区的意见》印发，浙江全省上下为全面细化落实中央关于支持浙江高质量发展建设共同富裕示范区的意见，争先进位、揭榜挂帅，以实际行动为缩小城乡、收入差距进行实践探索，逐步形成了一批可复制可推广的模式案例。

一、缩小城乡差距的实践探索

1. 锚定“产业、项目、民生”三大领域，探索乡村共富新模式

镇海–龙游两地山海协作实施已 10 周年，在“八八战略”指引下，十年来，两地在产业互助、教育帮扶、乡村振兴等方面，构建山海协作新机制，锚定“产业、项目、民生”三大重点领域，实施“工业强县、富民强村、教育强基”三大工程建设。两地的协作项目遍布龙游县，累计到位资金超 80 亿元，消费帮扶 2000 多万元，投入援建资金 2000 多万元，真正做到同向发力，携手共富。一是两地强化优势互补，全面建立区—乡镇（街道）—企业—公益组织“帮共体”。全面构建“帮促”联盟，镇海区根据全区 6 个镇的资源禀赋和产业优势，在龙游县选取 6 个资源要素匹配度比较高的乡镇，每年投入对口援建资金 260 万元，积极创新组团帮扶龙游黄茶、“飞鸡”等农特产品新模式，建立“认养单位 + 公司 + 村集体 + 农户”模式，动员镇海区企业、公益组织参与共建，搭建从“农户到商户”一站式直通车，助力龙游受援村集体、农户收入实现稳定“双增收”。以龙西村“龙游飞鸡”为例，截至 2022 年 7 月已有 20 余家镇海区企业达成认养协议，带动“龙游飞鸡”产值年均增加 100 余万元、农户增收 30 余万元、村集体增收 10 万元。二是坚持需求导向，精准扶持特色产业。从镇海区把认可度高、附加值高的水果番茄项目引入龙游县，提供专业技术、管理理念、品牌经营等“一揽子”保障要素，把水果番茄作为优势项目做优做强。截至2022年7月，多个品种栽培成功，亩产值可达4万元以上，亩均纯收益4000元，所在的团石村集体经济从不足10万元提高到了30余万元，村民人均年收入从1.2万元提高到了1.7万元。三是坚持需求导向，聚焦“一村一业”，强化供需对接。2021年投入援建资金767万，建成詹家镇山后村“开心农场”、湖镇镇溪底杜村“斗牛场”等协作项目23个，带动受援村集体增收5万元至30万元，极大助力乡村发展，为全省城乡差距走出了一条新路子。

2. 着力推进“农业全产业链”改革，打造“东西部协作”助力缩小城乡差距新典范

2017年浙江省海盐县与四川省屏山县正式牵手，两地大力实施共建产业、劳务就业、人才培育等协作，为屏山打赢脱贫攻坚战注入强大动力。2020年，屏山县成功退出贫困县序列，全县贫困户10724户共计42819人全部脱贫。2021年，“共建浙川纺织产业园持续提升协作地发展内生力”入选全国东西部协作培训班典型案例，“全产业链发展破‘瓶颈’，小水果做成大产业”项目入选浙江省2021年度对口工作典型案例名单。一是从农业生产端发力，深化供给质量改革。海盐县派出首席农技专家，在屏山县推广嘉兴市“农业全产业链改革”经验，投入东西部协作资金逾1000万元，编制《屏山县茵红李标准化栽培模式图》，推行标准化栽培，实施“七统一”标准化管理。实行果园数字化管理、标准化、规模化生产。以21300亩茵红李产业示范园项目，带动屏山全县12万亩茵红李品质提升，茵红李产量产值连续三年递增，逆势增收累计9.3亿元，让“小水果”坚实支撑2.5万种植户（含4500余户脱贫户）稳定增收致富。二是从农业组织端发力，优化生产要素配套。在屏山县当地探索“茵红李全产业链转型”现代农业发展新模式，组建县、乡（镇）、合作社三级专家服务团队，实行农技人员联基地模式，把讲坛搬进果园，把栽培模式图张贴在农户墙上，开展新技术、新装备、新模式试验，实现“农技推广零距离”。培育建优“县级农合联＋合作社联合社

（劳务合作社）+ 专业合作社 + 农场主（职业农民）”现代农业制度模式，整合资金建设 4 个大中型水果交易中心，修建 350 余个冻库，实现从生产基地到目标市场构建完整产业链。三是农产品从销售端发力，强化营销能力。协助屏山县统筹东西部两地市场，通过推介会、品鉴会等方式，以及央视推广、《南方农村报》报道等形式，在海盐县设立屏山县农产品直销店，承接嘉兴水果批发市场，帮助屏山县每年向嘉兴地区销售茵红李逾 1 亿元。协助引进阿里巴巴、好实在等知名电商企业入驻屏山县，2021 年茵红李电商销售额突破 6500 万元。

二、缩小收入差距的实践探索

1. 挖掘区域发展特色优势，统筹山海协调发展，助推农民增收致富

桐乡市与开化县多年来不断深化工作举措、创新工作方法，挖掘两地优势，实现合作共赢。开化县九山半水半分田，生态优势明显；桐乡市市场活跃、资金充裕、服务意识更强，两地实现优势互补。依托桐乡湖羊特色产业品牌和开化县的生态条件，开化县负责养殖，桐乡市负责采购和销售，合作发展湖羊特色产业。一是开展“新型农业主体 + 低收入农户 + 公司直销”的模式。共同富裕重点在农村，难点在低收入农户。桐乡市捐赠小羊和补助款作为首期试点项目，由农户统一委托给位于北源村的浙江开化昌荣生态农业开发有限公司养殖，养成后由桐乡市统一回购。桐乡市全方位扶持开化县当地发展湖羊养殖项目，提升开化县内在“造血”功能，为增加低收入农户收入开创了一条可复制可推广的成功模式。二是开展“村集体经营 + 农户受益 + 桐乡扶持”的合作模式，由北源村村集体经营，聘请低收入农户管理，桐乡市做好技术辅导工作，等养殖成熟后由桐乡市统一回购。北源村湖羊养殖项目的实施将极大地提高村集体经济收入，聘请周边低收入农户帮助管理还可带动就业，新建养殖用房及在荒地上种植黑麦草作为羊饲料的所需用地又增加了农户的租金收入，同时解决了土地抛荒较为严重的问题。

2. 推动旅游、文化、服务业以及城乡建设深度融合，形成“三生融合、三产联动”的发展格局，拓宽共富花园路

松阳县近年来依托得天独厚的绿水青山、古村老宅和乡土文化资源，借助“丽水山居”农家乐民宿区域公共品牌，结合“拯救老屋”等创新工作，大力培育“山景”“山居”“山货”统筹、整合、联动的特色民宿产业，擦亮古村落明珠。一是以全国首个“拯救老屋”试点县为抓手，制定传统民居改造利用专项政策和民宿发展配套政策。坚持“高品质、小众化、中高端”的发展定位，最大限度开发利用闲置房屋、闲置土地、闲置山林等存量资源，推动了深度游、文化游、休闲游等旅游业态的蓬勃发展。累计吸引外来工商资本投资民宿经济近4亿元，打造了“过云山居”“云端觅境”“九舍民宿”等一批高端精品民宿。二是实施“民宿+工程”延长产业链条，积极培育“民宿+新业态”等新模式。推动民宿由单一住宿向研学基地、咖啡吧、茶室、农产品展售等多业态融合发展，吸引北京绿十字等优秀运营和设计团队参与高品质民宿建设发展。以游客–原住民、工商资本–原住民融合共生的发展模式，推动民宿业主结对帮扶困难群众，提供就业岗位1490个，培育30余支总数近千人的工匠队伍，有效带动群众增收致富。

三、建设共同富裕现代化基本单元的实践探索

1. 以“未来社区”数字化改革促进全域协调发展

余杭区通过建设“数字高速公路新基建”“数字百科全书新标准”“数字资源超市新中枢”等三大基础工程，打造数字赋能的“整体政府”，推动政府各部门流程整合，推进余杭区城西科创大走廊全域未来社区数字化改革。一是多跨集成数据资源，助推政府公共服务能力提升。拆分和标准化改造356套历史数据，在数字资源超市中分类陈列，各级机关单位通过将数据需求放入购物车、一键申请，完成审批后可直接使用数据。二是持续探索数字化治理体系完善途径。仓前“未来社区”依托“仓前‘网事警情’联动钉钉群”，实现警情详情、定位信息、报警人电话等信息联动，仓前街道综合信息指挥

室可通过该平台进行快速实况指挥，同时支持网格员线下支援。葛巷“未来社区”开发了包含场馆预订、园区报事、维修服务等多项服务在内的支付宝小程序，与社区管理端、后台物业管家端连接，实现10分钟即时处理。

2. 厚植生态，实现“乡村，让城市更向往”

宁波市奉化区滕头村实行“全程生态、全域生态、全民生态”的“大生态”战略，在未来九大场景中融入绿色发展理念，构建党建引领、产业兴旺、乡风文明的“未来乡村”共富图景。一是合理优化未来空间布局。整合利用全域土地资源，打造“两长廊、两基地、五组团”空间格局，发展科技生态农业，分时序、多层次建立时空交错的立体种植养殖模式，依托水肥智能一体化大棚，初步形成精品、生态、高效的现代化农业生产格局。二是统筹协调生态产业发展。重点推进一二三产业协调发展，构建农工商相结合的经济发展模式。谋划农产品精深加工产业链，打响草莓、花菇、水蜜桃等特色农产品品牌；依托专业运营管理团队，强化滕头村主导产业支撑作用，扩大滕头村、青云村组团辐射范围，带动宁波市城西片区农文旅融合产业发展，打造宁波亲子游学乡村IP。

3. 推进文化有机融入，高质量打造城乡风貌样板区

杭州市以“杭州意象”为理念，落实“自然、传统、现代、和谐”八字方针，有机融入吴越文化、亚运文化，滨江、萧山两区通过同规划、共建设，同目标、齐步走，融合跨区空间、融汇文化长廊、建设品质之城、普惠全民运动，打造全省首个跨区风貌样板区。一是提升城市品质，实现人本共富。依托杭州市城乡风貌整治提升“十大专项”行动中的“路美美”，推动样板区六大道路整治，打造便捷快速的内部交通网络。将“水电 + 围垦 + 亚运”文化和“人本化”理念融合，利用零散空间推动社区复合高效活力发展，实现老旧小区和“未来社区”双示范。二是创新联动高效的政策机制。市级层面成立协调推进小组，开展一周两次的联创会。开展城市风貌融合机制创新的相关课题研究。亚运村创新采用“投建管运”四维一体运营模式，实现“赛时亚运村、赛后未来城”。依托总体城市设计，进行风貌分类管控技术创新，强化样板区特色风貌辨识度。

四、打造一体化合作先行区的实践探索

1. 甬舟一体化合作先行区：共兴海洋经济

甬舟一体化合作先行区依托“长江经济带”与海上丝绸之路交汇的区位优势，打造浙江对外开放的重要国际门户。通过金塘大桥、甬舟铁路、甬舟高速复线、六横大桥等建设规划，逐步实现基础设施互通。开发六横、金塘深水岸线，创造便捷优越的港口通航条件。实施小郭巨村、金塘北部、木岙港区围垦工程，丰富土地资源。依托优越的海洋资源，六横镇形成了以船舶修造业、海水综合利用、海洋新能源、港口物流业、大宗物资加工等海洋产业为主体的产业格局。

2. 杭绍一体化合作先行区：共推都市区建设

2019年4月，杭州萧山区和绍兴柯桥区签订友好城区合作协议，搭建合作框架。2020年7月杭州绍兴两地市政府签订《长三角一体化战略背景下共建都市区合作框架协议》。柯桥区和萧山区签订了推进区域一体化发展，打造杭州都市圈合作示范区的战略合作协议。瓜沥、安昌双方签订两地道路对接战略协议。萧山–诸暨板块实现上下游产业链布局，推动杭州企业转型升级、诸暨承接产业转移；联动推进环境保护，合力推进浦阳江流域水环境治理、两岸景观提升、旅游品牌共建，共建浦阳江生态经济带。

3. 绍甬一体化合作先行区：开展常态化合作

宁波、绍兴两市签订部分区县及重大平台的战略合作协议，开展常态化合作交流。加快建设甬金铁路、杭绍甬高速，推进高铁、国省道、高速等地面交通基本连通。依托浙东古运河、姚江、曹娥江，构建内河航道网络，形成海河联运格局。打造宁波甬江科创大走廊和绍兴科创大走廊创新共同体，促进两地制造业产业链合作。开展教育、医疗、水利、政务服务等领域合作，实现跨市异地就医直接结算。弘扬鲁迅文化、运河文化、河姆渡文化、越文化等，增强两地文化认同感。

4. 杭嘉一体化合作先行区：加强统筹协调

杭州、嘉兴双方签订战略协议和公共服务、综合交通、政务服务“一网通办”和文化旅游一体化等合作协议，组建杭州钱塘新区－海宁市全面战略合作委员会、海宁市杭海新区发展建设领导小组基础设施建设和规划专项工作组两个协调机构，不断推进任务清单。打通连接海宁长安与杭州下沙的“断头路”，依托机场直达班线、入杭城际公交线路、杭海城际轻轨、水乡旅游线等推动两地交通一体化建设。谋划建设“杭海新区”，加快融杭步伐。制定规划，推动民生领域合作项目落地，推进联合办学、办医。

5. 嘉湖一体化合作先行区：共谋城乡融合发展

嘉兴市、湖州市两地区位优势一致，发展条件契合，均位于国家城乡融合发展试验区，有着较好的合作基础。通过签订《嘉兴市和湖州市一体化发展战略合作框架协议》《嘉湖一体化“五个一”标志性工程（事项）合作备忘录》《嘉兴市和湖州市共同打造城乡融合发展新高地宣言》，建立嘉湖两地常态化互访合作机制。确定乌镇－练市为嘉湖一体化先行示范区，在练乌两地毗邻区域划定先行区范围，共建先行区启动区和重点产业合作平台。

第三节 共同富裕背景下县域协调发展的未来展望

结合共同富裕先行背景下经济社会发展的新趋势新要求，聚焦城镇化建设、乡村振兴、城乡融合、山区税源工程建设、长三角一体化、共富机制创新等领域，探索县域协调发展的新路径新举措，实现中心城市能级提升、农民增收致富、城乡融合发展、山区高质量发展，打造浙江县域协调发展样板。

一、推动以县城为重要载体、中心镇为重要节点的城镇化建设

1. 因地制宜分类施策推进县城城镇化建设

县城城镇化已成为今后一个时期重要的政策导向。因此，浙江要抓住国家推进县城发展的政策机遇，顺应人口流动趋势，因地制宜打造浙江省城镇体系的重要关键节点。因地制宜分类施策，对照浙江省实际，推动大城市周边县城、专业功能县城、生态功能县城三类差异化发展。对于大城市周边县城，加强县域与中心城市联动，积极融入城市群、都市区，实现县城与区域协调发展，为浙江省打造长三角世界级城市群“金南翼”夯实县域基础。对于专业功能县城，应确立“区域节点型县城”定位，依托自身优势做强产业支撑，形成县域城镇增长极，提高就业吸纳力，加快农业转移人口就地就近城镇化。对于生态功能县城，合理发展生态经济，强化生态服务和生态安全保障，有序实施乡镇撤并，通过完善财政转移支付制度、生态补偿机制，把生态比较优势转化为竞争优势。

2. 优化布局扩权赋能推进特大镇长效发展

随着浙江高质量发展建设共同富裕示范区的推进，浙江城乡、区域基本公共服务更加普惠均等可及的要求越来越高。然而现有的中心城市及县城节点虽然公共基础设施建设相对完善，但并不能够覆盖浙江全域居民，尤其是

农村居民。因而在县城外，选择与县城有一定空间距离的特大镇作为新型城镇化“小平台”，全面加大公共基础设施建设投入，为广大农村区域加强教育、医疗、文化、体育等公共服务资源，这对提高浙江省新型城镇化质量和效益、推进城乡基本公共服务均等化具有现实意义。因此，下一步要完善特大镇高质量发展的长效机制，鼓励有关县（市）深化“大城重镇”发展模式，深入推进“强镇扩权”改革，支持特大镇全面提升综合承载能力，加快打造县域副中心。鼓励特大镇党委书记由县（市）常委兼任，县级行政管理权限能放则放，积极承接县级行政功能、产业平台、公共服务辐射延伸，加快迈向县域一体化发展。支持特大镇夯实传统优势产业制造基础，探索职业技能培训新模式，支持建设农民工返乡创业园和孵化实训基地，进一步增强农业转移人口吸纳能力。支持特大镇对标小城市培育标准开展达标行动，按照实际常住人口规模配置市政设施和公共服务，进一步提升和完善城镇功能。

二、深入推进乡村振兴战略，打造浙江乡村增收致富新路径

1. 进一步推动乡村基础设施和公共服务设施完善

推动农村基础设施提档升级，深入实施农村电网巩固提升、邮政网络覆盖工程。加强村庄有机废弃物综合处置利用设施建设，推进就地利用处理。因地制宜选择合适改厕技术模式，切实提高改厕质量，巩固户厕问题摸排整改成果，持续提升农村人居环境。加大基本公共服务县域统筹力度，促进公共服务资源向乡村流动，提升县级敬老院失能照护能力和乡（镇）敬老院集中供养水平。加强乡（镇）便民服务和社会工作服务，提升村级综合服务设施服务能力。加强农村信息基础设施建设。建立完善数字乡村发展统筹协调机制，加快推动数字乡村标准化建设，持续推进数字乡村试点。

2. 提升农村集体经济收入水平

深入推进村级集体经济巩固提升，以农村集体经济为核心，通过“强村公司”、“飞地”抱团等创新机制促进集体资源变资产，通过强村富民乡村集成改革充盈村集体经济、带动更多农民增收致富。推动新型经营主体与农户

建立稳定利益联结机制，通过就业带动、保底分红、股份合作等多种形式，让农民分享全产业链增值收益，夯实经营性收入。优化农民就业环境，支持农民多渠道灵活就业，拓展工资性收入。盘活用好农村资源资产，健全完善集体收益分配机制，增加财产性收入。加大强农惠农富农财政投入，保障转移性收入。

三、率先实现城乡融合发展，打造共同富裕示范区建设标志性成果

1. 扩大城乡“一老一小”服务供给

加快健全县乡村衔接三级养老服务网络和城乡普惠托育服务体系，在城镇小区按照人均不少于 0.1 平方米标准配建养老服务设施，鼓励社会力量建设社区居家养老服务网络，提供日间照料和老年食堂等服务。推动县（市、区）增加 3 岁以下婴幼儿托位，鼓励有条件的幼儿园开设托班、招收 2 ～ 3 岁幼儿。多管齐下县（市、区）提高“一老一小”服务供给能力。

2. 拓宽乡村建设融资渠道

实施“县域共富”的城乡融合示范行动，推动将符合条件的城乡融合发展项目纳入地方政府专项债券支持范围。支持符合条件企业发行企业债券用于城乡融合发展项目。鼓励政策性金融机构增加中长期信贷支持县（市、区）城乡融合发展。支持对机构法人在县域、业务在县域的金融机构实施更加优惠的存款准备金率。多管齐下解决浙江乡村建设融资渠道窄、融资难、融资贵等痛点，拓宽乡村建设融资渠道

3. 在提高农业转移人口市民化质量上探索新路径

因地制宜推广“异地搬迁”工程，稳妥有序实施撤乡并村强镇行动。试行以经常居住地登记户口制度和户籍准入制度累计互认。健全非户籍人口基本公共服务供给机制，以公办学校为主将持有居住证的随迁子女全部纳入流入地义务教育保障范围，逐步实现随迁子女入学待遇同城化。运用中央财政农业转移人口市民化奖励资金，对吸纳跨省域农业转移人口落户多县（市、

区）给予支持，实施中央预算内投资安排向吸纳农业转移人口落户多县（市、区）倾斜的政策。

四、加快山区“造血”机制完善，推动山区高质量发展

1. 推动生态产业培育壮大

围绕做强“一县一业”，因地制宜培育特色主导产业，推进传统制造业绿色化、数字化、智能化改造。加快历史经典产业挖掘提升，强化产业规模化发展和品牌提升。大力发展战略新兴产业，加大项目的招引力度。推进抽水蓄能和核电项目，优化绿色能源产业布局。强化特色农业产业带规划建设，科学发展生态畜牧业，打造生态循环农业产业集群。建设精品农业产业园，提高规模化、机械化水平。促进农产品经营主体合作，优化山区农产品经营体系。大力发展山区“林下经济”。建设气候康养、森林康养基地，推进文旅项目建设，做强山区特色旅游产业。深化“百千万”工程，打造“景区村 2.0 版”，持续提升山区旅游品质。深度挖掘革命老区红色旅游资源，挖掘和弘扬浙西南革命精神。

2. 加快产业平台建设和能级提升

加快推进特色生态产业平台建设及山海协作“产业飞地”落地，打造山海协作升级版，以平台共建推进产业共兴和项目共引，进一步推动山海资源要素精准对接。大力推进山区 26 县生态工业发展“攀登计划”，实现山海协作结对地区上下游产业链进一步对接，推动各发达地区龙头企业与 26 县企业建立“一对多”结对帮扶机制，构建“一企一县”协作格局，加快特色生态产业平台博士创新站布局，多措并举推动产业平台能级提升。

五、推进长三角一体化发展，加快推动区域协调发展

1. 进一步探索区域合作新机制新模式

推动建设长三角生态绿色一体化发展示范区，推进创新发展、互联互通、公共服务、生态环保等重点项目开工，高质量、高标准、高水平建设水

乡客厅，探索更高水平、更深层次的一体化制度创新。高标准建设现代化交通体系，强化嘉善站枢纽地位和交通能级提升，战略联动虹桥国际开放枢纽。推进环太湖世界级生态湖区和创新湖区等跨省特色合作区打造，完善长三角都市圈协同联动机制。加快沪浙、沪苏、浙皖、苏浙、苏皖等省际毗邻地区深度合作机制建立，推进长三角产业合作区共建。加快建立长三角中心区与苏北、浙西南、皖北、皖西等相对欠发达地区合作机制，推进产业转移，促进协调发展。

2. 推动创新驱动赋能协调发展

协同布局科技创新重大项目和研发平台，联合开展产业创新带建设，提升区域协同创新能力。加快G60科创走廊、环太湖科技创新圈共建，打通区域创新成果转移转化关键环节，推进重大基础研究成果产业化。进一步推动长三角研究型大学联盟建设，形成长三角科技创新共同体，联合开展关键技术攻关。探索实施长三角跨区域产业链供应链“链长制”，深化产业链补链固链强链行动。推动中心区传统产业向具备承接能力的长三角中心区以外城市和部分沿海地区升级转移。加快5G网络、IPv6等新一代信息基础设施协同建设，共建长三角量子通信网络。共同制定长三角区域急需紧缺人才目录，特别是高端人才的供求状况，推动长三角一体化区域人才共引。

六、紧抓共富示范区建设机遇，探索机制性制度性创新模式

1. 深化要素市场化配置改革

破除土地、资本、劳动力、技术和数据等资源要素自主有序流动的体制机制障碍，推动要素分配公平公正，实现要素价格市场决定，促进要素向优势地区集中，提高资源配置效率。进一步推进公共资源要素交易平台共享、整合、建立，完善公共资源公平高效交易配置机制。推进天然气、电力体制改革。建立健全用能权、用水权、排污权、碳排放权等资源要素自由交易和市场化配置体制机制。完善多渠道、多元化财政投入机制，支持信息共享服务平台、技术转移机构等建设。发挥政府产业基金撬动作用，设立投资基

金，引导社会资本加大对科技型中小微企业和技术转移早期项目的投资。

2. 深化农业转移人口市民化集成改革

完善租赁房屋常住人口在城市落户政策，加大“人地钱挂钩”配套政策激励力度。放宽放开城镇地区落户限制，推动城区常住人口 300 万以上城市基本取消落户限制，全面取消城区常住人口 300 万以下城市落户限制。深化“三权到人（户）、权跟人（户）走”改革，推动满足条件的农业转移人口落户。聚焦农业转移人口素质提高，加强对农业转移人口的文化和技能培训，提升融入城镇能力。推动城镇常住人口基本公共服务全覆盖，健全以居住证为载体、与居住年限等相挂钩的基本公共服务配置机制，完善随迁子女入园入学政策制度。

第六章 共同富裕先行浙江县域绿色发展探索与展望

浙江省是习近平生态文明思想的重要萌发地。进入新时代，面对国家赋予浙江高质量建设共同富裕示范区的重任，浙江省始终牢记总书记的嘱托，结合碳达峰碳中和、生态产品价值实现、生态环境治理能力和治理体系提升等重点工作，继续扛起“绿水青山就是金山银山”理念发源地的责任担当，深入推进共同富裕和绿色发展融合互促，持续擦亮绿色作为全省发展的底色，实现生态文明工作持续走在前列的现实要求。县域作为浙江省国民经济基本单元和发展的主要载体，不断探索勇于实践，为浙江绿色发展和共同富裕示范区建设注入创新活力，在多个领域贡献了独特的浙江经验、浙江模式，推动了全省绿色发展进入新的篇章。

第一节　共同富裕背景下县域绿色发展面临的形势要求

开展高水平生态文明建设，将欠发达地区的自然资源禀赋转化为经济发展红利，从生态维度为缩小区域差距、城乡差距、收入差距提供解决方案，扎实推进碳达峰碳中和愿景、推动生态环境治理能力提升对实现共同富裕具有重大意义。

在过去的一年中，从“推动碳达峰碳中和变革在浙江率先落地生根”到“更高水平全面推行林长制”，再到“绘就共同富裕大场景下新时代美丽乡村新图景”；从高水平打好蓝天、碧水、净土、清废等生态环境巩固持久战，到建设全域“无废城市”、推动浙江八大水系和近岸海域生态修复，再到全省 GEP 核算应用试点启动，“美丽中国先行示范区”开启生态文明建设的全新范式。浙江省始终坚持以“八八战略”为指引，一张蓝图绘到底，把生态文明建设纳入经济社会发展全局，走出了一条人与自然和谐共生、生态保护与经济建设高度融合的绿色发展之路，开启了高质量发展建设共同富裕示范区的新征程。进入新的历史时期，2021 年发布的《中共中央 国务院关于支持浙江高质量发展建设共同富裕示范区的意见》，明确提出了“全面推进生产生活方式绿色转型”“增进民生福祉”“绘好新时代‘富春山居图’”等要求，为浙江新时代绿色发展指明了新方向，提出了新要求。

一、推进生产生活绿色转型，实现高质量共同富裕

促进经济社会发展全面绿色转型，是解决资源和生态环境问题的基础之策，也是实现高质量发展、可持续发展的重要支撑。共同富裕示范区的建设需要坚持新发展理念，推动绿色发展，在树立生态观念、维护生态安全、优化生态环境上切实发力，让良好生态环境成为经济社会持续健康发展的支撑点。

推动生产方式绿色化，重点是解决发展中产生的环境污染和生态破坏等问题，加快建立健全绿色低碳循环发展经济体系；推动生活方式绿色化，就是在思想观念、消费模式、社会治理等方面进行深刻变革，促使全社会自觉参与生态环境保护、切实践行绿色发展理念。作为国家共同富裕示范区，浙江省要以绿色发展为导向，创新生态产品价值实现机制与路径，推动“山海协作”再升级，增强欠发达山区与发达地区间的经济协作。以实现浙江省“碳达峰、碳中和”目标为牵引，鼓励有条件的地区因地制宜发展生物质发电、生物质能源、风电、光伏等资源开发型产业，不断壮大包括生态种植、生态养殖、生态旅游、森林康养等在内的生态经济产业。积极探索生态产品价值实现新路径，培育生态资源资产经营平台，探索农村集体经济发展新模式，切实盘活乡村资源资产。同时，推动生产生活方式绿色转型，强化绿色

发展的法律和政策保障，增强绿色导向，推动各类要素价格市场化形成机制，加快区域间、企业间的用能权、用水权、排污权、碳排放权交易体系建设。引导人们尊重自然、顺应自然、保护自然，将绿色发展的思维方式和价值理念贯彻落实到社会生活的各个领域。

二、增进保护地区人民福祉，实现区域发展公平性

浙江省素有“七山一水二分田”说法，广大的山区县自然环境优美、生态资源丰富，但由于其地理条件限制，发展往往比较落后。其中，浙江省11个山区县（市）入选国家重点生态功能区，承担了水源涵养、水土保持和生物多样性维护等重要生态功能，关系浙江省和长三角区域的生态安全。这些重点生态功能区（县）在国土空间开发中需要限制进行大规模高强度工业化城镇化开发，以保持并提高生态产品供给能力，因此，这些地区在经济发展、工业和城镇化方面往往处于相对滞后的状态。高质量建设共同富裕示范区，要求浙江完善“先富带后富”的帮扶机制，加大各级财政向重点生态功能区的转移支付力度，深化浙江省生态保护补偿制度改革，推动区域间公平、联动发展；升级浙江山海协作工程，挖掘经济发展较快地区和生态功能区（县）的潜力优势，推进智力支援、产业支援、文化教育支援等；支持重点生态功能区（县）增强内生发展能力和实力，带动山区群众增收致富。另外，浙江省已经开展了“千万工程”、小城镇环境整治和“大花园”建设等工作，自然和人居环境明显改善，但是不少山区县公共服务仍旧相对薄弱。进一步完善山区县农村基础设施配套，优化生态移民安置工作，改善生态环境脆弱区与生态保护重点区域人民的生活水平，增强这些地区在人居环境建设方面的自主发展能力也将是共同富裕示范区建设的重要内容。

三、满足美好生态环境需要，实现生态服务普惠性

良好生态环境是提高人民生活水平、改善人民生活质量、提升人民安全感和幸福感的基础和保障，是重要的民生福祉。从“五水共治”“三改一拆”

到治水、治气、治土、治废、治塑协同推进，污染防治攻坚持续深化，劣五类水质断面全面消除，近岸海域水质创有监测以来最好水平，空气质量在全国重点区域率先达标，生活垃圾实现零增长零填埋，极大提升了浙江全省人民的生态福祉。近年来，浙江省碳达峰碳中和体系构架基本形成，清洁能源示范省建设成效明显，能耗、碳排放强度稳步下降。生态修复和生物多样性保护不断加强，美丽城镇、美丽乡村、美丽河湖建设全域推进，城乡人居环境质量显著提升。高质量建设共同富裕示范区又对浙江省提出了更高的要求，持续满足人民对美好生态环境的向往。在提升环境品质方面，持续提升生态系统质量和稳定性，打好污染防治攻坚战，做好生态多样性保护工作，着力提升生态安全指数。开展水环境、大气环境、土壤环境的污染治理和山、水、林、田、湖、草生态保护修复，为实现共同富裕提供良好生态保障。在优化人民生活品质方面，加快推进以国家公园为主体的自然保护地体系，以及绿色屏障、绿色公园、亲水岸线等生态保护工程建设，为人民提供更均等更优质的亲近自然、体验野趣、放松身心的机会。在建设生态文化方面，推动古村落保护、古树名木保护，做好传统生态文化、传统生态工艺的保护传承工作，建设人与自然和谐共生的当代“富春山居图”。

第二节　共同富裕背景下县域绿色发展的实践探索

自浙江省建设共同富裕示范区以来，各县结合自身的资源优势，在实现绿色共富，生态共富领域，发挥首创精神积极探索实践，形成了一批典型经验和做法。

一、发展清洁能源产业助力山区致富

浙江省山区县经济发展相对滞后，但是这些地方往往风能、太阳能、生物质能等清洁能源资源丰富，开发利用好这些能源，有助于促进能源转型、提升地区生产力、守护碧水蓝天、提高人民生活质量，是落实碳达峰目标、实现山区振兴的有效途径。

1. 苍南县绿色引擎打造经济新增长级

苍南作为全省 26 个加快发展县之一，在“双碳”背景下，该县抢抓省委省政府的政策机遇，充分发挥县域内资源优势，以核电为龙头，全面布局海上风电、光伏、水电、潮汐能、抽水蓄能、空气储能等清洁能源产业，探索出一条实现跨越式高质量发展、推动共同富裕的绿色富民之路。

打造“全国清洁能源示范地”是苍南县“十四五”时期的发展目标之一。2020 年 9 月，国务院核准浙江三澳核电一期工程。该项目总投资约 1200 亿元，是温州市单体投资最大的产业项目。截至 2021 年 9 月底，项目累计投资已达 79.7 亿元。

与核电同步建设的绿能小镇更是苍南县探索清洁能源项目与地方融合发展的创新之举。作为苍南县打造全国清洁能源示范地的主阵地，绿能小镇总规划 6.58 平方公里，包含绿能产业区和产业拓展区，是全国第一座以核能为主、产城融合的特色小镇。这里将建成一座绿色能源之城，形成绿色能源产业生态圈。

在集聚效应下，清洁能源及关联产业项目纷至沓来。2021 年苍南县已落地绿色能源项目 16 个。国网苍南县供电公司与苍南县人民政府就整县屋顶分布式光伏开发签订战略合作协议。苍南县内最大的藻溪－赤溪农光互补光伏发电站已经并网发电。苍南县作为全省 26 个加快发展县之一，在“双碳”背景下，抢抓省委省政府的政策机遇，充分发挥县域内资源优势，以核电为龙头，全面布局海上风电、光伏、水电、潮汐能、抽水蓄能、空气储能等清洁能源产业，探索出一条实现跨越式高质量发展、推动共同富裕的绿色富民之路。

2. 缙云县探路“光伏 +”模式开辟山区共同富新路径

缙云县自 2015 年被列入首批创建省级清洁能源示范县以来，坚持绿色发展理念，积极探索创新光伏助困、光伏助农、光伏助企等模式，实现可再生能源项目开发与服务民生的有机结合，带来了农民增收、节能减排的良好效果，开创了绿色能源助力共同富裕的新路径。2021 年底，缙云县已发展分布式光伏 3795 户，发展村级光伏助村助困项目 40 个，成功帮助了 40 个集体经济薄弱村、重点帮扶村实现转化，每年为低收入农户直接增收 160 多万元；成功建成“光伏小康工程”和“光伏双增工程”，每年可以产生 2000 万元的光伏发电收益。

在“光伏助企”促生态发展方面，缙云县依托发展绿色生态工业，精准实施“光伏助企”项目，充分挖掘利用本地工业园区、经济开发区等屋顶面积充裕、电网接入较好的区域资源，重点推进经济开发区、壶镇镇等区域企业厂房屋顶光伏发电项目建设。截至 2021 年底，已建成天喜厨电 5000 千瓦、群辉 4500 千瓦、柏科 3000 千瓦等一批企业屋顶光伏，每年可节约标准煤量 4631 吨，减少二氧化碳排放 12597 吨，相当于一年种植树木 6300 多棵。

在“光伏助村”促精准扶持方面，谋划实施“光伏 + 经济薄弱村转化”的“光伏助村”模式，通过在经济薄弱村建设小型光伏电站，助推村集体增收，可实现 25 ～ 30 年持续稳定的发电收益。村集体利用荒山地块，与光伏企业达成协议，建设大型农光互补光伏地面电站。2021 年底，缙云县已实施单体

60千瓦的“光伏助村”村级光伏电站20个，每年每个项目可为所在村增加6万元～7万元村集体收入。同时，农光互补光伏项目也带动了就业，光伏企业雇佣当地农户维护光伏板以及种植农作物，为当地150多位农民提供了就业机会。

在“光伏助农”促农民增收方面，缙云县不断推动“光伏＋三农”，探索光伏发电和生态农业互补新模式，通过“以租代征”土地利用对光伏板下可利用土地进行生态产业开发与培育，农民利用自有房屋，畜(禽)养殖业等结合农牧业生产，在大棚、畜(禽)舍等安装分布式光伏，实现光伏和生态农业的跨界融合。利用荒山荒坡、村集体屋顶、政府公共建筑屋顶建设“光伏助农”项目，引导家庭屋顶光伏发展，帮助农户增收。截至2021年已建成6座光伏地面电站，开发利用蔬菜、药材类土地2500余亩，受惠“以租代征”模式农户800余户。

二、生态产品价值实现助力共同富裕

生态产品是生态系统为人类生产生活所提供的物质和服务。通过生态产业化的方式，将绿水青山的价值直接转化为经济价值，是绿色发展推动共同富裕的最直接体现。永嘉县利用自身生态优势打造康养产业，安吉县利用竹林资源开发碳汇收储交易，都是对“绿水青山就是金山银山”的有力诠释。

1. 永嘉县打造森林康养产业推动生态共富

发展森林康养是践行习近平生态文明思想的有效途径，也是提高健康水平、拓展森林资源价值实现路径实现共同富裕的有力抓手。永嘉县坚持“森林生态为基，特色产业为魂”的发展理念，不断护美绿水青山，打造诗意森林景观，引入康养文化产业，不断探索生态价值产业化实现路径和利益共享机制，使森林康养产业发展成为绿水青山就是金山银山理念的生动实践与深化拓展。

永嘉县一直以来秉承先保护后发展的理念，护绿一方沃土，做美“绿水青山”。早在20世纪80年代，永嘉县委、县政府就在楠溪江中上游实行严格的“工业零准入”政策，创新实行环境保护的“一票否决”制度，已经在保护区域内否决了几十个总投资超百亿元的投资项目，深入开展“五水共治”，全面落实河（湖）长制，推进“污水零直排区”，开展河道生态修复工程、实行瓯江生态补偿工作，并且支持多个乡镇进行“省森林城镇”创建工作，积极推进滩林修复工程和“一村万树”示范村建设项目，对全县具有一定代表性的森林古道进行修复，在楠溪江两岸、诸永高速两侧等重要景区和道路沿线建设彩色森林6万多亩，丰富县域内森林群落的结构特征，做大做实优质绿色本底，为生态环境综合提升提供了重要保障。

永嘉县十分重视森林康养产业的顶层设计，强化政策保障。在充分调查研究和分析研判的基础上，先后制定了《关于加快推进森林休闲养生试点县建设的实施意见》和《关于加快推进森林休闲养生试点县建设的补充意见》，立足永嘉县“山、水、城”的自然格局特征，按照森林资源的分布及特征，通过聘请专业团队，深入调研永嘉县的森林康养及旅游设施资源，率先编制完成《永嘉县森林休闲养生产业发展规划》，结合城市发展格局，确定了“一心三片十二组团”的康养总体发展空间布局，以重点项目建设为主要抓手，努力推进北部森林资源向产业项目和经济效益转化。

为推动生态共富，永嘉县打造了县森林康养产业村企共同体。在利益共享机制方面构建了“农民出土地、企业出资金、大家得利益”的合作共享模式，实行土地所有权、承包权与经营权三权分离，经营业主通过承包、租赁等多种方式，获得村集体土地经营权。同时，村集体通过成立村股份经济合作社，与业主合作经营，经营收入按比例进行分配，村集体再采用门票分红或股权分红等形式对村民进行分红。森林康养产业打造在提升生态质量的同时，也为当地百姓带来了切实的收益。2019年和2020年，全县森林旅游人数分别高达869万和949万人次，总收入分别是29.99和34.22亿元。全县9个森林康养项目，通过流转林地带动周边村集体增收达300万元以上。

2. 安吉县探索碳汇助力共同富裕

安吉县作为“绿水青山就是金山银山”理念诞生地，始终牢记习近平总书记“做好竹文章”的殷切嘱托，在做实竹产业补链延链强链、做精竹产品深加工的同时，探索竹林碳汇改革，通过成立竹林碳汇收储交易平台，推动碳汇交易入市，逐步构建起“林地流转—碳汇收储—平台交易—收益反哺”的工作体系，实现竹林碳汇“可度量、可抵押、可交易、可变现”，带动全县119个行政村、4.9万户农户和17.15万名林农取得长久性收益，每年可帮助村合作社社均增收100万元以上、广大林农人均增收2000元以上，有效探索走出了一条绿色低碳共富的可持续发展之路。

多年以来，安吉县十分重视碳汇方面的研究。2010年，安吉县建成全球第一座毛竹林碳通量观测系统。2012年，在联合国气候变化大会上，全球第一个竹林经营增汇和竹制品储碳试验示范区项目成功落户安吉县。2016年，安吉县开发完成《竹林经营碳汇项目方法学》及全国首个竹林经营碳汇CCER（国家核证自愿减排量）项目。2021年，安吉县依托县域生态资源底图，全面梳理、科学分析竹林资源及其碳汇量现状，并设立启用全国首个县级竹林碳汇收储交易中心。

为推动竹林的有效经营，安吉县大胆创新，推动林地流转。为应对林农收入不断缩水，部分竹林失管荒弃问题，安吉县成立全国首个县级森林碳汇管理局，积极推动林地大规模流转、集中式经营、规范化管理，加快竹林“重焕生机”，进而破解竹发展困境。同时引导各行政村组建股份制毛竹专业合作社，让竹林统一流转经营有了明确的主体。2021年底，全县共组建股份制毛竹专业合作社118个，完成竹林流转4.87万户，实现竹林经营权流转80万亩以上，规模化经营率达100%。

为实现竹林碳汇资源变现，安吉县搭建平台促进碳汇交易。林地集中流转后，村合作社按照《竹林经营碳汇项目方法学》，积极开展竹林经营，持续产生碳汇。碳汇收储方面，由县两山合作社向符合条件的村合作社收储碳汇，2021年，完成县内5个村2.5万吨碳汇收储，一次性向村合作社支付3年收储资金108.6万元。碳汇交易方面，按照CCER系统标准，打造碳汇交易系统，推动碳汇监测、认证、核证，进而实现碳汇市场交易，2021年，已有 16 家企业与县两山合作社签订碳汇认购协议，缴纳购碳资金 169.12 万元。

为进一步实现“碳汇富民”，安吉县积极构建利益联结机制。通过竹林碳汇改革，林农可获得竹林流转资金、竹林经营工资、竹林股金分红三项收益。竹林流转资金方面，县“两山”生态资源资产经营有限公司按照平均 400 元 / 亩·年的价格，贷款购买规模 70 万亩、流转期限为 30 年的竹林经营权。竹林经营工资方面，县“两山”生态资源资产经营有限公司委托村合作社开展经营管理，让一部分林农在家门口就能挣到薪金。竹林股金分红方面，将竹林碳汇交易资金及共富股本金投资收益优先用于偿还购买竹林经营权的贷款本息，再将结余部分的 80% 分红给林农，激发其竹林经营积极性。竹林碳汇改革铺开后，林农通过竹林带来的年收益从原来最高 200 元 / 亩上升到了 500 元 / 亩。

为持续推进竹林碳汇改革，安吉县开展了多项绿色金融创新。在相关政策的指引下，各金融机构先行先试，创新推出涵盖了对生产碳汇的支持（碳汇共富贷、毛竹碳汇富余价值恢复补偿保险）、对收储交易碳汇的支持（碳汇收储贷、竹林碳汇价格指数保险）、对企业购碳的支持（碳汇惠企贷）等多款金融产品，进一步畅通竹林碳汇资源变现路径。

三、体制机制创新赋能生态共富

共同富裕要求不但要做大“蛋糕”，更要分好“蛋糕”。绿色机制的创新不但可以为当地发展趟出新路子摸索新方法，也能让发展更加公平。柯城区的绿色期权创新，实实在在给当地百姓带来了实惠，巧妙地种“绿”成“金”；淳安县的生态保护补偿机制创新，更是让生态保护区同样享受到发展带来的福利。

1. 柯城区“一村万树”，绿色期权“叶子”变“票子”

柯城区是浙江省“一村万树”行动的发源地和示范地。借助全省推行山海协作工程以及“千企结千村、消灭薄弱村”专项行动，抓住衢州市成为国家绿色金融改革创新试验区的机遇，柯城区创新推出了“一村万树”绿色期权。“一村万树”是村民在房前屋后等零散地块种植大量珍贵树种；“绿色期权”是指投资人可以获得珍贵树木的未来收益。截至2021年底，柯城全区已累计种植浙江楠、榉树、香榧树等珍贵树苗113万余株，打造117个示范村，盘活土地近万亩。共有176家企业（单位）认购了“一村万树”绿色期权包276个，700多位个人认购了“一村万树”绿色期权单位1678个，认购资金超过1170万元。其主要做法：

整合“万树资源”，打造“绿色银行”。在前期准备阶段，柯城区研究出台《衢州市柯城区人民政府关于“一村万树”绿色期权的实施意见（试行）》，为绿色期权工作开展提供政策保障。同时，对全区所种植树木的成活率、生长、价格、管护状况等基本情况进行调查，为推出绿色期权做好前期准备。在树种选择方面，优先选取浙江楠、红豆杉、浙江杉、榉树等价值较高的珍贵树种，作为期权打包对象，提高绿色期权的认购吸引力。在林木管护方面，柯城区定期组织林业专家进行教学和技术支撑，提高村集体种管员的养护水平，保障期权树种成活率及未来价值。

深化山海协作，结成“绿色伙伴”。通过山海协作等途径，结成认购伙伴，企业提供资金购买期权，村集体出土地、人工等种养成本，村民负责日常管护，实现三方共赢。企业不仅享有村企“结对林”的冠名权，拥有社会美誉度，还在援助中收获珍贵树种的远期收益，改变了以往村企结对单方面帮扶的关系，使得消薄从单纯“输血”变为内在“造血”。

创新期权模式，做大“绿色效益”。柯城区出台《衢州市柯城区“一村万树”绿色期权管理实施细则》，详细规定了认购标准、认购模式和期权交割的具体条件。同时，柯城区鼓励采取自种、流转、入股、合作等方式进行合作。目前已探索出民办公助、股份合作、村企联合和“公司＋农户”四种期权合作模式。

吸引金融资本，注入“绿色活力”。联合柯城农商银行发行丰收信用卡一村万树先锋卡，出台《衢州市柯城区“一村万树”先锋卡业务管理办法》，先锋卡能给予柯城辖区内党员一定的信用额度，持卡人可在信用额度内先使用后还款，具有消费、存取现金、转账结算、分期付款、特惠商户等功能。通过先锋卡持卡人消费获取积分，积分以一定的比例兑换公益基金，用于公益植树活动。

2. 淳安县创新生态保护补偿机制，助力生态县发展

淳安县地处浙江西部，县域面积 4427 平方公里，是华东地区重要的生态屏障和战略水源地。淳安县现有生态公益林建设面积 249.74 万亩，是浙江省公益林面积最大的县，千岛湖更是长三角最大的人工淡水湖，在水资源安全保障、优质生态产品供给、防洪减灾等方面发挥着重要作用。长久以来，淳安县十分重视生态系统的保护和修复，不断创新生态保护补偿制度，在保护中谋发展。

首创公益林补偿收益权质押贷款，探索“消薄”路径。淳安县在坚持“生态优先、保护第一”的前提下，大胆创新发展路径，积极探索“飞地经济”创新模式，跳出淳安，发展淳安，留出县域更大生态空间。2009 年以来，该县先后出台《淳安县森林资源资产抵押管理办法（试行）》《淳安县农村土地流转经营权抵押贷款管理暂行办法》。2011 年，淳安县组建森林资源资产评估中介，有效实现了以森林资源资产为抵押物的突破，为破解整个“三农”融资难问题起到了示范效应，缓解农村信贷资金紧张，解决“三农”发展的资金瓶颈矛盾。淳安县以 402 个村生态公益林补偿收益权集体留存部分 1878 万元作为授信基数，向薄弱村发放“消薄”质押贷款，用于投资千岛湖智谷项目。目前，已有浙江每日互动网络科技股份有限公司、浙江远算云计算有限公司等十余家互联网企业入驻，园区将围绕大数据、人工智能、云计算等产业方向，着力打造成杭州数字经济产业园的示范基地。

提高生态保护补偿标准，助力特别生态功能区建设。淳安特别生态功能区是浙江唯一的生态“特区”，是千岛湖所在地和钱塘江的源头，也是杭州市乃至华东地区的水源地。2021 年，浙江省十三届人大常委会第三十次会议批准《杭州市淳安特别生态功能区条例》（以下简称《条例》）于 2022 年 1 月

1日起施行。此次获批的《条例》共分总则、规划与管控、生态保护、绿色发展、民生保障等7章42条，为推进淳安特别生态功能区保护与发展提供了有力法治保障。《条例》还明确了相关支持举措，如建立功能区各级政府资金共同投入机制，以及生态奖补、强村富民、区域协作等机制；推动优质公共服务、民生保障事业资源向功能区延伸，使其民生保障和公共服务达到或高于杭州全市平均水平。

探索社会共治和创新金融模式。针对面源污染治理，引入国际上有效的管理模式与资金机制——水基金模式，由阿里巴巴基金会和民生通惠公益基金会联合出资1000万元，建立千岛湖水基金，采用全国首个针对水源保护的“慈善信托+商业信托”架构，以水源保护为目标，结合商业手法，投资有益于水源保护的生态农产品、自然教育、生态体验、文创项目等生态产业，打造“千岛清泉”品牌，引导村民从生态护水的行动中获得经济收益，初步建立多元参与的社会共治模式和“自我造血”的可持续资金机制。

第三节　共同富裕背景下县域绿色发展的未来展望

虽然浙江省的绿色发展之路已经走过十多年的历程，也取得显著成效，积累了大量宝贵经验。但是，在进入高质量发展建设共同富裕示范区的新阶段，国家明确提出了“文明和谐美丽家园展示区”的战略定位，这对浙江省绿色发展提出了更高的要求。面对新阶段、新挑战，浙江省将围绕提升生态福祉勾画“富春山居图”、完善生态产品价值实现机制助力生态富民、推进绿色机制创新拓展共富路径等方面，不断升级制度、开拓创新，为共同富裕示范区和“重要窗口”建设注入强大“绿色动能”。

一、持续擦亮绿水青山底色，做大全省生态福祉

习近平总书记指出：“良好生态环境是最公平的公共产品，是最普惠的民生福祉。”在现有基础上，持续巩固提升良好生态本底，全地域推进生态保护修复，全方位健全环境治理，是人与自然和谐共生，高水平绘好新时代“富春山居图”的前提基础。在生态环境治理方面，继续深化区域大气污染联防联控，不断推进“五水共治”碧水行动，加强海洋大省“美丽海湾”建设，让广大人民共享绿水、蓝天、碧海的美好福祉。同时，持续实施山、水、林、田、湖、草生态系统保护与修复工程，加强全省生态廊道建设，开展自然生态系统修复和全域土地综合整治，筑牢绿色发展生态基础，持续擦亮绿水青山底色，满足人民日益增长的优美生态环境需要。

二、完善生态产品价值实现，打通绿色共富通道

建立健全生态产品价值实现机制，是习近平总书记亲自谋划、亲自部署、亲自推动的一项重大任务，是推动共同富裕的有效路径。生态产品的主要供应地是广大农村，创新价值实现路径是让欠发达地区利用“绿水青山”

生态资源优势，打造生态宜居农村的同时，共同奔向共同富裕。浙江省将在总结现有经验，学习借鉴先进做法的基础上发挥自身优势，强化数字赋能生态产品价值（GEP）核算，进一步深化 GEP 辅助决策数字化场景建设，利用数字化改革推动 GEP 核算应用提质扩面。生态产品的产业化发展也是价值实现的重要路径，针对目前普遍存在供需对接不精准、路径单一等问题，浙江省将坚持可持续、市场化导向，推进全省生态产业化和产业生态化，发展生态产业，并鼓励社会资本参与生态保护修复。同时，浙江省也将继续深化“两山合作社”改革试点，将林业碳汇、闲置农房等优质生态资源转变为生态资产，探索建立多元化交易渠道，加快推动生态资源惠民富民。作为辅助政策，绿色金融在推动生态产品价值实现中可以起到重要作用，如何通过绿色金融改革、创新金融产品加强绿色发展的金融支撑，也将是未来绿色发展推动共同富裕的重要内容。

三、探索绿色发展创新机制，拓展共同富裕路径

绿色发展机制的不断创新是高质量推动共同富裕的重要引擎，从开展“千村示范、万村整治”工程、全国首个跨流域的生态补偿改革试点、提出“五水共治”、创新绿色发展财政奖补机制、到启动“大花园”建设和全省“无废城市”“资源循环利用城市（基地）”建设等一系列富有浙江特色的绿色变革，为高质量推进共同富裕示范区建设奠定了绿色“地基”。在当下实现碳达峰、碳中和的大背景下，浙江省紧扣“双碳”主体，开展“低碳试点县”建设、低（零）碳村（社区）试点创建等创新尝试，并且多地在建设中探索低碳技术和理念的应用，“零碳未来城”“零碳园区”“绿色共富”等新的发展模式悄然兴起。利用全省数字化建设的平台优势，浙江省创新打造了全国首个省级碳普惠平台“浙江碳普惠”，初步实现了公众低碳行为的量化和全省标准的统一，为市民和小微企业的节能减碳行为赋予价值并建立激励机制。虽然平台的建设还处于初级阶段，相信在不久的将来，随着制度的不断完善和数据的持续接入，浙江省的碳普惠将对全省乃至长三角地区的低碳生

产生活方式的形成起到重要推动作用。同时，浙江省广大山区县利用自身优势将绿色发展和推动共同富裕有机结合，开展了“竹林碳汇收储交易”“生态占补平衡”“生态飞地”建设、市场化生态保护补偿机制、生态环境价格改革等多项绿色机制的创新尝试。相信在不久的将来，这些成功实践将会引领未来的发展，为全省高质量建设共同富裕示范区提供绿色动能。

第七章
共同富裕先行浙江县域开放发展的探索与展望

面对复杂多变的国际国内形势和新冠疫情的反复冲击，浙江省不断提升对内对外开放的战略应变力、产业竞争力、制度创新力、国际影响力，勇当构建新发展格局开路先锋，特别是要在党的二十大精神指引下，积极推进高水平对外开放。贯彻落实浙江省第十五次党代会精神，坚决锚定“两个先行”奋斗目标，着力服务和融入新发展格局，深入融入全国统一大市场，对外贸易量质并举，国际投资双轮驱动，平台能级不断提升，营商环境持续优化，全省开放型经济走在全国前列。县域作为基本单元在对外开放中活力十足，通过不断拓展生产和投资空间，优化提升营商环境，主动融入新发展格局，打通开放大通道重要战略节点，推动全省高水平开放发展开启新篇章。

第一节　共同富裕背景下县域开放发展的形势要求

在当前加速推进构建以国内大循环为主体、国内国际双循环相互促进的新发展格局大背景下，浙江省被赋予高质量发展建设共同富裕示范区的重大使命。站在“两个一百年”奋斗目标的历史交汇点上，浙江要认真学习党的二十大精神，贯彻落实省第十五次党代会明确提出“在高质量发展中实现中国特色社会主义共同富裕先行和省域现代化先行”新目标，牢牢把握立足浙江发展浙江、跳出浙江发展浙江的要求，以更大力度推进全方位高水平开放。

一、顺应国际环境复杂多变

当前，世界百年未有之大变局正加速演变，乌克兰危机使国际形势更趋严峻复杂，美西方对俄实施全面制裁，导致大宗商品价格高位运行，国际粮食供需紧张失衡，部分重要基础原材料供应链中断。新冠疫情长期化严重冲击全球经济稳定和产业发展，中美博弈作为关键变量，影响和决定了国际形势的基本特征和全球格局，美国单边贸易保护政策掀起逆全球化潮流，带来的风险挑战与发展机遇交织并存。因此，我国迫切需要打造畅通内外、独立自主的经济循环体系。浙江县域也应在变局中把握机遇，加强风险防范意识，加快塑造参与国际合作和竞争新优势，在新发展格局中做强做优县域经济。

二、拓展开放合作新兴领域

习近平总书记在第三次“一带一路”建设座谈会发表重要讲话，提出要“稳妥开展健康、绿色、数字、创新等新领域合作，培育合作新增长点”。新形势之下，共建“一带一路”仍然大有可为，浙江要深化推进高质量建设“一带一路”重要枢纽，充分发挥浙江独具的共建“一带一路”、长江经济带发展、长三角一体化发展等叠加优势，聚焦新发力点，塑造新结合点，推动数字技术和产业走向“一带一路”，引领国际合作开辟新空间。浙江县域要把握机遇，发挥优势，积极向健康、绿色、数字、创新等领域探索，开发对外开放新路径新领域。

三、对标国际制度改革创新

2022 年我国《政府工作报告》中提出，要“推动与更多国家和地区商签高标准自贸协定”，“坚定维护多边贸易体制，积极参与世贸组织改革”。当前全球双边或区域自由贸易协定正在重构国际经贸新规则。《区域全面经济伙伴关系协定》（RCEP）正式实施，我国也积极申请加入《全面与进步跨太平洋伙伴关系协定》（CPTPP）和《数字经济伙伴关系协定》（DEPA）等，经贸新规则呈现出由关税、准入等“边境”开放规则向竞争中性、劳工标准、环境保护、技术性贸易壁垒、监管一致性、透明度与反腐败等“边境后”开放规则延伸。因此，浙江县域在对外开放中迫切需要顺势而为，积极探索制度型开放新举措，应对全球经济结构重组和高标准国际经贸规则的挑战，更深入地融入经济全球化。

四、维护产业链供应链稳定发展

在复杂多变的国际经济形势下，全球产业链区域化、本土化、短链化发展趋势明显，“断链”“脱钩”风险持续攀升，这已成为各国面临的共同挑战。中国坚定不移维护产业链供应链的公共产品属性，保障本国产业链供应链安全稳定，以实际行动深化产业链供应链国际合作。特别在全球疫情持续影响下，浙江持续深入实施产业基础再造和产业链提升工程，增强产业链供应链稳定性和竞争力。浙江县域加强补链建链强链，强化关键环节、关键领域、关键产品保障能力，切实推进经济稳进提质。

五、深化浙江自贸区2.0版

建设自由贸易试验区是党中央、国务院作出的重大决策，是新时代推进改革开放的战略举措。2020 年 8 月，国务院印发《中国（浙江）自由贸易试验区扩展区域方案》，新增宁波、杭州、金义三个片区，浙江自贸试验区面积扩大至 239.45 平方公里。赋权扩区后，浙江自贸试验区功能定位从 1.0 版本的聚焦油气全产业链拓展到 2.0 版本的“五大功能定位”，即着力打造以油气为核心的大宗商品资源配置基地、新型国际贸易中心、国际航运和物流枢纽、数字经济发展示范区和先进制造业集聚区。党的二十大报告指出要实施自由贸易试验区提升战略，扩大面向全球高标准自由贸易网络。浙江省第十五次党代会更加明确要高标准建设自贸试验区，争创大宗商品特色自由贸易港，探索建立以投资贸易自由化便利化为核心的制度体系，以更大力度推进全方位高水平开放。浙江县域要积极把握浙江自由贸易试验区建设机遇，加强与自贸试验区联动发展，加快融入和形成“自贸试验区 + 联动创新区 + 辐射带动区”的全面开放新格局。

第二节　共同富裕背景下县域开放发展的实践探索

在高质量发展建设共同富裕示范区背景下，县域在开放通道建设、开放平台结对、开放资源共享、开放新领域共拓等方面积极探索实践，走出新时期县域开放发展、共建共享的共富发展新路径，促进对外开放水平迈上新台阶。

一、推动双向开放大通道建设

1. 县域推动海港陆港建设跃升发展

宁波舟山港已成为全球首个年货物吞吐量突破10亿吨的大港，是全球第3个3000万级集装箱大港和第6大加油港，首次跻身国际航运中心指数前10。北仑区作为宁波舟山港的主阵地之一，在打造千万标箱级集装箱港区集群中发挥重要作用。港口基础设施建设稳步推进，梅山港区6号至10号集装箱码头工程加快实施，梅山港区铁路支线、北仑支线复线项目建设加快推进；拓展多式联运业务，持续发力海铁联运、江海联运及海河联运等多式联运通道建设；国际港口合作不断深化，积极拓展东南亚、中东欧、非洲业务。此外，义乌宁波舟山港“第六港区”建设实现新跨越，开行海铁联运专列，实现“一次申报、一次查验、一次放行”；引进达飞、中远海、马士基等多家船公司开展海铁联运全程提单（CCA）业务。持续深化义乌港与宁波舟山港港务、关务、船务一体化，落地义乌港公路“转港”模式，实现转关业务对义乌出口货物的全覆盖。

2. 县域助推双向贸易发展提质增效

数字贸易发展有新提升，杭州积极筹备首届全球数字贸易博览会，“网展贸”“跨境电商进口B2C包裹退货”两项经验做法向全国推广，全国首创性推行数字外贸服务平台建设。成功举办中国大宗商品金融服务创新峰会，探索开展大宗商品数字化交易。数字人民币试点正式在杭州、义乌等地落地，已取得初步成效。义乌国家级进口贸易促进创新示范区取得新进展，持续做大中国进口商品城，不断完善“保税 + 口岸 + 市场 + 展会”的全体系进口服务平台，力争实施进口日用消费品正面清单管理制度，成为国内外商品进入流通环节主通道之一。

3. 县域积极融入枢纽经济平台建设

义乌中欧（义新欧）班列在多领域实现新提升。2021 年累计开行 1904 列，2021 年新增“义乌—喀什—中亚”“义乌—加里宁格勒—罗斯托克”2 条多式联运新通道和“义乌—万象”国际货运班列，已开通运营线路 19 条，辐射欧亚大陆 50 个国家 160 多个城市。衢江区加速推进多式联运枢纽港建设，完成总体规划研究编制工作，枢纽港项目列入《浙江省综合立体交通网规划（2021—2050 年）》，衢江港区大路章作业区二期已签约落地并开工建设。嵊州市、新昌县积极谋划建设义甬舟嵊新临港特别合作区，明确将嵊州高铁新城、黄泽—大明市等嵊新两地毗邻区域作为启动区块，加速推进比亚迪新能源动力电池生产基地、嵊新高铁站萧山机场航站楼等重大产业和基础设施项目。

4. 科创大走廊县域带动创新开放协同发展

杭州城西科创大走廊加快打造成为具有全球影响力的科创高地和创新策源地的主平台，为杭州西湖、余杭等多个县（市、区）凝聚世界一流的高端人才和创新资源，增添县域经济发展活力。绍兴科创走廊规划顺利发布，提出建设一批重大科创基地，联动绍兴市越城区、柯桥区、上虞区成为科创资源最密集、创新创业最活跃的区域。甬江科创大走廊加快建设，编制出台《宁波甬江科创大走廊发展规划》，甬江实验室正式揭牌，正式明确实验室启动区位置。浙中科创走廊建设稳步推进，《浙中科创走廊发展规划》通过省政府常务会审议，浙江师范大学的生态系统碳增汇潜力研究国际科技合作基地被拟认定为省级以上国际科技合作载体。舟山成功创建东海实验室，已启动全球人才招聘、总部园区建设项目，目前全力争取国务院批复设立舟山国家高新区。义乌信息光电高新区国家技术标准创新（义乌）基地获国家市场监管总局正式批复。

5. 县域参与数字义甬舟建设不断探索

北仑区加快推进智慧港口建设，加快 5G 应用、集卡定位，大宗散货数字供应链服务平台逐步完善升级。梅山港区新一代自动化集装箱码头和鼠浪湖散货自动化码头建设全面推进，鼠浪湖散货码头设备自动化改造项目取得阶段性成果。舟山稳步推进数字自贸应用平台建设，实现与国际贸易“单一窗口”和“保税油一口受理”两大平台数据互联互通，“江海联运在线”已归集港口、船舶等 35 家单位 10.5 亿条数据，实现“海进江、江出海”数据共享。舟山片区实现供油业务“即加即走”，成为全国首个保税燃料油跨关区直供无纸化试点口岸。金华加快打造华东国际联运港数字化运营平台，建设“智慧公铁港综合服务平台”，联动海关、铁路、场站、运营单位及进出口企业，将企业订舱、运营单位放仓、场站操作管理、铁路的物流信息等统一融入平台，并接入宁波舟山港 EDI 系统。义乌宁波舟山港“第六港区”数字服务系统实现海铁联运、公路转关自动核销。

二、打造开放型经济发展平台

1. 自贸区联动创新区成为县域开放发展高地

2021 年浙江自贸试验区建设取得重大突破，建设内容全面拓展，开放能级大大提升，辐射带动显著增强，服务构建新发展格局、高质量建设共同富裕示范区的“排头兵”作用日益凸显。如金华片区义乌市围绕贸易、运输、投资、资金、人员往来“五大自由”集成推进自贸试验区改革和建设，为全国自贸试验区进一步改革探索新途径，积累新经验。“市场采购 + 卡航”“保税 + 新零售”等制度创新取得突破，多个案例入选浙江自贸试验区“最佳制度创新案例”。三门县紧紧把握健跳港国家一类对外开放口岸获国务院批复、六敖区块入选浙江自贸区台州联动创新区等战略机遇，将湾区作为开放开发的主平台，坚持“大工业 + 大物流”，统筹海域、岸线、港口和陆地资源，奋力打造“四大基地”，开创海洋经济发展新局面。

2. 跨境电商综合试验区全覆盖赋能县域外贸发展

跨境电子商务综合试验区是我国跨境电子商务先行先试的试验田。2022年2月，金华市、舟山市成功获批，浙江省内跨境电商综合试验区总数达到12个（包括义乌综合试验区），率先实现跨境电商综试区全省域覆盖。海曙区打造全省首个区县级数字外贸平台，鼓励宁化通、宁兴贸易集团等龙头企业建设跨境综合服务平台，实现跨境业务全流程一站式服务，营造更优发展环境。遂昌县抢抓山区26县跨越式发展及数字化改革重大机遇，探索形成具有山区特色的“电商+产业振兴”模式，迭代打造“遂昌农村电商模式2.0”，成为山区县共富发展“金名片”。德清县成功获批国家地理信息服务出口基地，推动数字贸易发展。

3. 开发区山区县结对推动县域产业链开放协同

高质量发展建设共同富裕示范区，需要建立在产业高质量的基础上，山区26县当前最欠缺的就是能够承接产业发展的高能级平台，2022年10月省政府批复整合设立6家经济开发区，其中山区县开发区4家，至此浙江省山区26县已实现开发区全覆盖。此外，为带动山区县开发区赶上先进地区的步伐，11个经济发达地区开发区率先与山区县开发区结对，推进项目共引、产业共建，在共同富裕的道路上结伴同行。例如，松阳开发区与嘉兴经济技术开发区产业相近，在成功合作共建“飞地”产业园的基础上，签订了《浙江省开发区合作共建意向书》，进一步强化双方全方位的合作，为打造共同富裕示范区贡献力量。柯桥开发区与江山开发区通力协作，高起点打造“飞地”产业园。在共同富裕示范区新使命下，开发区“链长制”成为助力县域产业基础再造和产业链提升，激发县域新活力，助力共富进程的重要抓手，逐渐从“地方经验”成为“全国实践”，成为畅通双循环的一种方法论。

4. 中国-中东欧国家经贸合作示范区联动区获批，推动县域加强国别合作

2022年1月20日，浙江省商务厅发布《关于同意设立中国-中东欧国家经贸合作示范区联动区的通知》，同意杭州市滨江区、温州市瓯海区、绍兴市新昌县、金华市浦江县、义乌市、丽水市青田县设立中国–中东欧国家经贸合作示范区联动区。瓯海区依托广大海外华侨，欧美、日韩等国家的进口产品不断输向境内，成功打造了法国馆、瑞士馆、西班牙馆、希腊馆、德国馆等国家特色馆。此外，为构建“时刻站在时尚潮流顶尖”的新型消费模式，还打造了全市首家跨境9610进口供应链平台，建立奢侈品直购体验中心。浦江县充分结合县域特色优势，围绕打造“中国–中东欧国家高端水晶产业新高地”“中国–中东欧国家特色商贸集聚地”“中国–中东欧国家物流浙中分拨地”“中国–中东欧国家文旅融合先行地”四大目标，开展差异化特色化探索。

三、维护产业链供应链稳定发展

1. 县域创新发展快船快线助力维护供应链稳定

在新冠肺炎疫情蔓延和国际局势动荡的背景下，义乌市率先推出“跨境电商+国际快船”新模式，推动“义新欧”与海铁联运互联互通，开辟中亚东盟过境班列新通道，落地自贸区金义片区“先出区、后报关”试点，大大缩短运输周期，提供稳定畅通的国际物流运输通道，也向沿线国家和地区展示了维护国际产业链供应链稳定的“钢铁驼队”的可靠形象。同时，拓展航空货运网络，新开通“义乌—澳门”客运和“义乌—马尼拉”货运航线，与宁波机场签订互为异地货站项目，通过数字化陆空联运，实现两站之间的数据无缝对接以及物流服务设施的互联互通，不但有利于降低物流企业的时间成本和运输成本，也为拓宽物流通道、提升货物运输的通达性提供了便利。

2. 逐渐加强境外投资稳固县域内外一体产业链发展

嘉兴桐乡市总部型外贸企业资源丰富，特别在有色金属等战略性资源和重要上游原材料领域，企业境外投资起到了重要的战略支撑作用。如华友钴业依托在非洲、印尼等地的投资布局，目前钴新材料市场份额全球第一，占全国43%，全球21%；锂电前驱体材料和锂电高镍正极材料市场份额均居全球第三，占比分别为全球 9% 和 14%。振石集团打通了“红土矿—镍铁—不锈钢”的上游产业链延伸，在 2021 年国内高品位原材料相对短缺的形势下，有效保障镍铁原料供应，提升了产业链、供应链自主可控能力。上虞区汽车领域坚持“招引一个行业龙头、培育一批配套企业、激活一个产业集群”理念，努力引育整车等“链主”项目群，带动区内汽车产业上下游集群发展，提高汽车在国际市场竞争中的产业链韧性，夯实产业链稳定发展。

3. 不断加大县域优秀外资项目引进力度

面对新形势，各县（市、区）通过线上与线下相结合、产业链和供应链相结合、并购与收购相结合、制造业与现代服务业相结合、向外“招引”与对内“挖潜”相结合，加快引进外资结构优化调增。如宁波北仑区 2021 年实际利用外资增速高于全省 92.4 个百分点，总量居宁波市第一。北仑以绿色石化、汽车制造、智能装备、集成电路为代表的高端制造业吸引外资的能力和速度提升，成功引进重点项目 39 个、投资总额超 1450 亿元。还借助 QFLP、QDLP 等金融领域开放试点契机，立足数字贸易、港航物流、现代金融、工业互联网、5G+ 等领域选优选强。再如，舟山市岱山县与世界上最大的铁矿石生产商淡水河谷公司合作打造国际铁矿石物流基地，将进一步加强鼠浪湖矿石中转码头的分销能力，助力宁波舟山港打造世界一流强港。又如，文成县启动“百侨扶百村”工程，吸引侨资和人才回归投资，做强“侨经济”，并帮助侨团与经济薄弱村结对，以项目带动产业，助力乡村振兴和共同富裕。

四、促进新领域开放发展

1. 县域积极参与绿色丝绸之路建设

“一带一路”倡议取得积极成效，但沿线国家普遍存在碳排放增长迅速、碳泄漏形势严峻、碳达峰挑战各异和碳中和任重道远等现实挑战，绿色丝绸之路已成为“一带一路”建设的必然选择。近年来，浙江省县域积极参与清洁发电、节能建筑、资源循环等“双碳”目标下的绿色丝绸之路合作，取得了阶段性成果。滨江区正泰集团拥有丰富的全球光伏电站投资、开发、建设、运营、管理经验，近年来积极参与“一带一路”共建，贯彻绿色发展理念，实现了项目与当地更好的融合和可持续发展，在140多个国家和地区开发、投资建设了600多座地面光伏电站和50万个户用光伏电站，助力“一带一路”沿线绿色低碳转型。兰溪市红狮集团“走出去”的同时积极推广节能减排和资源利用技术，红狮集团的水泥窑协同处置固（危）废技术实现固废“资源化、减量化、无害化、终端化”处置，绿色发展经验受到国内外一致赞赏和推崇。

2. 县域不断推动文化教育国际合作

“一带一路”倡议提出以来，浙江省高校积极响应，开展了多种形式的“走出去”实践。截至2021年，浙江省共有16所高职院校在21个国家建立了22所“丝路学院”，如坐落于泰国罗勇工业园区的泰中罗勇丝路学院，由浙江机电职业技术学院、浙江经贸职业技术学院联合浙江华立集团股份有限公司和泰国东部职教集团共同设立，为罗勇园区内中资企业提供员工中文和职业技能培训，推动园区内中资企业销售额增幅300%，泰国籍员工离职率从15%下降至5%，有效破解了中资企业用人的难点痛点，助力企业稳步扎根海外。举办高水平中外合作办学也成为浙江省引进优质教育资源新模式，2021年，浙江省高等教育中外合作办学机构已达15所。如坐落在温州市瓯海区的肯恩大学采取开放式的办学模式，是浙江省和美国新泽西州友好省州合作项目，作为教育部扩大教育开放、以开放促改革的中美合作办学重大项目，是国家高等教育领域的改革创新实践成果之一，被列入中国华侨国际文化交流基地、浙江省国际人文交流基地和温州市首批国际交流示范基地。

3. 县域深化参与医疗卫生国际合作

近年来，浙江省县域积极响应“一带一路”倡议精神，深化医疗卫生领域国际合作，进一步激发了共建“一带一路”国家的合作潜力，为我国的外交发展作出了积极贡献。温岭市万邦德集团紧抓中非合作发展机遇，响应“一带一路”发展倡议，积极探索“两国一园”模式，持续推进“引进来，走出去”中非协同发展，树立了中非协同发展健康产业的品牌，推动了中非医疗合作的双向互动，已成为中国医药行业和浙江省民企走向非洲的明星企业，深受国家商务部、中非民间商会和浙江省委省政府的重视和支持，中国医药企业与万邦德集团合作共同走向非洲的协同效应初显成效。

第三节　县域开放发展助力共同富裕的未来展望

未来浙江省将充分发挥独具的共建“一带一路”、长江经济带发展、长三角一体化发展等叠加优势，以更大力度推进全方位高水平开放。全方位激发山区县域开放发展活力，打造一批具有标志性的开放“金名片”，在服务全球经济治理、服务全国开放格局过程中增强区域能级，全力助推共同富裕示范区建设。

一、加快义甬舟开放大通道建设，陆海统筹助力缩小区域差距

义甬舟开放大通道“东向依港出海、西向依陆出境”，是一条天然连接“山”与“海”，实现东西双向互济，促进国内国际双循环的战略通道，是推动浙江缩小区域差距，促进高水平发展建设共同富裕示范区的重要载体和战略抓手。为此，宁波、舟山、绍兴、金华、衢州等地各山区县要把握义甬舟开放大通道建设契机，以交通物流为先导，以开放协同为路径，以改革创新为动力，培育发展通道经济、枢纽经济和开放经济，加速提升区域发展能级，促进资源要素流通配置，推动供应链产业链创新链深度融合，逐步形成山区县与沿海开放县山海联动、共促发展的新格局，加快形成新时代共同富裕示范区的新增长极。

二、加快跨境电商发展，数字赋能扩展县域开放空间

随着数字化改革纵深推进，山区县的物理时空限制正被逐渐打破，对外开放发展出现新的形态和潜力。电子商务作为县域流通数字化改革的重要工具，持续不断为浙江省实现共同富裕注入新活力。跨境电商成为县域开放发展的新路径，特别是较为封闭落后的山区县物理时空的限制被不断打破，通过跨境电商平台为山区县拓展国际市场插上“翅膀”，特色产业品牌扬帆出

海，山区县对外开放发展展现出新潜力、新动能。为此，县域高质量开放发展要搭乘跨境电商快车，推动县域制造走出国门，通过构建集一站式服务平台、大数据通关服务平台、外贸综合服务平台、海关共建公共检测平台、跨境智能物流平台、跨境电商孵化平台等于一体的综合跨境电商平台，形成一条跨境电商服务“生态链”，为县域跨越式高质量发展提供开放新动能。

三、加快自由化便利化改革，制度创新促进县域外资引进

促进投资贸易自由化便利化是经济全球化进入新发展阶段，顺应国际高标准经贸规则发展趋势，对浙江改革开放的核心要求和更高层次的创新探索。浙江第十五次党代会也提出要加强制度型开放，探索投资贸易便利化自由化改革新路径。县域开放发展也要积极对接高标准经贸标准，特别是作为自贸区片区和联动创新区的县域要勇于探索、先试先行，积极争取贸易投资自由化便利化改革试点，构建国际一流营商环境，吸引全球高端要素资源集聚发展，着力扩大境外资金投资境内实体产业的便捷渠道，聚力高质量外资招引，推动高能级项目落地，实现高水平对外开放，打造国际合作和竞争新优势，为高质量发展注入新动力。

四、加快新领域开放合作，民心相通培育县域开放增长点

2021 年 11 月 19 日，习近平总书记在第三次“一带一路”建设座谈会上强调，“要稳妥开展健康、绿色、数字、创新等新领域合作，培育合作新增长点”。为深入贯彻落实全方位、深层次开放的要求，县域对外开放合作也要从过去经贸发展不断向创新、教育、文化、医疗、绿色等多领域拓展。要把握好亚运会契机，促进国际科技学术文化交流合作，办好国际重大活动。打响国际教育合作“金名片”，培育做强“留学浙江”品牌。积极投入国际联合抗疫行动，发挥各地浙商、浙企海外发展主力军作用，为国际抗疫贡献浙江力量。推动实施中非友好医院试点等项目。拓展绿色领域开放合作，山区县国际开放合作中要大力深化在绿色装备、绿色服务、绿色基础设施等方面

的交流合作。开发绿色信贷、绿色债券、绿色保险、绿色基金等绿色金融工具。提升“走出去”产业环保标准，加强国际生态环保标准交流合作。积极参与“一带一路”绿色发展国际联盟的相关合作项目及活动，做好“绿水青山就是金山银山”的国际宣传推广工作。

第八章 共同富裕先行浙江县域共享发展探索与展望

党的二十大将新时代新征程党的中心任务明确为“团结带领全国各族人民全面建成社会主义现代化强国、实现第二个百年奋斗目标，以中国式现代化全面推进中华民族伟大复兴”。而实现全体人民共同富裕是中国式现代化的本质要求之一。“共享发展”是“共同富裕”内涵要求，“共同富裕”是“共享发展”的目标实现，两者良性循环、相辅相成，为新时代“浙江两个先行”建设指明了发展方向。

第一节　共同富裕背景下推动县域共享发展的更高要求

2021 年 5 月发布的《中共中央 国务院关于支持浙江高质量发展建设共同富裕示范区的意见》赋予浙江重要示范改革任务，为全国推动共同富裕提供省域范例。一年多来，浙江省积极探索共同富裕有效路径，以数字化改革推进系统变革重塑，打造一系列标志性成果，成功实现了共同富裕建设的稳健开局。同时，新的发展形势也对浙江省共同富裕示范区建设提出了更高的要求。

一、“扩中提低”需要久久为功

实现共同富裕，首先要通过努力奋斗把“蛋糕”做大做好，再通过合理的制度安排把“蛋糕”切好分好，而“扩中提低”是分好蛋糕的重要抓手。目前浙江省初步构建起“1+5+N”重大改革体系，其中“1”就是“扩中提低”、收入分配，这正是将“扩中提低”放在构建重大改革体系核心位置的具体表现。只有构建起一个“中间大、两头小”的橄榄型社会，才能使社会结构更加稳定。扩大中等收入群体的潜力增长空间来自低收入群体，而低收入群体也在动态变化，一种是当前收入水平居于绝对低位的群体；另一种是在发展过程中，由于地区、行业收入差距造成的相对收入较低的群体。因此，提升低收入群体收入，不仅要提高现存低收入群体的收入水平，也要防止一部分人掉入低收入群体。需要注意的是，优化社会收入分配结构是一个长期过程，不能寄希望于“一蹴而就”“毕其功于一役”，需要循序渐进，久久为功。

二、公共服务更加优质共享

治国有常，利民为本。党的二十大报告指出：“必须坚持在发展中保障和改善民生，鼓励共同奋斗创造美好生活，不断实现人民对美好生活的向往”，要“健全基本公共服务体系，提高公共服务水平，增强均衡性和可及性”。《中共中央关于党的百年奋斗重大成就和历史经验的决议》指出“必须以保障和改善民生为重点加强社会建设”，“在幼有所育、学有所教、劳有所得、病有所医、老有所养、住有所居、弱有所扶上持续用力，加强和创新社会治理，使人民获得感、幸福感、安全感更加充实、更有保障、更可持续”。在扎实推动共同富裕的时代背景下，社会建设的战略地位全面提升，也被赋予了新的时代内涵。公共服务是社会建设的重要内容，提供优质普惠的公共服务是在新时代满足人民群众对于美好生活的多元化、高品质需求的基本落脚点。浙江省正致力于率先基本实现人的全生命周期公共服务优质共享，努力成为共建共享品质生活的省域范例。公共服务的重要目标是在推进幼有善育，学有优教，劳有厚得，病有良医，老有颐养，住有宜居，弱有众扶。

三、基础设施体现适度先行

基础设施建设在国家发展全局中具有战略性、基础性、先导性作用。2022 年 4 月，中央财经委第十一次会议专题研究全面加强基础设施建设问题，强调要构建现代化基础设施体系，适度超前开展基础设施建设，重点关注网络型基础设施、产业升级基础设施、城市基础设施、农业农村基础设施、国家安全基础设施建设，为全面建设社会主义现代化国家打下坚实基础。农业农村是共同富裕的薄弱环节，城镇与农村共同繁荣与发展，是实现共同富裕目标的坚实基础。将农业农村基础设施列入基础设施重点领域谋划布局，对促进农业农村现代化具有重要意义。健全城乡一体规划建设体系，推动农村基础设施与城市同步规划、同步建设，逐步消除城乡基础设施代差，有利于加快实现共同富裕目标。

四、城乡单元建设幸福品质

共同富裕基本单元是高质量发展建设共同富裕示范区和提升省域现代化水平从宏观谋划到微观落地的变革抓手、集成载体、民生工程、示范成果。2022 年 5 月，浙江省共同富裕现代化基本单元建设工作推进会在杭州召开，时任省委书记袁家军强调“扎实推进共同富裕现代化基本单元建设，为共同富裕和现代化先行打牢基础”。共同富裕现代化基本单元是在共同富裕和省域现代化先行的大场景下谋划推进的一项创新工作，包括打造“未来社区”、“未来乡村”、城乡风貌样板区三大板块。加快共同富裕基本单元建设要突出品质生活、模式创新、智慧互联和共建共享的内涵特征，加快推进城市和乡村有机更新，形成“一老一小”公共服务系统化解决方案，同时探索综合运营模式，不断迭代升级共同富裕基本单元建设标准。

第二节　共同富裕推动县域共享发展的实践探索

在浙江省高质量发展建设共同富裕示范区的过程中，围绕群众呼声比较高、工作有基础的十大领域，如“浙有善育”、“浙里健康”、“浙里康养”、共同富裕现代化基本单元、山区26县高质量发展、扩中提低等，全省上下开拓创新、争先创优，形成了一批好做法、好经验，创造了一批具有广泛影响、群众有感、可示范推广的成果。

一、长兴县“百社联千户”助农增收破解“提低”难题

长兴县围绕“百社联千户，助农增收”主线，坚持“政府主导，农户主体，精准施策，合力帮扶”原则，以产业帮扶为牵引，重点抓好“定对象、选产业、扶农户、教技术、销产品、补政策、帮结对”等七个关键环节，全链条破解低收入农户增收难题，探索出一条产、供、销、技术和金融服务等深度融合的农业产业帮扶新路径。该做法作为浙江省唯一案例入选了由国务院扶贫办编印的《中国减贫奇迹怎样炼成》一书，向全国推广宣传。

一是针对“对象怎么定”，首创“三有”认定标准。“三有”即：有劳动能力、有脱贫意愿、有勤劳习惯。通过村民代表大会推选、乡镇（街道、园区）审核认定的方式，将符合“三有”标准的低保户、低边户、支出型贫困户确定为重点扶持对象，并延伸至困难党员户、困难退役军人户、困难大学生户等特殊群体，实现帮扶对象层层筛选、精准识别。

二是针对“产业怎么选”，兴建产业帮扶基地。聚焦现代农业产业，建立产业帮扶基地68个，总面积达3054亩。同时按照“面积20亩以上、入驻低收入农户10户以上、持续帮扶3年以上”的标准，精选出葡萄、芦笋、吊瓜、湖羊、特种水产等13个技术易掌握、效益较稳定、成效较明显的优势特色农业产业进行帮扶。

三是针对“农户怎么扶”，发展多元帮扶组合。紧紧依托各级农民合作经济组织联合会（简称农合联），坚持“四个并重”，突出发展“产业 + 就业”的双重帮扶模式，大力实施“芦笋 + 湖羊”“水产 + 蔬菜”等多种产业帮扶组合，最大限度挖掘增收潜力。

四是针对“技术怎么教”，探索结对培训模式。探索农合联会员与低收入农户进行“一对一”“一对多”结对，提供生产技术、田间管理、种子种苗等多项服务。建立县、乡两级技能培训体系，聘请有技术、懂经营的农业“土专家”开展技术培训，年均开班 50 次，培训低收入农户 1000 余人。

五是针对“产品怎么销”，拓展自销包销渠道。整合农合联会员销售资源，实施产业农合联协议包销模式，通过覆盖沪、苏、浙、皖等地区 60 多个大中城市的销售网络，确保农产品卖得出去。同时积极承办农事节庆活动，通过企业爱心认购、给知名超市供货等方式，确保农产品卖得好。

二、安吉县深化“安吉游戏”学前教育模式

安吉县紧扣“浙有善育”跑道，主动作为，持续丰富“安吉游戏”教育模式。截至 2022 年 5 月底，全县等级幼儿园比例达 100%，普惠性幼儿园在园幼儿占比 94.7%，优质园覆盖率达 71%。经过多年的实践探索，“安吉游戏”已成为学前教育的“金名片”，引领着全国学前教育改革发展的潮流。2021 年，安吉县成功创建全国学前教育普及普惠县。

一是聚焦城乡差距，推动教育资源优质均等。安吉县立足缩小城乡学前教育发展差距，全面做好顶层设计，将幼儿园建设纳入国民经济和社会发展规划，并将学前教育经费纳入县乡财政预算，确保农村办学投入保障。创新构建“县、乡（镇）、村（社区）”一体化管理体系，由县教育局统管、县级部门联管、乡镇（街道）主办、村（社区）协调，形成了“一乡镇一中心园、多村教学点”的教育布局，推动了城乡教育资源优质均等化。

二是聚焦孩子天性，推广寓教于乐的教育理念。坚持“以游戏为基本活动”的理念，在玩具开发上，将农村常见的自然资源和安吉特有材料相结

合，开发新的游戏材料；在教学内容上，通过让幼儿在游戏中自主探究、合作交流，培养幼儿主动学习、乐于交流的优良品性；在教学对象上，教师赋予幼儿自主权，保障游戏时间，自主构建游戏规则；在教学方法上，师生通过改变教育行为，实现教师与儿童共同学习、教学相长。

三是聚焦品牌打造，促进教育模式标准的推广。以创建等级幼儿园为抓手，持续提升城乡办园品质。以游戏课程装备、幼儿园建设与管理规范为切入口，加快省市行业标准制定和发布。以提升师资队伍水平为核心，加大学前教育人才引进力度，关心关爱非在编教师队伍。以“安吉游戏”国内共享、国际推广为目标，成立安吉游戏研究与推广中心，邀请国内外学前教育专家学者参与“安吉游戏”的研究探讨，打造“安吉游戏”学前教育品牌。

三、义乌市长期护理保险制度筑牢失能群体兜底保障

党的十八届五中全会首次提出探索建立长期护理保险制度，义乌市作为国家长期护理保险制度建设重点联系城市、全省长期护理保险制度试点城市，建立起长期护理保险“1+1+3”政策体系，有效保障失能人员基本生活权益，减轻失能家庭护理负担。

一是构建全民共担共享的制度体系，确保基金可持续运行。参保人群应覆尽覆，基本医保参保群体同步参加长期护理保险，覆盖人群达 113.7 万人，其中外来建设者达 26.5 万人，户籍人口覆盖率 99.98%。基金筹集多方共担，由政府、单位、个人共同筹集基金，推动社会责任、家庭责任及个人责任紧密融合。待遇保障按需设置，根据护理服务需求，制订服务项目 68 项，涵盖失能群体日常生活方方面面。设置居家上门、养护机构和医疗机构三类阶梯式、差异化待遇体系，失能群体可根据自身需求选择不同护理方式，对困难群众进行 100% 支付。为应对未来失能群体持续扩大、保障水平不断提高，适当超前规划基金池，按现有失能群体静态测算，可支付能力达到 30 个月以上，处在“可负担、可持续”合理状态。

二是构建专业化标准化的评估机制，确保评估环节规范便捷。在全省率

先发布实施《失能评估管理要求》地方标准，从自理能力和疾病轻重两个大类 64 个评定项目，按照 0 级～ 6 级科学划分失能情况，将评估达到 4 级～ 6 级的重度失能人员纳入照护范围。组建涵盖医学、护理、康复等学科的失能评估专家库，有效满足评估需求。评估信息数字化，通过“大数据运算 + 实地走访”核准失能信息，预测新增失能群体，组织镇街实地走访，实时精准掌握失能群体总量、等级评估和照护需求。评估流程便捷化，失能评估简化流程、减少材料，线上申报自评，线下上门评估，评估过程实现“零次跑”。

三是构建规范化规模化的护理服务产业体系，确保高水平护理。在全省率先发布实施《定点护理机构管理要求》地方标准，将护理服务市场主体纳入定点协议管理，截至 2022 年 5 月底，全市共有定点护理机构 39 家。提升队伍能力，组建生活照料、医疗护理 2 支队伍，其中生活照料由家庭照护者和机构护理员组成，医疗护理由镇街卫生院家庭医生签约团队和专业护理机构医护人员承担，并由高校、养老服务中心等开展护理专项能力培训。扩展护理资源，打通家庭照护者二次就业渠道，鼓励失能人员亲属邻里加入护理行业。护理机构为家庭护理者提供 5000 元 / 月～ 8000 元 / 月的较高待遇，通过经济激励引导全社会共同关注、参与失能护理行业。

四、瓯海区打造普惠性托育养老一体化服务体系

“一老一小”是关乎千家万户的民生大事。近年来，温州市瓯海区聚焦以托育、养老为代表的民生“急难愁盼”问题，深化托育养老领域供给侧结构性改革，全力打造普惠性托育养老一体化服务体系，探索形成了“一老一小”共同富裕的瓯海模式。

一是有效盘活国有资产房源建设普惠性托育机构。出台《瓯海区 3 岁以下婴幼儿照护服务机构租赁国有资产管理暂行办法》，利用国有资产空置房源，以场地低租或免租的形式，要求每个镇街至少上报 1 处选址（大的镇街至少 2 处）以国有资产（包括村集体资产）为托育园办园场地。同时建立公平、有效、差额的择优比选机制，由区卫健局建立第三方婴幼儿照护服务机

构比选目录库，招募第三方运营机构举办普惠性社区托育园。

二是创新推进“一老一小”一体化数字化改革。打通民政、卫健、公安、人社、工商、市场监管等6个联办部门数据共享通道，建立温州市婴幼儿照护平台、瓯海区智慧养老服务平台，对接温州市居家安全守护平台、温州市养老服务云超市、利民补助“一键达”系统，实现省市县系统和数据的上下贯通。结合全区历年出生人口情况、60岁老年人口情况、人口预测算法模型、托育养老机构情况，实现托育养老现状详情“一目了然”。通过形象化图像，将已运行、建设中、规划中的托育养老机构以不同透明度呈现不同状态，实现机构布局“一图掌控”。通过将现有幼儿托位数、养老床位数的情况分五档，并通过不同颜色呈现，实现托位床位“一键供给”。通过数字化平台和手段为从业人员开展各类技能培训，实现数字化改革对人才培养的反哺支撑。

三是支持民营大中型企业兴办非营利性托育机构。鼓励就业人群密集的产业聚集区域和女职工集中的用人单位，用福利费补贴建设企事业单位托育机构。对于年轻职工不多、托育需求不高、经济支持有限的企事业单位，通过临近多家企业联合创建婴幼儿照护服务机构。强化政府保障和支持力度，对办托企业减免相关税费，落实企事业单位婴幼儿照护服务机构用电、用水、用气享受居民价格政策，对完成备案的企业托育园给予适当奖补等举措。

五、拱墅区“拱墅优礼”全域文明新实践

拱墅区依托大运河国家文化公园建设，立足大运河千年文脉传承，深入实施“拱墅优礼”全域文明新实践，生动讲好“精神共富”大运河故事，走出富有拱墅特色的大运河精神共富文明实践新路径。

一是坚持人民至上，追求“文明＋文化＋文旅”的高品质服务。深化培育“大运河直播间”“城市青年音乐角”等特色阵地，打造“1中心18所174站和600余点位”的5分钟大运河文明实践矩阵。聚焦“一老”组建公益服

务社会化团队，围绕“一小”以公建民营打造“家门口的普惠型托育中心”。高标准建设大运河国家文化公园，有序推进杭钢旧址公园等重点项目，成立全国首个大运河沿岸区县合作联盟，引进全国书法教师“蒲公英计划”大型公益培训项目总部落地，形成书法、戏曲等大运河美育品牌。

二是坚持数字赋能，追求“整体智治”的高水平治理。2020 年，首创推出“文明帮帮码”数字服务平台，如今已升格为杭州市新时代文明实践数字服务平台。2021 年，创推“阳光少年”志愿服务应用场景，作为全市唯一一个“数字社会志愿服务”应用场景参与全省数字社会“揭榜挂帅”并成功中榜。2022 年，打造“拱墅优礼·开门大吉”数智平台，构建“自治 + 法治”“自律 + 他律”的治理新模式，不断激发明责知礼、常律守礼、共促崇礼的文明内生动力。

三是坚持典型引路，追求“浙江有礼”的高标准示范。实施“拱墅优礼”全域文明新实践工程，构建人人彬彬有礼、处处和和美美的“优礼拱墅人”新群像。推出“拱墅优礼”视频号，发布有礼视频 310 余个。深化培育“文明好礼进千亿商圈”“孝心车位”等一批文明实践项目。常态开展道德模范、文明家庭、美德少年等最美系列选树活动，最美人物、志愿团队积极参与疫情防控，在“4 · 19”疫情大考中，拱墅区 3 万余名志愿者快响集结，“你帮·我帮·大家帮”已经成为普遍自觉。

六、景宁县庆景青公路“路景产人”融合发展模式

景宁县作为浙江省 26 个加快发展县之一，是全省脱贫攻坚战的重要阵地。交通出行难一直是景宁县等浙西南山区群众的重大民生问题，庆景青公路“路景产人”融合发展模式为景宁等山区县综合交通高质量发展提供了典型示范。

一是发挥交通基础功能，改善区位条件。高标准推进建设庆景青公路，打造内畅外联的交通体系，作为承担景宁畲族自治县 17 个乡镇街道群众日常出行的主通道，可以提升当地路网结构，改善居民及游客出行环境；作为

连接青田县、景宁县和庆元县的主要交通通道，补足完善区域综合交通运输体系，拓展浙西南地区联通开放发展主通道，推动丽水市主动融入全省四大都市区建设，体现了交通对当地对经济社会发展基础性、先导性作用。

二是串联景观人文资源，挖掘生态价值。景宁县素有“两山夹一水”山环水抱的天然景观资源，但景观资源散落分布。通过庆景青公路提升改造，优化线形设计，把中国畲乡之窗景区、云中大漈景区、铜铃山国家森林公园、乌岩岭国家级自然保护区等沿线景观及人文资源串联起来，实现融景入路。结合搭建望景平台、打造特色林带等措施，全面提升沿线公路的路容路貌和路域环境，提升居民及外来游客的观光、休憩体验，充分彰显“大花园”核心区内涵。

三是带动沿线产业开发，打造经济引擎。以庆景青公路建设为主轴，充分依托当地生态文化特点，联动沿线特色小镇、美丽乡村等产业经济特点，规划建设畲乡民俗体验区、山水风情体验区和最美乡村体验区。构建主线公路、节点连接线、游览性慢行道三级慢行交通体系，保障游客“进的来”“散的开”，深化畲乡文旅产品打造和品牌建设，带动商业、旅游、休闲产业的发展，助推打造区域经济增长发展新动力、新引擎。

四是提升沿线群众获得感，彰显以人为本。景宁是全国唯一的畲族自治县，也是浙江省唯一的少数民族自治县，蕴含深厚的畲乡传统文化。结合庆景青公路改造，因地制宜、就地取材，保留当地风土人情和原始风貌，并重点保护生态环境和千峡湖饮用水源地。巩固提升最美乡村公路建设，聚焦美丽乡村连通、驿站建设、公交线路规划等方面，全面优化交通秩序、创造良好出行环境，提升当地乡村公共服务水平，充分彰显畲族文化，满足群众对美好生活的追求。

七、柯城区创新探索美丽乡村迭代升级路径

柯城区沟溪乡余东村作为衢州市首批乡村版“未来社区”，坚持理念引领、大胆探索实践，做法创新、成效突出，村民获得感、幸福感显著提升，

示范了新时代美丽乡村迭代升级的路径及模式。

一是以品质化导向完善公共服务体系。按照“城市现代化，农业农村也要现代化”的指示要求，以未来乡村“场景化”营造思维为切入点，补齐公益性、基础性服务短板，构建24小时生活链和15分钟生活圈。推进托育、养老、教育、医疗、体育、文化等公共服务优质化，破解当前乡村普遍存在的公共服务内容少、品质差、使用率低等难题，高品质建设居家养老、共享学习、共享食堂、博物馆、村播馆、竹编馆等服务场所。数字化建设赋能智慧治理，打造一体化智能化“乡村大脑”，整合余东村村庄、村业、村民等各种信息资源，连通“村情通”小程序、“浙里办”等数字平台，实现“数字乡村一张网”管理，为村民和游客提供完备的数字化服务。

二是以“微改造”为导向做优乡村空间环境基底。空间环境是未来乡村的基底，余东村坚持保留利用提升为主，以小空间、小投入、精改造的“针灸式”改造带动风貌大提升。改造“微节点”，以保留乡村、乡土、乡愁肌理为重点，充分利用自家庭院、房前屋后、闲置地等空间，以农房整治后的砖瓦、石板、木桩等为材料打造“一米菜园”、乡土公园，同时植入文化因子，形成乡贤园、共享园、巾帼园等共享菜园。增设“微设施”，以补短板惠民生为更新重点，注重“小而微，精而美”的微场景塑造，将闲置老房子“微改造”为咖啡屋、农耕馆、竹编馆、共享食堂、共享阅览室等各类“微空间”，以公益性为主兼顾经营性用途，实现以最小代价实现乡村空间环境大改善。

三是构建以“画”为导向的“核心吸引物”体系。余东村以农民画为核心，深度挖掘农民画的价值链。“以画为景”，就地取材，精心创作以描绘乡村风光和生产生活场景为主的120余幅农民墙画，构成了余东村“人在画中，画在村中”的乡村画廊。“以画为媒”，通过政府引导，专业机构支持，推动中国文促会农民画专业委员会落户余东，落成中国乡村美术馆、画家工作室等文化载体设施。“以画引业”，以原乡人、归乡人、新乡人为主体，实现从卖画到卖版权、卖文创的转变，创新80余种文化衍生品，发展露营休闲、研学写生、陶艺体验等文旅业态发展。

第三节　共同富裕推动县域共享发展的未来展望

习近平总书记强调："在全面建设社会主义现代化国家新征程中，我们必须把促进全体人民共同富裕摆在更加重要的位置，脚踏实地、久久为功，向着这个目标更加积极有为地进行努力，促进人的全面发展和社会全面进步，让广大人民群众获得感、幸福感、安全感更加充实、更有保障、更可持续。"因此，在浙江省未来共同富裕建设过程中围绕共享发展领域要重点着力以下几个方面。

一、加强改革引领，重点促进低收入人群增收共富

实现共同富裕，需要着力扩大中等收入群体规模，提高低收入人群收入，而其中关键是"提低"。"提低"的主要思路是将更多的公共资源用于提高低收入人群能力的相关方面建设上，特别是用于对低收入人群人力资本的投资，包括教育、医疗等方面。同时保持适度的转移支付，使得低收入人群的收入能够和社会平均收入保持相对稳定。

一是加大对低收入人群的人力资本投资。一方面，要加大教育投资，特别向低收入人群进行倾斜，缩小教育机会的差别。特别是从婴幼儿抓起，将教育投资前移到婴幼儿养育及学前教育阶段，加大力度向落后地区、农村地区倾斜，探索推动实行免费学前教育制度。同时，加强对农村落后地区义务教育教师的专项补贴。另一方面，应实施针对相对贫困家庭儿童的营养补贴方案，实施儿童的免费体检和免费医疗政策，提高儿童的健康水平。

二是为低收入群体提供更好的就业机会。首先要坚持就业优先战略，促进更高质量更加充分的就业。其次要消除户籍制度以及其他的就业歧视性制度，实现劳动力市场的公平竞争。再次要建立劳动力的终身学习培训制度，对低收入人群加以培训补贴，让他们能够有更多提高自身技能的机会。最后

要改革农村土地制度，让农民获得更多的财产性收入。

三是加大对低收入人群的财政转移力度。从提高低保救助的覆盖面和救助水平，提高农村养老保障待遇水平，提高农村社会养老服务质量，提高大病救助力度等方面着手，同时坚持廉租房和保租房政策，让更多的非城市户籍人口能够享受到廉租房待遇，让政策覆盖更多低收入人群。

二、坚持人民中心，全面推进公共服务优质共享

公共服务优质共享是群众最关心、最期盼的领域，也是推进共同富裕的重点难点。浙江省始终坚持以人民为中心的发展思想，扎实做好保障和改善民生工作，实实在在帮助群众解决实际困难，未来要在更高水平上实现幼有所育、学有所教、劳有所得、病有所医、老有所养、住有所居、弱有所扶。

一是构建生育支持政策体系，促进生育水平持续回升。实现适度生育水平是维持人口良性再生产和促进人口长期均衡发展的重要前提和基本保证。近年来浙江省生育水平持续走低，人口发展结构型压力加大。下一步要将婚嫁、生育、养育、教育一体考虑，完善和落实财政、税收、保险、托育、教育、住房、就业等积极生育支持措施，建立政府、企业、社会协同发力的用人单位成本分担机制，全面激发群众潜在生育意愿。

二是优化公共服务资源配置，深入推进以人为核心的新型城镇化。推进农业转移人口市民化集成改革，探索建立人地钱挂钩、以人定地、钱随人走制度。合理布局公共服务设施，推动公共资源配置向人口集聚的大中城市倾斜。进一步完善外来人口教育、医疗、住房保障等基本公共服务，加快外来人口市民化进程。深化户籍管理制度改革，促进有能力在城镇稳定就业和生活的外来人口举家落户。

三是完善老年社会服务体系，积极应对人口老龄化。人口老龄化是浙江省将要长期面对的基本省情，要加快建立与人口老龄化相适应的社会服务体系，让每位老年人都能享受到有保障、有质量、有活力的福寿康宁生活。进一步优化养老服务设施布局，重点加大山区、海岛等地区的基本养老服务的

财政投入和服务供给，补齐农村养老服务短板。充分发挥街道（乡镇）居家养老服务中心服务能力，完善生活服务、康复护理服务、托养服务、家庭支持服务、社会工作和心理疏导服务、康复辅助器具适配和租赁服务等六大功能，大力发展助餐、助浴、助急、助医、助行、助洁等服务。

三、全面精准提质，夯实共享发展基础设施支撑

落实共同富裕示范区建设要求，突出普惠共享发展理念，聚焦基础设施关键领域、薄弱环节，精准发力、分类施策，全面提高基础设施的整体质量、综合效能和服务水平。精准有序地实施一批既利当前、又利长远的基础设施项目，实现经济效益、社会效益、生态效益、安全效益相统一。注重效益、集成联动，做好持续运营，提高基础设施全生命周期综合效益。统筹各类基础设施建设布局，与各领域、各地区基础设施规划衔接，实现互联互通、共建共享、协调联动。

一是突出公平导向。推进基础设施向薄弱欠账地区均衡布局，推动一批重点通道连通工程、枢纽节点、清洁能源、重大水利、新一代信息通信和智能化设施以及民生领域重要基础设施向山区、海岛等薄弱地区均衡布局。

二是聚焦民生福祉。满足人民美好生活向往，体现基础设施“民生为本”的导向，将“以人民为中心”的价值取向贯穿到基础设施全生命周期的各个环节，加快区域“软件”“硬件”基础设施建设，补齐民生短板。

三是加强资源整合。系统优化基础设施空间布局、功能配置、规模结构，创新完善全生命周期发展模式，构建基础设施“投建管养运”一体化管理模式，实现项目全过程效益最大化，显著增强人民在享用基础设施上的获得感、幸福感。

四、突出系统集成，筑强共同富裕现代化基本单元

聚焦共同富裕基本单元建设，以“一统三化九场景”为指引，突出“共富味”“未来味”“浙江味”，坚持整体统筹，推动改革创新、系统集成、数

字赋能、共建共享，联动推进“未来社区”、“未来乡村”建设和城乡风貌整治提升，扎实推进共同富裕现代化基本单元建设，形成一批可复制可推广的阶段性标志性成果，为共同富裕和现代化先行打牢基础。

一是打造高品质生活空间。重点解决“一老一小”难题，优化新建、旧改项目实施方案，联动推进“未来社区”建设和城镇老旧小区改造，推动社区环境更加美丽宜居。着力推进风貌整治提升，联动美丽乡村和美丽城镇建设，组织开展城乡风貌系统专项行动。

二是探索可持续运营机制。培育集成运营商，加强全生命周期管理，积极引导居民和公益组织参与，重塑片区组团经营模式。着力完善工作推进机制，建立正面引导和负面清单长效管理机制，健全协同推进、争先创优、要素保障联动机制，推动各项举措落实落细落地。

三是推动变革集成贯通。积极推动体制机制改革，从机构设置、顶层设计、项目推进、要素保障等方面着手，有序推进“未来社区”、“未来乡村”和城乡风貌样板区创建，强化“一地创新、全省共享”，加快推动共同富裕基本单元变革重塑。

第九章
山海协作助力山区县高质量发展探索与展望

山海协作工程是“八八战略”的重要组成部分，是新时代浙江省破解区域发展不平衡不充分问题、推动山区 26 县跨越式高质量发展的有效举措。习近平总书记在浙江任职期间，从事关全省发展的战略高度着手，提出“进一步发挥浙江山海资源优势，大力发展海洋经济，推动欠发达地区跨越式发展，努力使海洋经济和欠发达地区的发展成为浙江经济新的增长点”，亲自谋划、亲自部署、亲自实施了“山海协作”这一重要指示。自 2002 年浙江省委、省政府做出全面实施山海协作工程的重大决策以来，山海联动发展已经历了 20 年的探索和实践。20 年来，山海协作机制不断健全，政策规划不断完善，共建平台不断夯实，合作领域不断拓展，帮助山区 26 县在经济发展、民众收入、公共服务水平等方面实现有效提升，形成了富有活力的陆海统筹、山海互济发展局面。

第一节　山海协作二十年发展取得的丰硕成果

山海协作工程实施以来所取得的成效，为浙江省乃至全国范围在探索解决区域发展不平衡、不充分问题方面都提供了经验借鉴。从浙江山海协作的理论到实践，从地方经验到省域治理战略，均表现出强大的生命力，并且深刻改变了浙江社会、经济发展面貌。

一、山海协作工程的时代意义

1. 有利于为全国探索区域协调发展提供浙江样板

山海协作工程遵循市场发展规律，坚持生态文明可持续，将区域差异视为发展机遇，以互利共赢、协调发展的新模式有效缓解了区域发展不平衡、不充分的问题，同时也满足了人民群众对共同富裕的期盼。山海协作工程在解决区域协调发展问题上具有普遍性意义，为解决沿海省份乃至中国面临的区域协调发展难题，提供了浙江方案。浙江样本与中国目前所面临的东部沿海与中西部内陆地区发展不均衡的现实问题具有相似性，浙江的实践过程和成果经验具有极高的参考价值和借鉴意义。从某种意义上说，初步解决了区域协调发展问题的浙江样本为更大层面的中国区域协调发展问题的破题提供了经验和方向。

2. 有利于助力浙江省“两个先行”的建设

浙江省第十五次党代会报告在全面总结浙江过去五年经济社会蝶变历程的基础上，锚定了未来五年浙江新的历史方位和奋斗坐标，开启了中国特色社会主义共同富裕先行和省域现代化先行的“两个先行”伟大征程。持续迭代升级的山海协作工程将担负起“两个先行”示范窗口的使命，一方面，发挥强强联合的战略协同效应，加快缩小地区发展差距，为共同富裕先行添砖加瓦；另一方面，通过产业协同和资源互补助力欠发达地区接入现代流通体系，为省域现代化先行树立标杆。未来，山海协作工程将锚定实现共同富裕和省域现代化先行的宏伟目标，推动山区 26 县因地制宜，补齐短板，创造浙江新的增长极。

3. 有利于推动山区高质量发展

浙江省第十五次党代会报告提出，“一县一策”推动山区高质量发展是加快缩小山区与全省发展差距、推动山区共同富裕的重大举措。加快山区 26 县高质量发展是建设共同富裕示范区的重要举措，是忠实践行“八八战略”的必然要求，更是破解区域发展不平衡不充分的应有之义。山海协作工程通过构建“全方位、多层次、宽领域”的交流与合作新格局，多维度促进山区高质量发展。紧抓人才资源、科技赋能和特色工业发展三大要素，通过陆海统筹引导干部人才资源向山区倾斜，“飞地”模式提升各类园区合作层次，“一县一策”锻造共富产业链，帮助欠发达地区化“输血”为“造血”，助推欠发达地区达成跨越式发展。

二.山海协作二十年成绩斐然

1. 经济高速发展，生态底色鲜亮

山海齐心，其利断金。二十年来，浙江山区 26 县综合实力明显增强，特色优势产业加快发展，经济发展主要指标快于全省。2002—2019 年，山区 26 县 GDP 年均增长 10.7%，比全省高 0.4 个百分点。全省县级财力均衡水平稳步提高。全省发达及较发达县（市）与财政困难县（市）人均财政支出水平基本相当，人均财政支出前 10 位县（市）与后 10 位县（市）的倍差在 3 倍以内，连续多年保持较高的均衡水平。2014 年底，浙江 26 个加快发展县的经济总量、财政收入和城乡居民收入水平等主要指标，均已超过全国县域经济平均水平。2015 年初，浙江省对 26 县集体“摘帽”，浙江区域协调发展持续走在全国前列。2017—2020 年，山区 26 县人均 GDP 从 54380 元增长到 62363 元，年均增长 4.7%，高于全省人均 GDP 增长率 0.6 个百分点。年人均收入 8000 元以下家庭全面清零。2021 年底，26 县 GDP 总量达 6964 亿元，占全省 GDP 总量的 9.5%（见图 9–1）。2021 年山区县 18 家开发区固定资产投资增速 23%，高于全省开发区 14 个百分点；规模以上工业增加值增速 43%，高于全省开发区 7 个百分点。

与此同时，在经济高速发展的竞速中，优美生态底色非但没有蒙尘，反而愈加耀眼美丽。“十三五”期间浙江省对 26 县总计投入 102845 万元生态环保专项资金，开化、仙居、遂昌、泰顺、磐安、天台、永嘉等县创建为国家生态文明建设示范县，占 26 县总数的 27%，淳安县创建为“绿水青山就是金山银山”实践创新基地。山区 26 县中，77% 成功创建了省级生态文明建

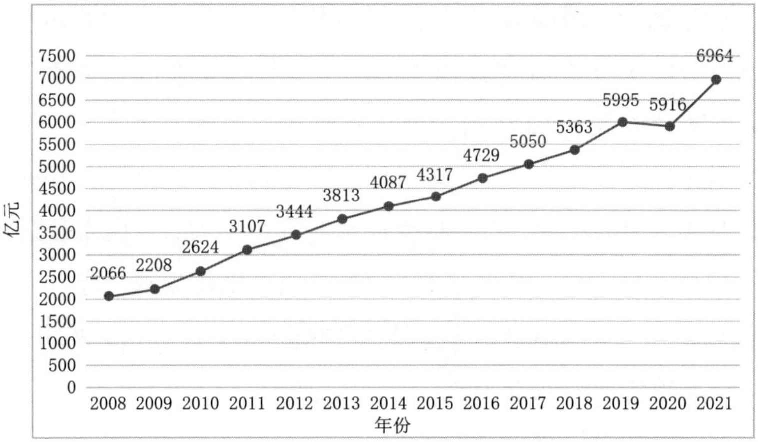

图9-1　2008—2021年浙江省山区26县合计GDP增长情况

设示范区。除衢州市柯城区外，其他 25 个县 EI 值均为优。PM2.5 年均浓度从 2016 年的 31 微克 / 立方米降低至 23 微克 / 立方米，空气优良天数比例从 2016 年的 96.3% 提升至 98.8%。城市污水处理率从 87.1% 提高到 96.6%，Ⅲ类及以上水质断面占比提高到 97.8%，森林覆盖率达 76%，比全省（61.1%）高 15 个百分点。7 个县（市、区）成功创建美丽乡村示范县，形成一批山水人文交融的美丽城镇、美丽乡村和美丽风景线。

2. 居民脱贫增收，城乡协调推进

山海协作助力浙江省在全国率先完成脱贫攻坚，率先实现从解决农村整体性贫困到绝对贫困，再到缓解相对贫困的迭代跃迁，成为全国人群贫困解决最好、区域发展差距最小、全面小康实现度最高的省份之一。2002 年，全省贫困乡镇如期实现脱贫目标，成为全国第一个没有贫困乡镇的省区。2003 年全面实施“欠发达乡镇奔小康工程”，走出了一条提高贫困区域整体发展水平、改善贫困人口发展环境的反区域性贫困路子。2008 年，启动实施“低收入农户奔小康工程”，把农村扶贫开发的重点从解决区域性相对贫困问题转向解决群体性相对贫困问题。2015 年，浙江成为全国第一个完成脱贫攻坚任务的省份，全省已全面消除家庭人均年收入 4600 元以下贫困现象。“十三五”时期以来，26 县农村常住居民人均收入快速提升，增速保持在9%～10%区间，最高的金华武义县人均年可支配收入增速达到19.51%，城镇和农村居民人均可支配收入整体比值分布逐渐缩小到1.97∶1。

与此同时，山区县积极破解城乡二元体制，不断加深城乡融合和新型城镇化。在山海协作工程助力下，山区城乡融合和新型城镇化也不断加深，强化了资源集聚，真正做到了“五指握成拳”。“小县大城、内聚外迁”战略成效显著，2002—2019年行政村减少6533个，比2002年减少近一半，16.1万农民完成异地搬迁，常住人口城市化率提高6.3个百分点。2020年山区26县常住人口城镇化率约为58.1%。

3．产业优化换代，基础设施升级

山海协作工程有力促进了山区县产业结构的优化，主动承接了产业梯度转移，推动当地传统产业的技术改造和升级换代，重点产业项目落户增强山区县发展内生动力。2020年，山区26县规模以上工业增加值达1249亿元，其中高新技术增加值超过520亿元，占比超过40%，上市公司数量达46个。第三产业比重逐渐加大，其中旅游业增加值达570亿元，整体第三产业增加值比重提高到55%，形成了“丽水山耕”等一批特色产业区域品牌。网络零售总额不断攀升，2020年，实现网络零售总额2144亿元，占社消零总额的比重达到75%。2021年，26县固定资产投资、工业投资、工业企业技术改造投资和民间投资增速均高于全省。2021年6月、10月，浙江省先后在丽水市、衢州市举办央企走进26县建设共同富裕示范区系列活动，70多家央企参与达成签约项目77个，总投资超过2500亿元。

与此同时，山区26县基础设施不断提质升级，全面支撑经济社会发展。2015—2019年山区26县铁路里程数从311公里增加到441公里，高等级公路里程数从992公里增加到1305公里。2020年实现县县通高速，11个县通高铁，结束了遂昌、松阳、龙泉、庆元4县不通铁路的历史。在能源、水利、通信等方面推进了三澳核电、流域综合治理工程、4G全覆盖等一批标志性项目，服务能力显著增强。

4. 公共服务延伸覆盖，居民获得感满满

山海协作助推社会领域交流合作，优质医疗、教育等优质公共服务加快向欠发达地区延伸拓展，欠发达地区老百姓获得感明显增强。医疗卫生“山海”提升，省级优质医疗资源对26县全覆盖，县域医共体建设全面推进，县均床位数超1100张，2020年，17个县县域就诊率超过90%。13家省市级三甲医院与山区26县及海岛县签订合作框架协议，下派资深医疗专家近400名。教育资源“山海”共享，推动1500所中小学开展校际结对、8所省属高校与衢州学院、丽水学院开展结对合作，26县全部通过国家义务教育发展基本均衡县（市、区）评估。进一步完善学校“一对一”结对、名师结对培养以及高校间“组团式”帮扶等机制，不断提升浙西南山区师资队伍建设水平和教学质量。

与此同时，文化旅游合作持续加深，精神富裕成果不断共享，丰富山海协作内涵。山区26县全面达成500人以上村文化礼堂覆盖，点单式文化惠民公共服务全面推开。积极开展特色文化及非遗项目展演、“文化走亲”、专场文艺演出、职工疗休养互推等活动，持续深化文化旅游交流合作。秀洲区、龙泉市举办文化旅游推介活动，开展“云端走亲”活动，线上发布两地文艺作品增进双方交流与合作，如台州市举办的山海年货文化节等活动，既推广了传统文化，又促进了消费帮扶合作。

第二节　山海协作助推山区共同富裕先行的重要实践

山海协作二十年，合作领域逐步扩大，协作模式多次升级，嵌合程度不断深化。结对市县在山海协作工程实践中围绕产业优化、公共服务、乡村振兴、消费帮扶、平台发展等领域形成一系列典型发展样板。

一、重塑山海产业梯度，增强山区县内生动力

山海协作在产业优化领域由政府和企业共同参与，主要依靠加强产业发展专项指导、持续深化“四换三名”[1]工程、优化产业园区建设和产业主体导入等方式。欠发达地区主动承接发达地区的产业梯度转移，推动当地传统产业的技术改造和升级换代，重点项目落户欠发达地区，既有效利用了当地资源，也促进了传统产业做强做大。例如，衢州市借助杭州等结对地区的技术、人才优势，全力推进高端电子化学品、氟硅新材料、高端装备制造、特种纸等主导产业转型升级，形成了完善的产业链和产业生态。又如，来自嘉兴市桐乡市的华友控股集团，先后在衢州市设立全资子公司、控股公司5家，项目总用地面积累计2245亩，总投资达150亿元以上。该集团还与衢州市共建华友锂电新材料国际产业园，将以华友钴业为核心，通过整合国际国内资源，打通上下游产业链，打造具有国际竞争力的锂电新能源材料产业集群。再如，柯城区依托浙江理工大学、阿里巴巴淘工厂、浙江服装创新服务综合体，共同打造时尚产业联盟，服装时尚产业发展如火如荼。

二、织密山海帮扶网络，提升山区公共服务保障力

山海协作在公共服务领域，通过山海地区的深化教育体系合作、织密山海医疗帮扶网络、实施统筹山海社会救助体系和加快山区养老保障覆盖，提

[1] “四换三名”：“四换”即腾笼换鸟、机器换人、空间换地、电商换市；“三名”即名企、名品、名家。

升山区公共服务保障力。例如，镇海区和龙游县在教育领域开展协作，自合作以来，镇海区积极拓宽合作范围，主动与丽水中学开展教育协作，在高中合作的基础上，全面开展义务教育与学前教育的合作，通过组织42所中小学全面结对，推动两地一线骨干教师互派挂职，与两地22所幼儿园签订山海协作学前教育合作协议等方式，让镇海教育这条“鲶鱼”搅动了龙游教育的发展活力。又如杭衢共建浙大衢州“两院”，衢州市人民政府与浙江大学合作共建浙江大学工程师学院衢州分院和浙江大学衢州研究院，通过打通科技成果转化路径、加快共性关键技术突破和激发科技创新创造活力等方式，实现优质资源对接，培养高层次工程技术人才、服务衢州经济社会发展和产业转型升级以及促进浙江大学“双一流”建设取得积极成效。

三、合力打通消费渠道，提高山区农产品附加值

山海协作在消费帮扶领域，通过合力打造消费帮扶综合体、企业采购等方式推动山区26县的农副产品、手工艺品等特色产品销售，积极提升山区特色产品的销售份额。例如，鄞州区打造首个“街区化＋市场化＋专业化”消费帮扶综合体，充分挖掘浙江衢州、丽水，吉林延边、贵州黔西南等八大对口地区的农特产品、手工艺品、特色餐饮等，在宁波南部商务区整合资源打造首个消费扶贫综合体——“山丘市集”民俗风情街区，逐步探索出从一块稻田到一个综合体的转变，实现“你有产品我有渠道”的市场共享。又如，推出景宁－温岭创新消费帮扶“1+X”飞柜模式，以“1个飞柜专馆”为龙头，创新政策助销、展会推销、云端促销、单位帮销等“X项保障措施”，“景宁600”农产品与温岭东海海鲜实现产销无缝对接，该模式入选2020年全省山海协作实践案例，2021年景宁山海协作“飞柜经济”入选浙江省博物馆“浙里小康——庆祝中国共产党成立100周年特展”，浙江省委宣传部、省发展改革委、省文旅厅等相关领导参观展区，并对景宁山海协作工作表示充分肯定。

四、搭建跨区域载体，构筑山区发展新势力

山海协作在平台发展领域，主要通过建设山海协作产业园、“产业飞地”、“科创飞地”、“消薄飞地”、乡村振兴示范点等支撑载体，促进山海地区产业转移、产业异地培育、科创帮扶、消除薄弱、乡村振兴提质等。截至2021年底，共有山海协作产业园区9个，山海协作生态旅游文化园18个，总面积超过130平方公里，已开发至少20平方公里，累计到位资金397亿元，累计工业产值772亿元，累计工业税收41亿元。三类“飞地”共79个，已建成“飞地”49个，规划总面积6.56平方公里。乡村振兴示范点共建设超过140个，累计山海协作援建资金超过3亿元。

突出产业带动，共建山海协作产业园。为进一步拓展沿海地区产业发展空间，有条件的欠发达山区市县集中划出一定面积土地，实行共建共管共享共赢的体制机制，由发达市县与欠发达市县共同建设管理园区。2022年9个省级山海协作产业园规划总面积56.64平方公里，开发土地面积46.82平方公里，引进项目766个，累计完成固定资产投资903.18亿元，累计工业总产值达757.61亿元，累计实现税收40.74亿元。

表9-1　2022年山海协作工业产业园区总体情况

园区名称	总规划面积（平方公里）	累计工业总产值（亿元）	带动就业人数（人）
柯城—余杭山海协作产业园	6.42	81.4	3000
衢江—鄞州山海协作产业园	5.3	76.4	3378
龙游—镇江山海协作产业园	6.5	170.9	7803
江山—柯桥山海协作产业园	9.8	153.09	3155
常山—慈溪山海协作产业园	6.1	56.74	2901
莲都—义乌山海协作产业园	5.1	13	5000
龙泉—萧山山海协作产业园	5.1	86.7	4000
遂昌—诸暨山海协作产业园	5.22	91.95	2103
松阳—余姚山海协作产业园	7.1	41.88	741

聚焦富民增收，协力生态旅游文化园。“山海协作生态旅游文化产业园”主要结合乡村振兴发展战略和“大花园”建设，坚持“共抓大保护，不搞大开发”的理念，充分发挥山区资源特色优势，打好生态牌。按照“一园多点”发展布局，“山海协作生态旅游文化产业园”坚持高起点规划、高质量建设，积极借鉴沿海地区资本和管理运营模式，吸引大批社会资本参与生态旅游文化产业园投资建设，截至 2020 年底，18 个生态旅游文化产业园核心区规划总面积达 76.94 平方公里，开发土地面积达 24.09 平方公里，共引进项目 371 个，累计完成固定资产投资 391.72 亿元。

表 9–2　“山海协作生态旅游文化产业园”概况

建设地点	结对县区	面积（平方公里）	建设地点	结对县区	面积（平方公里）	建设地点	结对县区	面积（平方公里）
永嘉	瓯海	3.5	磐安	普陀	3.56	天台	路桥	5
文成	瑞安	4.5	青田	平湖	2.77	仙居	玉环	10
泰顺	鹿城	3.3	云和	北仑	1.16	三门	温岭	4.36
苍南	龙湾	2.6	庆元	嘉善	0.114	开化	桐乡	2.61
平阳	乐清	3.46	缙云	富阳	3.73	淳安	西湖	2
武义	海宁	3	景宁	温岭	1.28	丽水	宁波	20

优化资源配置，打造“飞地经济”模式。为进一步解决区域发展不平衡、不充分问题，增强山区 26 县内生发展动力、开辟税源增收渠道、实现强县富民，由衢州市本级、丽水市本级和山区 26 县（“飞出地”）到省内其他地区（“飞入地”）开展异地投资建设的经济实体。“飞地”具体包括产业、科创、“消薄”等三类。

表 9-3　山海协作"产业飞地"概况

所在县	飞入地开发区	所在县	飞入地开发区
淳安县	杭州钱塘区	开化县	绍兴滨海新区沥海街道
永嘉县	瓯海经济开发区	天台县	台州湾新区
平阳县	浙江乐清经济开发区	仙居县	绍兴滨海新区
苍南县	温州高新技术产业开发区	三门县	台州湾新区管理委员会
文成县	杭州湾上虞经济技术开发区	莲都区	义乌经济技术开发区
泰顺县	海宁经济开发区	青田县	浙江独山港经济开发区
武义县	永康智能装备"万亩千亿"平台（拟）	缙云县	富阳经济技术开发区
磐安县	金义都市新区（拟）	松阳县	宁波前湾新区
柯城区	余杭经济技术开发区	龙泉市	萧山经济技术开发区益农区块
衢江区	鄞州经济开发区	云和县	宁波市北仑区
龙游县	杭州钱塘新区	庆元县	湖州南太湖新区
江山市	柯桥经济技术开发区	遂昌县	桐乡经济开发区
常山县	慈溪市滨海经济开发区	景宁畲族自治县	海盐经济开发区

表 9-4　2021 年山海协作"科创飞地"总体情况

飞地名称	飞入地地址	飞地名称	飞入地地址
杭州-永嘉"科创飞地"	杭州电子科技大学文一校区	江干-江山"科创飞地"	杭州上城区财通大厦
杭州-文成紫金"科创飞地"	浙江大学紫金科创小镇	杭州-三门"科创飞地"	杭州城西科创走廊
杭州-武义"科创飞地"	杭州未来科技城	仙居-上海生命科技协同创新中心	长三角蓝湾生命科技园（位于上海闵行区）
杭州-衢州"科创飞地"	杭州未来科技城	杭州-丽水"科创飞地"	杭州未来科技城
余杭-柯城"科创飞地"	杭州未来科技城	义乌-莲都"科创飞地"	义乌丝路新区
鄞州-衢江"科创飞地"	鄞州区南部商务区	宁波江北-莲都"科创飞地"	宁波江北高新区

续表 9-4

飞地名称	飞入地地址	飞地名称	飞入地地址
龙游-镇海"科创飞地"	宁波市国家大学科技园	富阳-缙云"科创飞地"	富阳经济技术开发区
浙大紫金-江山"科创飞地"	浙江大学紫金科创小镇	萧山-龙泉"科创飞地"	萧山经济技术开发区

"提低"综合提质，兴建乡村振兴示范点。为充分推进山海协作和乡村振兴工作，浙江省积极开展乡村振兴示范点建设，通过山海协作援建资金的撬动作用，改善基础设施、增强功能配套、提升乡村风貌、强化产业支撑，着力打造一批乡村振兴示范点和标志性援建项目，有效促进村集体和农户增收。截至 2022 年，浙江省已经累计启动乡村振兴点 143 个，覆盖全部山区 26 县，已完成建设 52 个，在建 71 个，新建 2 个，累计建设项目数量 570 个，投入资金 9.6 亿元，其中山海协作援建资金超过 3 亿元。

第三节 山海协作升级版助力山区共同富裕先行的未来展望

在新时代新起点上，打造山海协作工程升级版的核心要义要体现在新发展理念上，要自觉把新发展理念贯穿始终，以理念的提升带动工作的提升。

一、加快畅通高级要素流通

一是持续项目对接合作帮扶。从政府资源的导入入手，通过制定山海协作相关政策、扶持发展山海协作相关项目，通过经贸洽谈、劳务合作、劳动技能培训、招商引资等一系列方式，促进“山”“海”两地的合作共赢。在新发展环境下，围绕特定产业，高质量办好山区26县开发区招商对接系列活动，主动为山区县对接招商信息、资源和渠道，建立“对接会成效跟踪和评估机制”。二是强化财政政策倾斜。推进设立山海协作资金，重点支持“飞地”和生态产业平台高质量建设与发展。发挥各级政府产业基金引导作用，吸引社会资本参与，加大对山海协作“飞地”内企业的支持力度。完善绿色发展财政奖补政策，优先在加快发展县部分地区扩围试行与生态产品质量和价值相挂钩的财政奖补机制，积极探索生态产品价值实现机制。三是强化人才招引对接。深化区域人才合作，推广人才“飞地”模式。坚持精准引才、错位引才，根据加快发展地区产业特点和重大平台、重点企业的人才需求，注重打好特色产业牌、特色平台牌、特色生态牌。支持各地举办参与常态化的人才交流活动，扩大加快发展地区大学生实习规模，推动实现引才关口前移。

二、推动山海协作平台升级

一是提质升级整合产业园区。结合各县地方特色，推动省高能级园区指导建设制造业高质量发展星级园区。支持山区26县择优布局建设特色生态产业平台和“数字经济科创飞地”。高水平建设省级山海协作产业园，打造山区生态工业发展的主平台。高水平建设生态旅游文化园，进一步探索“山海协作生态旅游文化产业园”共建机制和开发模式，打造山海协作工程的新名片。高水平推动结对市县建设共建园区，鼓励和支持结对市县共建一批特色化的合作园区。二是推进“科创飞地”建设。推进欠发达地区在发达地区城市谋划建设“研发飞地”，从而实现创新资源的异地集聚，积极推动在中心城市谋划“科创飞地”。三是探索建设生态补偿型“产业飞地”。针对浙西南山区生态县地区，在杭州、宁波等中心城市的产业集聚区、工业园区等地谋划建设生态补偿型“飞地”。重点针对淳安县、文成县、泰顺县、磐安县、常山县、开化县、龙泉市、遂昌县、云和县、庆元县、景宁畲族自治县等11个国家重点生态功能区，加强与杭州、宁波等中心城市对口协作，探索建立若干生态补偿“飞地”园区。

三、推动山区产业升级

一是发展山区特色生态工业。立足山区主导产业，发挥发达地区在招商引资方面优势，引导产业链配套企业入驻，完善产业链，推动山区26县加快传统制造业数字化、绿色化、高端化发展。加快山区建立完善绿色制造体系，推行工业产品绿色设计，开发工业绿色产品，打造绿色供应链。二是合力推动山区生态农业发展。建设面向发达地区的优质农副产品重要供给地和面向发达地区的市外“菜篮子”基地。建立山海协作种子种苗、特色优质农产品加工、智慧农业应用示范等基地。扩大农产品销路，建设面向山区农产品展销平台，并发挥跨境电商优势，借助互联网平台推动农产品销售。三是合力推动山区生态旅游发展。建设面向发达地区的康养基地，谋划“高铁+景区门票”“高铁+酒店”等快捷旅游线路和产品，打响“长三角康养基地”品牌。合力推动乡村旅游发展，引入发达地区优质的乡村旅游开发公司，开展对山区乡村旅游的统一策划、统一包装、统一开发和统一运营等。根据各县旅游资源特色，加快旅游资源整合和联动开发力度，共同打造海洋旅游、温泉休闲旅游、乡村振兴旅游、经典文创旅游、特色风情旅游等一批特色旅游线路。

四、强化山区基础设施建设

一是合作谋划四大对外通道建设。合作谋划联通杭州黄山世界级黄金旅游板块大通道，浙江大湾区、粤港澳“两大湾区”和贯通长三角、海西、珠三角“三大经济区”的大通道，义甬舟直达宁波舟山港大通道，浙闽赣皖旅游大通道，推动旅游资源互联互通。二是优化提升内部交通网络协作水平。高水平建设美丽经济高速走廊。加强农村公路提升完善，加速从“村村通”迈向“路路美”。加快山区高铁建设，力争山区实现县县通高铁。三是强化与“四港”功能协作对接。以“无水港”“喂给港”建设推动与宁波舟山港的对接，进一步提高两地的大通关效率。加强与杭州空港、宁波空港、温州空港联动发展，推动与衢州、丽水开展航空物流多式联运基地建设，谋划发展浙西南航空物流枢纽。推动山区优质农产品和工业制造品通过义乌陆港进入中东欧市场。加强与信息港联动，与杭州、宁波、义乌跨境电商综合试验区合作，将山区优质农产品推向更广阔的市场。四是协作提升能源、环保、水利等设施网络建设。构建高水平的绿色能源网，充分发挥山区太阳能、生物能等资源丰富特色，推进抽蓄项目和核电项目建设，谋划打造全省新能源利用示范区。以浙西南区为重点，加快水利设施建设，构建高水平的水利设施网，提高应对灾害的能力。加大城市地下综合管廊建设，支持有条件的26个山区县推动海绵城市建设。

案例篇

第十章
综合效益类

第一节　苍南县：养殖用海“三权分置”促进和谐共富发展

一、案例概况

苍南县地处浙江省东南沿海，是全省海洋渔业大县、温州市第一大海洋渔业县，海域面积2740平方公里，坐拥大渔湾、沿浦湾、渔寮湾三大海湾，近岸海洋自然条件优越，拥有“中国紫菜之乡”的“金名片”。县域内大渔湾海区地处海岸线中段，海域面积达75600亩，沿岸山间分布20余个村庄，常住人口超过10万。大渔湾海域紫菜养殖业发达，紫菜等藻类养殖面积稳定在5万亩，年产紫菜鲜品7万吨，产值可达10亿元左右。近年来，苍南县首创养殖用海“三权分置”管理体制改革，采取养殖用海所有权、经营权、承包权三权分置并行管理。养殖用海管理体制的改革创新，有效解决海域所有权问题、海域承包权纠纷以及海域经营权争夺等固有顽疾，为全国沿海城市的海域养殖提供了规范化、可参照的“苍南样本”，拓宽海洋生态产品价值转化通道，切实有效推动乡村振兴和渔民养殖户共同富裕。

二、主要做法

1. 确立“三权分置”体制框架

厘清“三权”。养殖用海“三权”指养殖用海所有权、用海经营权和养殖承包权，苍南县通过厘清三权归属，即“政府行使所有权，赋予村集体用海经营权，保障养民享有承包权”，推进海域资源确权登记。以制度的形式明确“三权”承载主体、权力边界、责任范围，为解决海域无偿使用、定界模糊这一根源性问题，提供制度保障。通过这种体制框架建构，使养殖用海的所有者——政府、使用者——养民，依据规则行使权力、履行义务，并由村集体行使经营权连接二者，成为关键一环、重要纽带。由此，政府当“裁判员”、村集体当“领队”、养民当“运动员”，三权分置、各司其职。

保护海域所有权。苍南县政府颁发《海域使用权证》《水域滩涂养殖证》，明确政府对养殖用海行使所有权，在实施国土空间规划、海洋功能区划、海域综合整治时，可按相关规定合理调整养殖用海功能布局，对非法侵占、长期闲置的开放式养殖用海进行纠正、收回。

明确海域经营权。以大渔湾沿岸渔村为试点，苍南县赋予渔村集体养殖用海的经营权。政府成为海域使用权受让人，放活使用经营权，取得开放式养殖用海海域使用权的村集体，按当地养殖生产实际情况流转海域经营权。

保障养殖承包权。渔村集体经济组织可自行组织生产养殖，也可再转包给从事养殖生产的企业或个人。实际承包养殖生产的企业和个人可以凭承包协议向渔业主管部门申请办理水域滩涂养殖证，并允许流转和抵押。再由各村与养民签订租赁协议，赋予养民承包权。

2. 以“二级发包”促有序分配

以大渔湾为试点，创新实施二级发包的办法，即国有海安渔港建设公司作为一级发包主体行使所有权，将养殖用海按面积发包到村集体，村集体成为二级发包主体行使经营权，通过村民代表大会审议的方式再发包给本村养民享有承包权。在承包方缴纳全部租金后，由县海洋与渔业局发放“养民证”，明确养殖区的经纬坐标，避免因养殖区交叉而产生的纠纷，实现养殖用海的有序分配。养民按每排（16 ～ 17 亩）200 元的标准缴纳租金，租金的 50% 归属村集体作为经营性收入，30% 由镇政府统筹，20% 由国有公司统筹，政府和国有公司统筹的租金收入全部投入到产业发展、养殖保险等方面，以反哺渔区。

3. 以“一证到底”落实政策保障

苍南县还首创了“养民证”制度，在养民签署协议并缴纳租金后，发放“养民证”确认承包资格、面积、缴费记录等信息，提高养民自觉参与改革的积极性，并以“养民证”为日常管理的主要依据，对养民今后的承包、缴费、养殖船年审管理、生产成本补贴申报，实行“一证到底”。同时，通过航拍和GPS技术建立养殖用海电子“户口册”，解决海上无地理标识的难题和飞地、三角地、交叉地等特殊情况，为养殖用海依法有序分配、流转提供基础数据支撑。“养民证”也是金融机构的信贷凭证。苍南县农商银行推出“蓝色信贷”等金融服务，以养民证为依据，低息贷款，为渔民的生产经营、产业发展提供金融贷款支持。“养民证”既提高养民自觉参与改革的积极性，也是相关部门日常管理的主要依据，对养民今后的承包、缴费、养殖船年审管理、生产成本补贴申报实行“一证到底”。

三、典型意义

（一）“三权分置”做法填补国内空白，海域矛盾纠纷大幅下降。苍南在浙江全省率先探索出一条养殖用海制度改革，打造出养殖用海规范化管理的“苍南样本”。养殖用海“三权分置”做法明确养殖海域国有属性，破除海域无偿占有使用，有效化解养殖海域矛盾纠纷。苍南县通过养殖航拍图，确定大渔湾紫菜种植亩数为4.8万亩，完成1130户养民的信息核对登记，下发养民证1130份，精准地掌握浅海养殖业的基础数据。自“三权分置”改革以来，养殖用海矛盾纠纷连年下降，2017年以来，大渔湾海域未发生大纠纷事件。苍南养殖用海“三权分置”改革获得省市领导先后6次批示肯定，被列入温州市深化改革重点项目、温州市国家海域综合改革试点项目，《人民日报》、央视《新闻联播》、《浙江日报》、《温州日报》等对改革进行了多次持续报道，并一致点赞。2018年12月17日，新华社发表“向着更加壮阔的航程——致敬改革开放40周年”重磅评论，文中指出：浙江苍南首创养殖用海“三权分置”管理体制，为全国提供养殖用海规范化管理的“苍南样本”。

（二）生态环境明显改善，公共服务设施极大改善。大渔湾紫菜养殖每年需要重新更换竹竿 33 万根左右，部分养殖户为了减少成本，对插在海涂上的竹竿采取只截取海平面上面的竹竿，海平面下面的竹竿则留在养殖海域，废弃毛竹留在养殖海域给海洋生态环境带来了极大的破坏，不仅改变了海流的自然状态，对海面上渔船航行也埋下严重的安全隐患。“三权分置”改革后，首先明确养殖海域废弃毛竹属于哪家养殖户的责任。苍南县积极推进养殖海域海洋生态环境保护和治理，2021 年苍南县财政支出 239 万元，由乡镇包干清理海上废弃毛竹，大大保护了养殖海域的生态环境。2020 年开始，探索用玻璃钢插杆代替原有的毛竹养殖紫菜，推广 500 亩，采用玻璃钢企业先投入，以租赁的方式给养殖户使用，租金不超过养殖户每年毛竹竿的成本投入，从根本上解决了废弃毛竹竿对养殖海域生态带来的破坏。养殖用海“三权分置”改革后，沿海村居集体经济不断发展壮大，基础设施投入逐年增加，村容村貌发生了天翻地覆的变化，滨海旅游产业迅猛发展。

（三）村民收入大幅提高，小渔村谱写共富乐章。养殖用海“三权分置”改革首创“养民证”“养民贷”，通过金融部门的授信，进一步解决紫菜养殖户养殖成本投入困难，帮助紫菜养殖户安心有序生产。大渔湾每年的紫菜产量约占全国的六分之一，年产值超 10 亿元，养殖户年平均收入可达 15 万元左右。目前，大渔湾赤溪镇、大渔镇紫菜养殖户每年共缴纳租金 1000 多万元。“海域租金返还”大大提升了村集体收入，促进强村惠民，有效壮大村集体经济。大渔湾沿岸的渔村，每年可获得 5 万至 50 万元不等的经营性收入，19 个集体经济薄弱村全部“摘帽”。

第二节　仙居县：以柔性服务站为牵引打造医药产业集群

一、案例概况

仙居地处浙江东南，全县面积约2000平方公里，下辖17个乡镇、3个街道，311个行政村、21个社区，总人口51万。近年来，仙居县全面贯彻落实中央、省、市的工作部署，开拓创新，克难攻坚，狠抓产业转型升级，全县经济社会保持较快发展。仙居始终坚持把医药产业作为第一战略性新兴产业，针对企业在注册、转型、创新等环节遇到的“卡脖子”问题，积极推动全省首个医药创新和审评柔性服务站建设，为推进仙居县医药产业高水平、高素质发展打造了坚实的“一线阵地”。建站后，医疗器械注册检验同比提速29.1%，审评审批同比提速37.1%，注册/备案批件增长182%，医疗器械企业数增长88%，2021年医药产值达65亿元。服务站受到了《中国市场监管报》、中新网、《浙江日报》等20多家主流媒体的先后报道，云南、湖州、嘉兴等多个省市县前来考察学习，并先后获得省政府、省药监局等多位领导的批示肯定。

二、主要做法

1. 突出站点架构，形成“活”的服务体系

突出组织领导，高质高效抓项目。以“一个责任领导、一个专业团队、一套支持政策”的“三一”模式加速推进服务站建设。服务站人员兼任开发区招商局负责人，利用“双重身份”，发挥“政策+专业”特长，带领招商团队负责医药和医疗器械企业入驻、证照办理等工作。2021年，园区内项目已达49个。

突出队伍引领，选强选优双联动。以服务站为中枢，构建“协调 + 帮扶”双团队，形成台州全域服务网络。协调组由服务站人员、周边县市区局联络员组成，线上线下并行收集企业难题，搭建站企桥梁；帮扶队由省市局专家组成，向企业终端直输个性化解决方案，共寻产业发展直行道。目前已累计搜集企业难题 200 多个，解决率达 100%。

突出机制建设，集智集力谋发展。以注册报批“一企一策”、创新产品“一品一人”、转型项目“一项一组”、特殊事项“一事一议”为原则，织细站点制度网，定制常态化流程，建立医疗器械企业专属档案，挖掘梳理潜力项目清单，一对一辅导落实企业项目建设。此外，每季度召开例会，以清单式问题整改法倒逼水平提升。

2. 构建直达通道，制定“优”的产业路径

审批服务直达，精简企业办事流程。以省局专家下沉、站点专人对接、机构服务定制的帮扶模式，搭建“省县”直通车，积极对接指导重点企业重点产品进入快速通道，加速落实产品受理、检验、审评、审批和注册质量管理体系检查等环节，实现“政府组团帮、关口向前移、问题站内清”。医疗器械注册 / 备案证快速增加，注册检验和审评审批时间均大幅缩短。

质量培训直达，提升产业工人培训水平。以发展高端医疗器械产业为核心，建立质量管理实训基地，定期开展质量管理沙龙、注册申报讲座、编制发放专业期刊等活动，提升企业注册申报和质量管理人员业务能力，整体完善企业产品质量体系。截至 2021 年底，已累计邀请 210 余名专家开展培训服务 35 次，受训人员达 2000 余人次。

行业帮扶直达，助力企业品牌打造。服务站助力医疗器械小镇建设，打破科所界限，组建医疗器械、证照、科技、商标等专业团队，由分管领导带队轮流到站内办公。尤其针对医疗器械企业多高技术含量的特点，帮助企业建立行业标准、商业秘密保护制度等，推动小镇内企业集群化、抱团式发展，提升企业话语权。截至 2021 年底，已获“品字标浙江制造”认证企业 2 家，发布实施浙江制造团体标准 3 项。

3. 聚焦“三全三助”，构建“强”的转型格局

全程推进企业转型，助力打好升级攻坚战。以专班“一线办公”、专网“一级响应”、专项“一体运作”模式，从车间、设备、原料等角度提前介入生产建设环节，助力企业转型升级、整体搬迁。截至2021年底，已帮助1个省级医疗器械创新产品获批上市，2个产品入选省首台（套）产品名单，18个拥有发明专利的新产品获批上市，帮助44个原料药批文转移及新厂区GMP认证品种完成搬迁，涉年产值达10.3亿元。

全力开辟资源共享，助力探索平台新路径。以服务站为深化改革的先行地、试验田，探索检测共享平台和灭菌共享平台建设工作。全省首个疫情防控医疗器械检验开放实验室以“技术服务”的形式实现检测场所、设备、人员共享，解决企业检验能力不足问题。开放实验室已免费为企业检测产品35批次，节约企业检测费用20余万元、实验室建设成本560余万元。

全局谋划人才创新，助力锻造竞争软实力。创新推出“以赛引才”模式，举办全球医疗器械创业创新大赛。与高等院校共建科创高能级平台，打造“医院—高校—研究院—企业—医院”的医疗器械成果转化闭环机制，深度融入长三角一体化发展战略。截至2021年底，建有校地合作平台7家，引进高端医疗器械项目49个，台州“500精英计划”人才项目17个，博士以上高端人才近70人。

三、典型意义

（一）审批服务跑出新速度。2019年服务站建站一年后，医疗器械注册/备案证由33张增加至93张，同比增长182%，注册检验时间由原来平均139.1天缩短至98.6天，同比提速29.1%，审评审批时间由原来平均204天缩短至128.4天，同比提速37.1%。服务站已成为小镇招商引资的“金名片”。

（二）转型升级开拓新路径。疫情期间，帮助全县多家企业转型生产疫情防控医疗器械，实现该类企业从无到有，其中医用口罩日产能从0到70

万只，获多家企业赠锦旗表扬。争创政策实验基地，试行“防疫产品检验开放实验室”和“共享灭菌平台”，节约企业检测费用20余万元，节约实验室建设成本560余万元，保障防疫产品供应和质量安全。

（三）科技创新迈上新台阶。推动多家医疗器械企业产品取得了省创新医疗器械产品、省首台（套）产品、浙江制造精品、浙江制造标准产品等荣誉，其中浙江亿联康医疗科技有限公司“优呼吸”肺功能产品被确定为全国肺功能规范化培训考核使用产品，人民卫生出版社教材《肺功能检查管理规范》代表介绍产品，并与钟南山院士团队共建了“国家呼吸系统疾病临床医学研究中心——肺功能联合实验室”。

（四）产业发展积聚新动能。截至2021年底，服务站共协调省市210余名专家开展培训服务35次，受训人员达200余人次，累计搜集企业难题200余个，解决率达100%。园区内项目已达49个，医疗器械产业实现销售收入59259.32万元，同比增长30.28%。医疗器械企业数增长63%，现代区块共有亿元以上企业12家。2021年医药产值达65余亿元，已成为全国最大的甾体药物生产基地。

第三节　云和县：实施“小县大城”战略打造新型城镇化样板

一、案例概况

云和县地处浙江省西南部，素有“九山半水半分田”之称。2001 年，云和县在全国率先提出并实施“小县大城”发展战略。20 年来，历届县委、县政府始终牢记并遵循习近平同志在丽水市、云和县调研时的殷殷嘱托，持续赋予“小县大城”发展战略新时代内涵，使全县经济社会发展实现了华丽蜕变。20 年来，全县地区生产总值增长了近 10 倍（近 3 年 GDP 增幅连续居全省山区 26 县首位），财政总收入增长了 19.5 倍，城镇化率从 30.8% 大幅提高至 73.1%，年均提高 2.1 个百分点，增幅远超全省、全国平均水平。2020 年，云和县低收入农户人均可支配收入及其与农村常住居民人均可支配收入之比，分别居全省山区 26 县第 5 和第 2 位，展现出居民收入增长与经济发展的同步协调以及内部差距较小的共富特性。“小县大城”发展战略获得了广泛的高度肯定，其理念被写入浙江省国民经济和社会发展“十一五”“十二五”“十三五”“十四五”规划《纲要》，以及浙江省委、省政府《关于推进欠发达地区加快发展的若干意见》等重要文件，荣获“2012 中国十大社会管理创新奖”，入选改革开放以来浙江省十大发展模式，并在全国许多山区县和海岛地区得到推广，成为浙江省忠实践行习近平总书记提出的新型城镇化理念的县域样板。

二、主要做法

1. 经济高质量发展，形成了童话般的产业

走新型城镇化道路，深入实施“小县大城”发展战略，要求大力推动质

量变革、效率变革、动力变革，加速产业新旧动能转换，提升产业支撑力。20年来，云和县始终把发展作为第一要务，努力引导产业发展由投资拉动转向创新驱动，促进生产制造向个性化、精品化、品牌化方向发展，推动市场竞争向质量、技术、品牌、标准等综合性竞争转变，日益呈现出产业发展集聚化、产业结构高级化、产业竞争高端化的特征。与此同时，"生态经济化、经济生态化"成为云和县经济高质量发展的绿色风向标。立足云和县生态优势，做优做精现代生态农业，大力发展生态旅游业，云和梯田通过国家5A级旅游景区景观质量评审，云和湖获批省级旅游度假区，农文旅融合发展蹄疾步稳。在推动经济集约高效、绿色低碳的高质量发展过程中，培育出了童话般和谐发展的产业。

2. 生态高标准领先，打造了童话般的环境

走新型城镇化道路，深入实施"小县大城"发展战略，要求推进绿色发展、循环发展、低碳发展，强化环境保护和生态修复，推动形成绿色低碳的生产生活方式和城镇建设运营模式。20年来，云和县始终把生态作为自身发展的最大潜力和后发优势，深入践行习近平生态文明思想，牢固树立"绿水青山就是金山银山"理念，坚持走生态优先、绿色发展之路。努力确保生态空间与建设空间比例协调，在推进产业、人口、要素等向县城集聚的同时，高度关注县城的资源环境承载能力，强化污染防治和生态保护，提升环境容量，实现城镇化与生态文明建设互相促进。在实施"小县大城"发展战略的过程中，云和县构建起了人与自然生命共同体的发展机制，使全县城乡居民共享童话般的生态环境。

3. 精神高层次富有，彰显了童话般的文化

走新型城镇化道路，深入实施"小县大城"发展战略，要求大力传承中华优秀传统文化、弘扬革命传统和革命文化、培育和践行社会主义核心价值观，不断丰富人民的精神世界，增强人民的精神力量。20年来，云和县始终把推动社会主义文化大发展、大繁荣作为自觉使命，坚持以浙西南革命精神注魂、赋能、立根，创新打造"童话云和"县域文化品牌，努力建设城乡一体的现代文化服务体系，创成省级文化先进县。把文化作为“全域5A”的核心竞争力，着力将“和”文化打造成全县人民的共同价值追求，使城乡居民共享“和和美美”“各美其美”“美美与共”的童话般文化氛围。

4. 服务高品质共享，铸就了童话般的生活

走新型城镇化道路，深入实施“小县大城”发展战略，要求稳步推进城镇基本公共服务常住人口全覆盖，推动社会事业全面进步，促进人的全面发展和社会公平正义，使全体居民共享改革发展和现代化建设成果。20年来，云和县始终把民生放在最突出的位置，热切回应群众对美好生活的向往，打好打赢精准脱贫攻坚战，“四个清零”全面完成，荣获全国脱贫攻坚组织创新奖和全国脱贫攻坚先进集体。坚持县乡村“三位一体”系统谋划，协同推进新型城镇化、乡村振兴和城乡一体化发展，使全县居民在童话般优美的城乡中享受着童话般的生活。

5. 县域高效能治理，构建了童话般的社会

走新型城镇化道路，深入实施“小县大城”发展战略，要求顺应人口结构、经济结构、社会结构等的变化，不断完善相应的城镇治理结构，创新城镇治理方式，提升城镇社会治理水平。20年来，云和县始终坚持加强和改善党的全面领导，发挥党委政府在推进“小县大城”发展战略中的主导作用，同时鼓励和支持社会各方面积极参与其中，实现政府治理和社会自我调节、居民自治良性互动，努力提升县域治理体系和治理能力现代化水平。构建起适应产业升级、社会转型、政府智治和城乡居民美好生活需要的制度和治理体系，营造出和谐、有序、安全、整洁的童话般美好的社会发展环境。

三、典型意义

（一）立足自身实际创造性，贯彻党中央精神和战略决策部署。必须将普遍发展规律与地方实际紧密相结合，创造性地贯彻党中央的相关政策精神和战略决策部署。对于欠发达地区而言，由于区位、资源、要素等条件的限制，应选择适合自身特色的发展道路，确立富有自身特色的总体发展战略。

可借鉴云和县的做法，从新型城镇化切入，依靠城镇化提供的良好载体和平台，加快新型工业化和信息化进程，带动农业现代化，实现跨越式发展。

（二）坚持一张蓝图绘到底并不断为发展战略赋予时代新内涵。对经过实践检验的正确发展战略，必须坚持做到战略的科学性、延续性与各发展阶段具体策略和重点的灵活性相结合。着眼发展战略的长远性和全局性，建立健全相应的目标体系、工作体系、政策体系、评估体系等，并完善相应的制度保障。确保历届党委政府始终围绕同一目标，一以贯之地推进发展战略的深入实施，并在继承的基础上大胆创新，提高决策的前瞻性、科学性，根据不断变化的实际情况，与时俱进地丰富发展战略的时代内涵、拓展实践外延，采取更加适应时代特征和要求的创新性工作举措。

（三）始终坚持以人民为中心的发展思想破解社会主要矛盾。牢固树立以人民为中心的发展思想。在推动农村人口向城镇转移的过程中，不仅要改革创新相关户籍制度、农村产权制度、行政管理制度等，更要全方位营造良好的就业创业环境，大力提升进城人员的综合素质和职业技能，确保其“进得来、留得住、富得起”。要主动培养进城人员形成现代思维、生活方式、行为习惯、文明自觉，力促人的全面发展和社会全面进步，实现全体人民生活富裕富足、精神自信自强、环境宜居宜业、社会和谐和睦、公共服务普及普惠。

（四）推进人与自然和谐共生可既要绿水青山又要金山银山。深入贯彻落实习近平生态文明思想，始终坚持“绿水青山就是金山银山”理念，大力推动“生态经济化”与“经济生态化”互促。建立生态产品市场化交易机制，完善生态产品政府采购制度，健全生态产品价值实现标准体系，建立 GEP 核算定期评价、校验和发布机制，推进 GEP“进规划、进考核、进政策、进项目”。加大对欠发达山区的财政转移支付和生态资源补偿力度，并将对欠发达山区的发展绩效考核重点转移至区域生态保护、美丽城镇创建、美丽乡村建设、生态经济发展、生态文化培育等方面。

（五）欠发达地区跨越式高质量发展可以走非均衡协同之路。欠发达地区应努力避免“摊大饼”式的发展道路，承认城乡区域发展落差的客观合理性，在经济社会发展中既要重点突破、讲求效率，又要整体协调、同步推进。在资源要素配置和政策支持上，对重点区域和产业实行倾斜，通过推动产业、人口、要素等向城镇集聚，提高城镇空间的利用效率和设施服务的规模效益，以集聚化手段实现集约化发展。坚持大局观、整体观，深刻认识城乡之间、区域之间、产业之间的相互依存关系，促进劳动力、土地、资本、技术等在城乡区域之间自由流动、优化配置，保持城乡区域发展协同共进，力求相对差距逐渐缩小。

第四节　景宁县：金坵村脱贫致富打造高质量共同富裕新农村

一、案例背景

景宁畲族自治县地处浙江省西南部，县域地貌格局呈现“九山半水半分田”和“两山夹一水，众壑闹飞流”的特点。金坵村是景宁畲族自治县32个民族村之一，距离县城不到8公里，全村301户，人口1240人，其中畲族521人。贫瘠的土地和薄弱的交通限制了当地发展，“田不平地不平，亩产只有二百零”变成了金坵村的真实写照。在这样的背景下，金坵村的党员干部紧跟时代步伐，认真研读党和国家的各项方针政策，解放思想，实事求是，制定符合村情的发展战略，在困境中寻找生机，走绿色发展道路。金坵村在党和国家政策引领下，依靠党支部和村干部的务实探索，畲汉人民的忠勇精神和亲土情怀，把独特的民族地域文化转化为发展的宝贵资源，畲汉同心，唱响了“农村脱贫、乡村振兴、共同富裕”三部曲，人均年收入从1985年的185元提升到2021年的31700元。全村畲汉人民一起打造了新时代真正的“封金山”传说。

二、主要做法

1. 聚力改进基础设施，打造生态宜居的“诗画金”

1985年，第一任村党支部书记就意识到“要致富，先修路”，但因涉及资金筹集，起初遭到了村民的反对。党员干部就先带头出钱出力，把原来的羊肠小道修成了机耕路。随着致富产业的不断落地，交通设施不断升级，机耕路变成水泥路，水泥路变成柏油路，柏油路变成了今天的“康庄大道”。除了交通问题，厕所、垃圾和污水也是治理难点。党员干部挨家挨户上门捡拾处理垃圾，迎接他们的却是村民不认同的眼光，干部们也由此得到了“垃圾干部”的外号。随着村庄日益整洁，人居环境不断改善，村民们理解了干部们的一番苦心，“垃圾干部”变成了大家心目中的“漂亮干部”。厕所、垃圾、污水“三大革命”的有序推进，带动了“美丽庭院”建设。金坵村变成了一个生态宜居的畲族村落。人居环境的改善，不仅提高了村民的生活品质，也为文旅事业发展注入了强大动力。

2. 聚力探索致富工程，打造生活和谐美满的“富裕金”

金坵村探索出的第一个致富工程，就是利用村落地势差修建蒲洋电站。这个电站虽然不大，但每年一直为村集体带来5万元的固定收入。第二个致富工程是发展惠明茶“金叶子”产业。由于金坵村民从来没有种过茶叶，村集体的决定最初也遭到村民的反对。党员干部主动带头示范种植，冬去春来，“试验田”的产值翻了一倍。村民看到了希望，最终都把稻田变成了茶海。如今这里家家种茶，3000多亩的茶园每年带来了1000多万元的收入。第三个致富工程是发展畲族特色旅游。金坵村不仅有“古树斜瀿”“老屋石林”景观，还是远近闻名的畲族聚居村，民族资源丰富，在市场的运作下，目前已经形成了“农业+文化+旅游”的完整生态旅游链，每年为村集体经济增收近30万元。

3. 聚力改进乡风文明，打造“富口袋”“富脑袋”的“风情金”

金坵村是畲乡环敕木山十大村寨之一的“喜寨”，也被游客誉为“畲族的桃花源”。金坵村为乡村旅游破题创意，建设60余亩玫瑰花海为喜寨“锦上添花”，大力发展民宿20余家。在“富口袋”的同时，金坵也紧抓“富脑袋”工程，以“孝”文化为核心，定期开展“蓝氏文化节”，弘扬中国传统文化。村集体每年会组织“春晚”，即“村晚”，吸引了大量的游客前来观看并消费。全面加强农村精神文明建设，既带来了旅游效益和经济效益，又为金坵文化奉上一道精神大餐，丰富了村民的精神文化生活。

4. 聚力引领改革步伐，打造畲家忠勇精神的“奋进金”

金坵村的蜕变是“党建+法治+廉治”有机结合的结果。金坵村委每年定期开展“金坵讲坛”，党员干部带头学习，宣讲农村政策。不断健全“规矩指数”“堡垒指数”等农村工作各项机制，为推动高质量发展提供坚强有力的组织保障，这也为金坵党支部赢得了“浙江省先进基层党组织”荣誉称号。“依法治村”是金坵村管理的又一大特色。金坵村有自己的村规民约，其内容从最初的奖惩性执行到自觉遵守维护规定，从粗放型条例到精细化法治网格管理，层层推进，迭代升级，深刻地反映出金坵村管理最本质的变化。

三、典型意义

（一）升华深化富有“金坵温度”的党群关系。习近平总书记指出，基层党组织、党建、党员要不断提高政治素质和战斗力，增强为民服务的精准性和实效性。金坵村既有普通村庄的党群关系，也有复杂的畲汉民族关系。在脱贫致富的过程中，党员干部通过“一户一干部”结对畲族同胞，帮助他们实现“自主造血”，一起走向共同富裕。这种畲汉一家、党群一家的“温度”是全体畲汉人民在共同脱贫过程中形成的。保持这种温暖和谐的党群关系，把这种治理“温度”变成持久的治理内生动力，是建立民族村政治生态体系的重要基础，更是未来党建工作的重中之重。

（二）德法相济完善现代化治理体系。现代化新农村的治理必须形成法治管理的长效机制，教育引导农村广大干部群众办事依法、遇事找法、解决问题用法、化解矛盾靠法。基于金坵村特殊的民族关系，法理之治还要结合情理之治。在金坵村，处处可以看到畲汉团结一家亲、绘就共同富裕新蓝图的美好画卷，这种和谐发展的基层建设，很大程度上是以长期形成的畲汉之间共同的生活理念、价值观念和心理认同为基础的。这些共同因素在乡村治理中就会凝聚成无形的内驱力，通过情理化解矛盾和问题，德法相济，法治、德治有机融合，形成和谐的乡村治理新格局。

（三）数字赋能迭代升级生态产业。金坵村致富的四大工程具有更高生态产品价值的是惠明茶和畲文化产业。作为全县产茶大户的金坵村，推进畲茶文化品牌建设，是进一步提升“金坵畲茶”的知名度和社会效益的关键手段。开发畲茶衍生品，打造地域特色的生态茶工坊，开启茶旅融合发展新模式是进一步拓宽金垟畲茶发展空间的重要手段。利用网络和大数据，实施数字赋能，拓宽销售渠道，完善"产茶—制茶—喝茶—玩茶—扬茶（发扬茶文化）"链条，是完善金垟畲茶发展的关键机制。

（四）物质精神"双脱贫"提高文化自信。文化自信是更基础、更广泛、更深厚的自信。金丘村的物质脱贫成效是非常显著的，与此同时精神文明建设也从来没有落下。四代金垟村委"一张蓝图绘到底"，积极构建新农村社会主义核心价值观发展模式，为乡村高质量发展保驾护航。"党建+"模式不断加强村庄的凝聚力，村民对本村的归属感也不断增强。在推进乡村振兴的过程中，最终形成了金垟村管理体系的"2+3"特色，"2"即物质文明建设的以"茶"成名、以"畲"闻名；"3"即精神文明建设的以"孝"立名、以"廉"树名、以"亲"扬名。

（五）永续畲家精神，铸牢中华民族共同体意识。2002年，时任浙江省委书记的习近平同志在景宁调研时曾高度评价了畲族文化中蕴含的忠勇精神。作为畲族蓝氏发源地金垟村的畲家人，一直传承着畲家的忠勇精神，也成为金垟村脱贫攻坚过程中重要的精神动力。金垟四代村委会中第一代和第四代的领头人正是一对畲家父子。在"八八战略"和"两山理念"融合地方经济社会发展，实现全面脱贫致富，再建现代化新农村过程中，继续发扬畲家精神，铸牢中华民族共同体意识，有利于凝心聚力，让畲汉人民共享共同富裕的发展成果，共享新农村的美好生活。

第五节　天台县：企业上市对接资本市场助推县域高质量发展

一、案例概况

天台县是历史悠久、人文荟萃的浙东名邑。近年来，紧扣台州打造“六个城市”建设，重点打造绿色工业样板区，逐步形成“大健康、大车配、大旅游 + 优特新”产业体系，培育上市企业 10 家、居全省山区 26 县第一，绿色发展指数全省第二，成为产业鲜明、充满活力的山区 26 县发展高地。天台县将企业上市作为推动县域高质量发展的关键，全面实施“上市优先”战略，创新推进“凤凰行动计划”，推动企业借力资本市场实现裂变跨越、快速壮大，有效增强天台县打造共同富裕示范区标杆县的动能。“十三五”至今，天台县累计新增上市公司 7 家，总数达到 10 家，位居山区 26 县首位，2021 年形成了 10 家上市、3 家报省辅导上市、一批重点拟上市企业的“10+3+X”上市梯队。2021 年，10 家上市公司的销售、利润、税收三项核心指标占规模以上企业比重分别达 36.8%、48.5%、41.9%，上市工作经验两次获得浙江省领导批示肯定，并在新华社《高管信息》周刊、《浙江日报》头版等新闻媒体推广。

二、主要做法

1. “领导 + 机制”，全域合力推上市

机制先行。县委十四届五次党代会将“上市企业数翻番”作为加快县域发展、打造现代化“和合之城”的首要举措；明确到 2025 年，上市企业要突破 16 家。制定企业对接资本市场五年行动计划，建立党政主要领导任双组长的上市工作领导小组，加强上市工作统一部署和综合协调，指标化、清单

化列出 10 家重点拟上市企业的关键节点、服务措施。2021 年已有 2 家企业上市、3 家企业报省辅导上市。创新载体，县四套班子主要领导牵头组织县内上市、拟上市企业召开 3 次高质量发展“英雄汇”，集中解决企业困难问题 30 项。

专班帮扶。明确县领导联系上市、拟上市企业定点帮扶和“企业上市一件事”等实打实的机制，仅 2021 年就针对企业上市合规证明、历史产权确认、募投用地等问题召开 6 场协调会，并出具会议纪要予以解决。组建上市企业二次创业、重点拟上市企业加速上市工作专班，针对企业发展、上市等重点事项排出计划表，做好精准推进。运用政府资源帮助企业拓市场，如推动银轮股份与广汽集团合资设立热交换系统生产企业，布局投资智能网联汽车等发展前景较好的汽车产业链；帮助天成自控对接台州市交投集团，使企业成功切入轨道交通座椅领域。加强重点拟上市企业专班服务，目前 2 家企业完成上市、2 家企业 2022 年报会、2 家企业 2022 年报省辅导上市。

2.“政策 + 要素”，最强保障助上市

政策不设上限。专门出台企业对接多层次资本市场奖励政策，是县内唯一不设奖励上限的政策，对企业上市资金、用地、人才等要素予以倾斜和优先保障。根据企业上市不同阶段制定帮扶政策，如对股改、报会和上市实行一次性奖励等，并明确上市政策奖励不设上限，近 5 年累计兑现上市奖励资金超 6000 万元。撬动上市公司利用资本市场开展再融资，主动围绕产业链实施并购重组，增强科技创新能力，2021 年实现直接融资 48.01 亿元，完成并购重组 5.31 亿元。

要素优先保障。近三年，落实上市、拟上市企业用地 1631.6 亩，占工业总用地 83.2%；明确上市公司引进高管落实“500 精英”以上人才年薪 60% 补助、高端以上创新人才 1∶1 配套研发经费补助等措施，为上市公司智力支撑提供保障。政府投入 5000 万元引导资金，由银轮股份联合在外乡贤资本发起设立天台民商投资中心（“天民投”），不仅为县内拟上市企业提供投资支持，还帮助拟上市企业提升管理、引育人才、加快上市。截至 2021 年 11

月，“天民投”已累计募集资金2.3亿元，投资规模2.14亿元，经帮扶的拟上市企业中2家已成功上市、2家拟报省证监局辅导备案，2022年新进驻2家拟上市企业。如扶持的大自然公司上市后，战胜疫情冲击，2022年1—5月营收、利润、税收等指标均实现30%以上的快速增长。

3．“政府＋企业”，最优生态促上市

提供最优政务服务。整合46个涉企部门，创新建立“1229”企业直通服务机制，形成企业问题受理、交办、化解、反馈、评价工作闭环，实现企业服务“进一扇门、办所有事”，基本实现24小时内受理、7个工作日内办结。对上市、拟上市企业的政策处理、合规性证明、历史产权确认、项目验收等事项优先办理，并由专人负责、限时办结，常规问题当天办，共性问题组团办，疑难问题“一企一策”“一事一议”专题协调办，扫清上市障碍。

建立企业互助机制。组建8名县内上市公司董秘或财务总监加盟的投融资互助队，6家专业中介团队组成的专家辅导队，由企业根据实际需求“点单上菜”、精准破难，现场对接服务企业24家/次。利用本地企业上市仪式契机，把上市推进会开到交易所中去，邀请上市后备企业董事长亲身参与、现场体验，增强企业上市动力。开展各类上市主题沙龙活动，搭建上市、拟上市企业线下学习交流新平台。2021年累计开展上市相关培训、沙龙活动9场，参与企业94家/次，有效解决企业“不想上”、“不敢上”和“不会上”等问题。

三、典型意义

（一）以企业上市促成企业裂变式发展。一是直接融资方面，通过资本市场开展直接融资，融资成本低、额度高、期限长。天台县10家上市公司上市以来通过IPO和再融资累计从资本市场实现直接融资约108.26亿元。通过资本市场平台，企业规模不断做大，成长空间广阔。二是产业发展方面，天台县上市公司通过发起设立、合资合作、收购兼并等方式，不断做大做强做长产业链，提高企业核心竞争力，发挥上市公司以大带小、上下联动、内外互通的产业引领作用，推动全产业链集群发展。例如，拥有 5 家上市公司的机电产业带动产业链上下游企业 900 余家，2021 年总产值 145 亿元，是全县首个百亿产业。

（二）以企业上市推动经济升级式发展。一是要素集聚方面，上市企业可以在更大范围、更广平台吸纳要素资源、先进技术和优秀人才。天台县 10 家上市公司均为高新技术企业，在研发支出、项目申报、专利技术等方面都处于领先地位，引进顶尖人才数量也占全县较大比重。二是资源整合方面，银轮股份选派本企业专业人员到大自然旅游用品生产企业任职，推进企业标准化作业流程管理，产能和效益明显提升；为严牌过滤企业提供累计超 200 小时的现场诊断、培育指导等服务，企业现场管理水平有效改善，2021 年这两家企业已成功上市。

（三）以企业上市助力县域共富式发展。一是社会帮扶方面，发挥上市公司引领表率作用，积极参与薄弱村帮扶工作，依托企业资金、技术和人才等资源优势，推动薄弱村“消薄转强”，助力乡村振兴。据不完全统计，近年来上市、拟上市公司公益捐赠超亿元，首家上市公司银轮股份在教育、医疗、卫生、就业、扶贫等领域的捐款超过 5800 万元。疫情期间，7 家上市、拟上市公司联合发起设立地方公益性医疗互助基金组织——天台县人民医院天益基金会，一期注册资金 735 万元，致力于提升天台的医疗事业和天台人的健康事业。二是员工共富方面，上市公司通过股权激励、实施员工持股计划、建立互助基金等措施激发员工“主人翁”意识，提高员工获得感和幸福感。例如，银轮股份实施股权激励、员工激励计划等 4 次，参与员工 1375 人次；设立党员互助基金会，给予困难员工经济帮助和情感关怀，多年累计帮扶困难员工 331 人，帮扶资金总额达 279.89 万元。

第十一章 创新发展类

第一节　天台县："摊省心"助推流动商贩融入共富"大潮流"

一、案例概况

天台是历史悠久、人文荟萃的浙东名邑。2021年，天台县坚持以高质量发展建设共同富裕标杆县为目标，以"保民生、助共富"为切入点，聚焦"数字、管理、共富"，运用数字技术打造全省首个服务流动摊贩的"摊省心"应用场景，通过"浙里办"运用数字化技术和理念，让数据高效"跑腿"，有效破解"游摊小贩生存难、群众放心消费难、行业管理平衡难"三难问题，让边缘小摊融入经济大潮，推动城市治理更加高效精细，共同富裕的道路上不落一人。相关理论成果登上《中国社会科学报》，得到中国社会科学院领导高度肯定。相关经验做法获得《浙江日报》头版、《人民日报》等主流媒体点赞，入选2021年全省数字化改革第二批最佳应用、获评全省数字改革提名奖，并获得浙江省领导的批示肯定。2022年，"摊省心"项目升级为省建设厅统建的"摊助富"应用，在全省推广。

二、主要做法

1. 打造数字应用，擦亮"城市智治""金名片"

摊贩身份一键识别。建立大数据发展中心，由行政执法局牵头开发"摊省心"应用程序，打通公安、民政、卫健、残联等多部门信息壁垒，打造一体化数字“驾驶舱”，实现备案注册的流动摊贩身份证、健康证、联系方式等信息一键获取，摊主低保边缘户、残疾人等身份类别精准识别。

摊位信息一图通晓。构建“智慧摊位一张图”，在城镇边角地、退让地等不影响交通、出行的地方划定固定数量摊位，并将摊位划分为小吃餐饮、时令果蔬、日杂百货等15大类。落实“一摊一码”，摊贩扫码即可获取摊位信息并预约、导航前往。“驾驶舱”同步摊位预约、使用数据，按照“白、绿、蓝”三色分别代表“闲置中、出摊中、未出摊”，实时更新、动态调整，实现县域出摊情况一图通览，完成用户摆摊的全流程再造。

违规行为一屏智控。针对摆摊问题“调查难”“取证难”问题，执法局调研梳理三年内天台县违规、违法摆摊的总体数据，在“摊省心”上线一套智能监测系统，通过在5个重点街区，12个重点点位增设15个“人工眼”，构建360度全景“电子围栏”，智能识别“越线经营”行为并实时反馈至系统后台，对摊贩经营行为实行全流程监控，切实减少违规摆摊行为出现。

2. 打破治理壁垒，擦亮“城市精治”“金名片”

坚持党建引领“小网格”。强化基层党组织在基层的核心引领作用，着力构建“一核多元、协同共治”治理模式。以网格为阵地，构建“中心—网格—街道—摊位”四级管理模式，通过资源共享、工作共办，协同管理县域共112个网格的流动摊贩。

构建多跨协同“监管链”。强化城市管理主体意识，以“三张清单”为抓手，构建多跨6个层级、15个部门，打通15个数源系统的多跨协同治理体系，形成问题采集、执法联动、结果反馈的全流程摊贩监管链条。

细化数智评估“一张表”。建立“和合”积分体系，根据“个人卫生”“食品安全”“违规情况”等八项指标综合计算积分，实行“红黄绿”三色赋码机制，对红码摊贩采取重点监管、暂停预约、定期曝光等措施依法依规处置，对绿码摊贩提供摊位优选、置顶推荐，并发放“摊贩和合卡”进行表彰。

3. 引入社会共治，擦亮“和合善治”“金名片”

厚植“和合”文化“古文脉”。坚持将“和合”文化基因融入商贩管理，推动群众共治，在应用内上线“城市合伙人计划”，发布“群众共享一天执法权”内容公告，有效整合执法队、摊贩、社会工作者、民间合伙人等社会各界人士的力量。在 15 个街道开展“指尖随手拍”活动，参与者发现的问题点位一键上传云平台，经后台管理者筛选、审查后将问题下达至摊贩。

点亮智慧服务“微心愿”。流动摊贩规模小、流动性大，经营者多为下岗职工、农民，天台县聚焦摊贩“民生需求”，在“摊省心”首页设置“服务微心愿”专区，由注册摊主线上发布“微心愿”，政府部门发动社会慈善机构、爱心公益组织、群众志愿者等择优接单，通过系统智能匹配，以“一人认领、团队协作”的方式帮助摊贩圆梦。

打造精准帮扶“生态圈”。针对摊贩数据库中的低保户、低保边缘户、高龄困难老人等弱势群体，启用“困难帮扶计划”，从摊位预约、资金保障、经营升级三个方面进行重点帮扶。

三、典型意义

（一）市容管理机制日趋科学。一是规范出摊流程。摊贩在“摊省心”应用程序中通过“摊主注册”“预约摊位”“出摊打卡”即可进行一键预约“省心”出摊。截至 2022 年 11 月底，应用注册 1178 家，涵盖水果蔬菜、日杂百货等 15 类，实现了游商有序经营，解决了大部分流动摊贩的实际生存问题，同时打造了整洁有序的市容新气象。二是重塑监管关系。“摊省心”突破传统的“围追堵截”，构建了商贩“摆摊一件事”全流程闭环。实现“商贩管理一屏智控、摆摊场地一键预约、需求商品一触即达、食品安全一链监管”，让流动商贩经营更安心，执法人员管理更轻心（省心），百姓群众购买更舒心。三是转变治理方式。通过发放全国首张“流动摊贩和合卡”，以一卡做细做实备案登记、“和合”积分、信用评价，让流动摊贩在被管理过程中变得主动自律。同时制定全省首个《流动摊贩行政处罚证据标准》，实现流动商贩由原先的行政执法局一家“单打独斗”转变为多部门联合执法，“多元共治、自治”的格局。

（二）商贩共富环境有效改善。一是摊主出摊更便捷。摊贩通过“摊省心”即可进行一键预约“省心”出摊，实现游商有序经营。同时摊主经营也更加规范，群众满意度、投诉积案化解率、城管委考核实现大幅上升，群众投诉率、占道案件查处量、集市交通拥挤指数呈现陡崖式下降。二是摊主保障更全面。摊主通过“摊省心”从经营资金、人身保险等方面得到全方位优质服务，提升了获得感与满足感。三是摊主共富更实在。摊贩经营地点与周期更稳定，经营收入稳步增长，已有百余户流动摊贩转为入店固定经营，实现从流动摊贩向个体工商户的质的跨越。

（三）智治惠民经验全面推广。一是主流媒体点赞。《浙江日报》在头版发文《“摊有序”，平添城市烟火气》，为“摊省心”点赞；《人民日报》曾锐评地摊经济乱象，如今点赞天台“摊省心”智治惠民；《让“边缘小摊”融入“经济大潮”——天台县打造“摊省心”应用场景促进游摊小贩有序健康经营》登上《中国社会科学报》，得到中国社会科学院领导高度肯定，指出“摊省心”相关经验对其他地区尤其是三四线城市有借鉴意义。二是省市领导肯定。“摊省心”在浙江省数字化改革工作推进会上作典型发言，并获时任省委书记袁家军肯定。《让“边缘小摊”融入“经济大潮”——天台县打造“摊省心”应用场景促进游摊小贩有序健康经营》登上省政府专报，获多位省领导批示肯定；《台州市打造全省首个“摊省心”应用场景 助推“小摊”融入共同富裕“大潮”》获台州市领导批示肯定：“天台县的经验值得各地学习借鉴。”三是省市贯通推广。2022 年 5 月，浙江省住建厅下发《关于做好“摊助富”首批上线工作的通知》，明确在“摊省心”应用成果的基础上，开发建设“摊助富”子场景在全省推广，并将天台县列入先行先试区域。

第二节　临海市："共富工坊"打造"产村融合"新格局

一、案例概况

临海市位于浙江沿海中部，是台州市副中心城市。为贯彻落实习近平总书记考察浙江时"人人有事做，家家有收入"的指示精神，临海市委市政府围绕"共富高地"建设，立足临海产业特点、农村闲置资产和农民就业需求，找准"农民就近就地灵活稳定就业"破题切入点，创新"共富工坊"建设总体路径。全市已挂牌运营 85 家"共富工坊"，设有集中式工位 4020 个，居家式工位约 6800 余个，承接首批订单 46 万件。全省首个"共富工坊"——河头镇"永强·共富工坊"承接首批订单 26 万件，预计每年可增加村集体经营性收入 20 万元，每户每年增收近 2 万元。"共富工坊"破解了农村富余劳动力就业难、农村地区就业用工不匹配、农户农村企业联动乏力等难题，形成"产村融合"保就业促增收的临海经验，补齐农村地区农户就近就业增收的"共富短板"。"共富工坊"得到浙江省委领导的高度肯定，并被评为浙江省优秀就业服务项目，经验做法被《浙江日报》头版、新华网、人民网等主流媒体跟踪报道。

二、主要做法

1. 建立工坊建设新机制，构建全域联动发展格局

坚持系统思维。前期对全域的产业基础、企业布局、人力资源等要素信息进行精准摸排，依托人力资源库和企业外加工订单库数据，绘制形成"全域工坊点位图"，计划以西部山区为重点片区，3 年内在全市布局建设 500 个"共富工坊"。

坚持分批推进。制定近、中、远三期建设计划，充分发挥先发试点的示范带动作用，确保成熟一批、推广一批。2022年计划在东塍镇、河头镇、杜桥镇、小芝镇等4个片区进行“共富工坊”工程建设试点，推动10家企业与3000个家庭建立劳动合作关系。

坚持错位发展。引导鼓励农村依托当地主导产业、积极引进优势产业，因地制宜开展工坊建设，开展差异化良性竞争。镇街负责统筹把握区域内工坊定位及承接产业类别，如杜桥的眼镜产业、东塍的彩灯产业、河头的竹编产业等，避免出现功能重叠、建设重复等情况。

2. 建立专业管理新机制，打造规范高效运作体系

市级层面。成立了全省首家专门服务“共富工坊”的国资公司——乡村振兴发展有限公司，为“共富工坊”的建设与发展提供全过程、专业化服务。

镇级层面。成立全省首批镇级股份经济合作联合社，以镇街为单位联合辖区内所有村经济合作社，负责经营“共富工坊”、对接企业业务、统筹管理农户等，全面盘活整合闲置的房屋、土地、山林等资源，统一对外合作开发经营，加快形成“以镇带村、强村带弱村”的抱团发展新局面。

村级层面。启动“共富工坊”经纪人培养计划，培养一批有技术、善经营、懂管理的“共富工坊”经纪人，负责出货质量把关、人员日常管理等，在此基础上，再选拔星级“共富工坊”经纪人，成立“帮带示范岗”“结对帮扶互助组”，已培养第一批43名有技术、善经营、懂管理的星级工坊经纪人。

3. 建立长效运行新机制，探索产村融合发展模式

成立全省首家“共富工坊企业联盟”。首批吸纳了永强集团、正特股份等35家行业龙头企业入驻，涵盖户外休闲用品、彩灯、眼镜、服装辅料等领域。通过发挥企业联盟的统筹协调优势，定期召开联盟成员合作交流会，建立原材料规模采购、订单合作分担、物流渠道共建等机制，加快形成资源共享、信息交互、优势互补、抱团发展的良好局面。

搭建技能提升的专业平台。支持企业针对“共富工坊”业务开发产品质量管控包，制作专项业务操作流程手册、操作示范视频，制定品控标准，通过录播、直播等形式开展线上教学培训。支持企业指派专人进驻工坊开展线下技能培训和技术指导，已开展技能培训35场次培训2000余人次。设立品控质检专员，加强产品质量管控、提升人岗适配度。

构建村企共赢的良性循环。鼓励联盟成员企业为“共富工坊”农户定期提供免费技能培训。遇用工旺季，“共富工坊”可优先向联盟企业输出产业工人，形成“共富工坊”反哺企业联盟机制，同时在用地、厂房等方面为企业提供标准化公共服务和个性化定制服务，帮助企业降低经营成本、优化生产环境。

4. 建立数字赋能新机制，搭建互联共享应用场景

开发数字化应用。围绕“服务、管理、信息、效益”四个维度，建设“共富工坊”数字化应用场景，建立人员、资金、业务、物流等数据库，实时共享信息流、资金流、物流、人流等信息。企业可实时查询物流进度、人员构成、订单进度、产品检测等信息，农户可直观了解订单数量、订单难度、用工场地和薪资水平等信息，同步嵌入线上互评机制，支持订单历史数据生成、农户用工评价等功能，实现信息透明化。

打造数字“驾驶舱”。建设智能监测管理系统大屏，对参与主体需求、订单状态、车间安全监控、资金状态、事后反馈、政策补贴，以及工坊的等级评定、收入状态、收入排行、政策补贴等数据信息进行实时显示、一屏掌控，为政府决策、政策兑现等提供数据支撑。

推广数字化平台。加强线上线下多渠道宣传，引导企业、经纪人、农户等群体进驻场景应用，重点突出“共富工坊”数字应用的服务优势，绘制平台企业和非平台企业的可视化成本对比表，涵盖用工成本、资金运转、运营流程、经营风险等。

5. **建立全面保障新机制，激发持续发展内生动力**

出台专项扶持政策。研究制定一系列配套政策及实施细则，为“共富工坊”建设提供政策和机制支持。完善“共富工坊”财税金融保障，制定财政奖补政策细则，强化税收优惠落实力度。提供政策性融资担保服务，鼓励金融机构开通绿色通道，按照优惠利率为“共富工坊”提供贷款。建立政策实施动态反馈机制，及时掌握政策实施效果，结合新情况、新问题，查漏补缺，及时调整更新政策。

构建权益保障机制。创新定制多主体风险共担的商业保险产品，推动实现就业农户全员参保，增强参与主体风险抵御能力。完善“共富工坊”矛盾纠纷预防及解决机制，建立诚信管理档案，设置日常排查机制，制定投诉举报制度，设立工坊调解室，畅通维权渠道，就近就地化解矛盾纠纷。针对农民工合法权益保护、商业信息和秘密保护等领域，积极开展普法宣传，强化法律意识。

打造农事服务体系。构建“1+5+N”现代农业社会化服务体系，建立1个市级农事服务中心、5个镇级农事服务中心，以“共富工坊”为载体建立N个农事服务网点，为工坊农户提供绿色农资配供、农机服务、农艺服务与培训、资源共享等农事服务，建立农事服务协调机制，解决生产旺季和农忙的冲突，确保工坊订单和农业生产两不误。

三、典型意义

（一）模式有创新。“共富工坊”是“政府＋企业＋村集体＋农户”四方联动，打破传统来料加工松散的商业合作关系，企业利用农村闲置资产建设生产基地，进一步降低生产成本；让农民就近就地灵活就业，为农村的富余劳动力提供了更多就业岗位。农村劳动力用工技能培训也推动农民工向产业工人转型，增强了就业增收内生动力。

（二）改革有亮点。以组织变革带动业务变革，打造“数据融通、跨域联动、平急结合”的线上服务平台，实现工坊、企业、村集体、个人、国资公司和政府部门间的流程再造，改变原来订单不稳定、工作无保障、管理无秩序的局面。在建设“共富工坊”的过程中，企业联盟得到完善壮大。

（三）推广有前景。秉持“一地创新、全省推广”理念。目前，临海“共富工坊”已形成较完备的政策支撑、制度保障、标准体系及风险防范机制，形成了综合性、整体性解决方案，特别是项目整体可复制、可推广性强。

第三节 遂昌县：数字变革推动山区跨越式高质量发展

一、案例概况

遂昌县地处钱瓯两江源头、衢丽“大花园”核心区，是国家生态文明建设示范县、浙江省首批“大花园”示范县、浙江省数字经济创新发展试验区。近年来，遂昌县敏锐抓住数字化这个核心变量，注重将数字科技精准运用于助力县域高质量发展。以“数字引领”碰撞“最美生态”，打开山区发展新空间。从0到1探索打造“天工之城——数字绿谷”，先后签约引进阿里云、网易、中电海康、字节跳动等20多家头部型企业，阿里云创新中心、网易联合创新中心投入运营的Holovis数字文创、晶盛星河软件等项目先后落地。以“数字改造”碰撞“工业复兴”，激活智能制造新动能。建成全省首个金属制品行业工业互联网平台。宇恒电池入选国家级专精特新“小巨人”企业。共5家企业入选2021年度浙江省“专精特新”中小企业名单。以“数字下沉”碰撞“共同富裕”，满足美好生活新向往。数字乡村物流每年至少帮助农民节约成本1000万元，获央视《新闻联播》报道，遂昌县入选2020年全国电子商务进农村综合示范县。遂昌县农村电商“赶街模式”带动从业人员11000余人，2021年带动增收8000万元。“信用乡村”场景应用得到时任浙江省委书记袁家军点赞，并入选“信用+乡村治理”省级唯一试点。

二、主要做法

1. 以数字化驱动生态、科技联姻，超常规实施数字经济“一号工程”

建设高能级数创平台。严格按照省领导提出的“市场化导向”要求推进“天工之城——数字绿谷”建设，以省级数字经济创新发展试验区为契机，将优质的生态环境打造为创新第二空间，承载封闭开发、办公、团建、会议等功能，再以此为“磁极”吸引数字类企业落地，打造数字产业加速平台、数字人才培训平台、数字户外集聚平台。先后引进 20 多家头部科技企业，落地实施数字文创中心等 34 个项目。

培育高质量开源产业。通过集聚“生态 +”“文化 +”“数字 +”等领域长期驻留和分时办公相结合的业态，逐步培育发展软件开发、智慧服务、数字金融等开源产业，加快构建“生态 +”“文化 +”“数字 +”相互融合的数字生态产业体系，最大限度发挥数字经济在践行“两山”理念、实现共同富裕中“桥”和“船”的作用。深化村企合作，大力引聚数字经济“创客”群体、中小微创新企业。

吸引高等级创新人才。推出省内领先的人才新政，加大数字领域人才招引力度，推进人才创业全周期“一件事”改革，创新推出“天工人才 e 键办”管理服务系统，全面提升人才工作效能。近年来，引进人才数量大幅增长，全职博士、省级重点引才计划实现“零”的突破。与多所高校开展人才科技合作，提升县域人才体系的内生动力。

2. 以数字化牵引新旧动能转换，大力度推进生态工业“迭代升级”

锚定“数字车间”改造。引进省智能制造专家委员会，实施规模以上工业企业智能化诊断和技术改造三年“两个全覆盖”行动，派驻专家组上门为企业提供诊断服务。遂昌县已基本完成首批 11 家试点企业数字化改造，计划 3 年内全面完成 86 家规模以上企业的数字化改造。

聚焦“智能工厂”建设。培育规模个性化定制、产品全生命周期管理等新型制造模式，筛选部分优质企业，实施数字化“智能工厂”项目。例如，坐落于遂昌的浙江宇恒电池股份有限公司通过实施数字化车间智能改造、智能化生产执行过程、智能仓储为主要内容的智能工厂项目，对产品质量进行实时分析和管控，生产效率和产能分别提高 20% 和 30%，产品批量合格率从 92% 提升至 99% 以上。2021 年全县已完成首批 11 家试点企业数字化改造，计划 3 年内完成所有规模以上企业的数字化改造。

探索“产业大脑”搭建。加快推进企业“数据大脑”建设，将大数据引导政策模式覆盖企业发展的全周期。积极聚焦闭环式全程服务、体系化联动服务、“滴灌式”精准服务，突出政策直兑、诉求直办，完善惠企政策全流程服务，迭代升级企业码。以工业互联网为支撑，加快建设“产业大脑”，加快融合产业侧和政府侧数据，为企业生产经营提供数字化赋能，为产业生态建设提供数字化服务，为经济治理提供数字化手段。将金属制品行业作为“产业大脑 + 未来工厂”工作的突破口，加快推进金属制品传统产业改造提升，发挥百亿级企业——浙江元立金属制品集团有限公司作为链主企业的示范带动作用，激活龙头企业智造“雁阵效应”。

3. 以数字化下沉缩小数字鸿沟，全方位绘就未来乡村“美丽图景”

打通数字乡村物流“一条链”。为破解农村物流配送中的快递进村和农产品上行变现问题，与省邮政合作启动全省首个数字乡村物流中心建设，实现网络销售直播平台和投递网络资源有效整合。立足线上线下服务一体化运营，引入“数字物流”概念，率先建成了浙江省首个数字乡村物流中心，实现县—乡—村三级物流体系共配。打造全国首个混合分拣线，打破不同快递品牌壁垒，实现成本共担、数据共享，降低快递投递成本。

织密数字乡村治理“一张网”。率先开展“县乡一体、条抓块统”县域整体智治省级改革试点，打造集便民、综治、执法等功能于一体的县、乡、村三级数智指挥中心，开展“信用乡村”和“美丽河湖面”治理等“一件事”多跨场景应用开发。依托“美丽河湖面”治理“一件事”数字化应用场景，湖山乡跨部门组建仙侠湖执法中队，利用水域巡检无人机严控湖面环境整治。柘岱口村推出“遂心分”二维码，根据个人履约能力、遵纪守法、社会公德、村级治理特色等情况进行赋分，并纳入“信用乡村”平台的监管范围，为守信者提供多样化的信用激励。

绘好数字乡村民生“一张图”。以数字化服务应用下沉为突破口，实现美好生活“城乡同享”，在乡村教育、医疗、交通、文化、救助、养老等重点领域，创新农村“一件事”集成协同应用场景，以“i 遂昌”应用集群为服务端，推动城乡基本公共服务均等化。基于“i 遂昌”数字服务平台，村民办事只需点点手机或电视，一键办理社保、民政、公安、卫健等服务事项，实现“零次跑”；村民可线上开展高血压、糖尿病等常见病问诊，不离村就能获得上海、杭州等地大医院的线上诊疗服务。

三、典型意义

（一）坚持数字赋能，实现换道超越。近年来，遂昌县顺应数字经济的发展态势，以“天工之城”建设为核心，坚持数字赋能、改革破题、创新制胜，形成了山区数字经济发展的“遂昌模式”，开辟了最美生态、绿色科技、数字经济、向往生活深度融合的山区县跨越式高质量发展“遂昌路径”，为全省发展大局提供遂昌智慧、贡献遂昌力量。

（二）坚持数改牵引，助力产业发展。遂昌县坚持创造与改造同步，加快传统制造业的转型升级，以传统制造业为主攻方向，大力实施“生态工业智能制造攻坚战”3 年行动，推进产业链、产业集群数字化转型和协同化创新，加快打造浙西南智能制造先行县，不断迸发出超强的创新造活力，推动遂昌县工业实现高质量绿色发展。

（三）坚持数字创新，推动乡村振兴。遂昌县坚持活化与退化并行，以“系统思维、精准思维、群众思维、升级思维”深化推进特色乡村振兴，打出“情境乡村”“数字乡村”“未来乡村”建设的组合拳，让数字化技术成为乡村振兴的动力来源，着力在乡村振兴路径、机制、模式等方面寻求新突破，让传统农业产业实现新生机、老乡村迎来新变化，真正拓宽乡村发展的通道。

第四节　嘉善县："飞地抱团"打造产业协作新样板

一、案例概况

嘉善县位于苏浙沪两省一市交会处，地处长三角城市群核心区域，全县总面积500多平方千米，是唯一一个国家级县域科学发展示范点，是浙江高质量发展建设共同富裕示范区第二批试点地区之一，是长三角生态绿色一体化发展示范区的先行启动区。2018年，嘉善县与丽水市庆元县、四川阿坝州九寨沟县共同签订合作协议，合力共建"飞地抱团"强村产业园。产业园按照新型工业化产业示范基地的标准设计，总用地面积73.63亩，这是浙江省首个跨省、跨县域三地共建"飞地"抱团强村项目，是三地优势互补、携手深化对口支援工作的一个缩影，是深化东西部合作和山海协作的一次尝试。近年来，嘉善县坚持因地制宜，坚持区域发展与群体增收并重、"造血"扶贫与"输血"扶贫并重，打破区域限制，创新"飞地"抱团模式，着力打造嘉善-庆元-九寨沟"飞地"产业园，为全省乃至全国的扶贫工作提供了经验、树立了样本，该项目荣获第五届浙江省公共管理创新案例优秀奖。

二、主要做法

1. 创新合作模式强活力

新理念破局成势，做到示范引领。嘉善县创新"飞地"抱团模式，探索精准扶贫新路径，打破区域限制，携手山海协作结对县浙江省庆元县、东西部扶贫协作结对县四川省九寨沟县共建跨省、跨县域嘉善-庆元-九寨沟"飞地"产业园，庆元县、九寨沟县为嘉善县解决用地指标、占补平衡等要素保障，嘉善县负责招商引资、产业发展。该项目在嘉善县大云镇中德生态产业园核心区位划出专项用地，主要引进以德资为主的欧美高端装备制造、精密机械和科技人才项目。项目首期建成投入使用后，预计每年 2200 万元的收益专门用于推动庆元县 83 个薄弱村和九寨沟县 48 个贫困村增强“造血”功能。同时，“飞地”产业园优先招用庆元县、九寨沟县技能人才和建档立卡人员，从根本上激活两县脱贫致富内生动力。

新举措合作共建，实现互利共赢。按照“优势互补、资源共享”的合作原则，嘉善将大云中德生态产业园内 300 亩土地出让给庆元县、九寨沟县，由庆元县 83 个村和九寨沟县 130 个村共建“抱团飞地”产业园，将产业园打造成优质项目的承载平台。嘉善县将“抱团飞地”项目打造成优质项目的承载平台，重点发展先进装备制造、新能源等新兴产业，以大平台实现“腾笼换鸟”“凤凰涅槃”。庆元县、九寨沟县负责解决园区规划用地的农转用指标、耕地占补平衡等土地要素保障事项，建立三地耕地占补平衡指标调剂合作机制，三方通过资源要素优化实现共赢。

新方式托底发展，保障长效收益。嘉善县投资采取“保底收益、税收分成”的方式进行保障。园区建成后第一个 5 年，嘉善县每年给予九寨沟县及庆元县投资额的 10% 作为固定回报，同时为加强东部地区对西部地区的支持，另将园区内企业所缴税收地方留存部分的 50% 给予九寨沟县；第二个 5 年，厂房租金收益归九寨沟县所有，另将园区内企业所缴税收地方留存部分的 50% 按照投资比例给予九寨沟县及庆元县。2021 年 7 月 30 日，在浙江省嘉善县–四川省九寨沟县 2021 年对口支援工作联席会议上，嘉善县兑现当年“飞地”园区固定投资收益 1000 万元。

2. 强化就业帮扶固成果

认真制定落实帮扶专项计划。制定“飞地”园区扶贫帮扶专项计划，引导园区企业面向嘉善县定向招工，积极协调组织劳务输出、输入的精准对接。做好劳动力有组织输入工作，督促用工企业依法签订劳动合同，办理社会保险参保手续，切实维护务工人员的合法权益。依托企业开展岗前适应性培训和技能培训，帮助他们尽快适应岗位要求。对举家外出的劳动力，积极协调有关部门解决其住房、子女教育等问题。

重点帮扶少数民族毕业生。在毕业生离校前的关键阶段，通过组织专场招聘、优先推荐岗位、重点组织培训、加强就业创业指导等帮扶措施，重点针对少数民族毕业生开展就业帮扶工作，尽快帮助他们实现就业。鼓励园区为“9+3”免费职业教育等毕业生优先提供实习岗位，并促进其在实习岗位上就业。

持续完善帮扶结对机制。鼓励园区每年安排一定收益用于支持两地建档立卡贫困人口开展帮扶慰问、就业促进、技能培训等工作，认真落实“园区 + 公司 + 农户”的帮扶结对机制，有效带动群众就业增收。落实好现有土地、税收、金融等多方面优惠激励政策，完善企业参与帮扶的共赢机制，使帮扶行为与“飞地”经济发展之间形成良性循环，让“造血”更具有包容性和可持续性。

3. 完善组织保障增进度

坚持党委抓统筹、政府抓落实，由三地党委主要领导作为召集人，建立“飞地”产业园项目联席会议制度，定期召开会议研究解决项目推进过程中的重大问题。嘉善县专门成立“飞地”产业园项目推进领导小组，由常务副县长任组长、相关部门主要领导任副组长，一班人马、一抓到底，在行政审批、服务效能等方面开辟绿色通道，实施全程代办。产业园一期工程已完工，累计投资 1.4 亿元。2020 年 11 月，“飞地”产业园正式开园，首批 6 家企业正式入驻。二期工程也已开工建设。

4. 细化政策保障稳收益

嘉善县坚持协作互惠与保底分红相结合，在政策上叠加优惠，在服务上绿色通行，确保精准扶贫扶得稳。嘉善县对“飞地”产业园在招商引资、项目落户政策上给予优惠和倾斜，在空间指标、土地使用上给予优先保障，项目优先享受嘉善县的产业新政、人才新政、科技新政等系列优惠政策。

三、典型意义

（一）区域协同。嘉善县的“飞地”处于浙江省的行政管辖之下，产业在转移后所需遵守的行政法规相同，处于同样的行政管辖环境之下。园区共建有助于区域间均衡发展，进而推动长三角一体化。对口地区可以通过飞地经济这个外力，接收长三角地区产业的辐射，发挥劳动力富余、市场潜力大的优势，实现跨越式发展。

（二）取长补短。嘉善县区位优势明显，产业基础扎实，招商引资经验丰富，但面临土地、空间等要素制约，庆元县、九寨沟县环境优美、土地空间资源丰富，但区位条件差、经济基础弱，庆元县、九寨沟县两地经济薄弱村经济收入每年分别不足 5 万元、2 万元，限制了村级集体发展。2021 年“飞地”固定收益 1070 万元返还拨付到位，一百多个村获益，充分发挥了“海”的优势和“山”的价值。产业园整体投产后，预计亩均产值将达到 1000 万元以上，亩均税收不低于 60 万元。产业园收益也将用于为庆元县 130 个村及九寨沟县 50 个村的村级经济“造血”，并优先招用庆元县、九寨沟县劳动力，推动三地经济发展。

（三）三地并进。嘉善县、九寨沟县和庆元县三地的园区共建有利于产业的有序转移，有利于共建园区的招商。在“飞地”的共建园区可以让后发地区通过共建学习到更为先进的园区管理和服务理念。同时还能不断深化三地在产业、人才、文化、社会公共事业等多方位、多领域的合作交流，共同发展，携手奔向全面小康。三地并进的成功经验对于“飞地”模式助推东西部增进合作具有很强的可操作性和复制性。

第五节　仙居县：数字赋能惠农大平台推动县域共富发展

一、案例概况

近年来，仙居县全面贯彻落实中央、省、市的工作部署，开拓创新，克难攻坚，狠抓产业转型升级，全县经济社会保持较快发展。仙居县聚焦初级农产品交易免税发票开具、涉农补贴发放、农业技术指导等农户“心头事”，以数字化思维推动涉农服务“一件事”集成改革，在全省率先打造“亲农在线”数字化应用平台。自2020年6月上线来，该平台已开具增值税电子普通发票1.68万张，金额2.43亿元，有效解决农民开票难、发票管理难等问题。该平台不断结合全省数字化改革工作，精准聚焦梅农在种植、加工、销售、办事等方面的需求，迭代升级“亲农在线”应用场景。2021年“亲农在线”入选“浙江省数字政府最佳应用”，多次被央视新闻报道，还作为优秀案例在世界互联网大会乌镇峰会上精彩亮相，得到浙江省委书记、国家税务总局局长的点赞，计划在全省范围内推广。

二、主要做法

1. 迅速研究部署抓落实

2020年，“亲农在线”设计思路得到浙江省税务局相关处室认可并同意在仙居试点后，仙居县税务局迅速成立深化“亲农在线”应用工作领导小组，研究部署如何推进在仙居县杨梅种植户范围内试点“亲农在线”，制定并印发《仙居县“亲农在线”推广应用工作方案》。

2. 纵合横通共建数据库

在中共仙居县委全面深化改革委员会办公室牵头下，仙居县税务局联合县农业农村局共同搭建农户农产品基础信息数据库。一是抓大放小，重点采集。优先采集杨梅种植大户的基础信息，由县农业农村局安排各驻乡农技员上门采集、实地核查，经梅农本人确认、街道乡镇审核盖章后录入数据库。二是线上采集，线下审核。农户通过“亲农在线”平台掌上填写《基础信息采集表》。系统会自动推送任务至农技员账户，农技员实地核查，核查通过的自动录入数据库；不通过的退回重写。三是卫星遥感，全量采集。县农业农村局委托第三方机构，借助卫星遥感、无人机测绘等科技手段，绘制出全县杨梅产业地图，并组织人员按图开展实地核查。基础信息经农户本人、乡镇、县农业农村局签订《三方协议》并进行 7 天公示无异议后录入数据库。

3. 预估模型赋予开票额度

仙居县税务局联合县农业农村局邀请农技专家、县杨梅协会主席、部分梅农代表参加座谈会，根据当年杨梅长势、分析产量的大小年、预判当年收成情况、估算当年销售单价，建立当年度杨梅产业亩产量和亩产值的预估模型。仙居县税务局按照预估模型，以注册农户的杨梅种植亩数为自变量，估算出预计年产量和预计年销售收入，并赋予该农户开票额度。

4. 系统开发实现两确保

2020 年 4 月，仙居县税务局委托浙江浙科信息技术有限公司开发“亲农在线”应用平台，开发历时两个月，现场对接 5 次，提出修改意见 37 条，于 2020 年 6 月 8 日验收通过，并做到了“两确保”。一是确保操作便捷。考虑到用户群体是广大农民朋友，系统设计遵循操作便捷、界面简洁的原则，如自动预填销售方信息、设置“复制上一张”按钮、主界面显示开票额度等。二是确保风险可控。农户申请开票均需税务人员后台审核后方可开具。审核要点为购买方是否为农产品深加工企业、单价是否在合理范围、开票金额是否为大额整数，若存在疑点，税务人员会致电农户问询，疑点无法排除的，暂停其开票行为，移交给税源管理部门。税源管理部门网格员下户实地查验购销合同、货物运输单、资金往来记录等信息，阻断虚开发票行为。

5. 宣传培训辅导广覆盖

为扩大"亲农在线"知晓面、帮助广大农民朋友们熟练掌握系统操作，仙居县税务局多措并举开展宣传培训辅导工作：一是召开新闻发布会。2020年6月2日，仙居县人民政府新闻办公室召开新闻发布会推介"亲农在线"，引起梅农朋友们的广泛关注。2020年9月11日，仙居"101阳光热线"节目详细地介绍"亲农在线"注册流程、操作步骤。二是建立"亲农党建同盟"。仙居县税务局第三党支部先后与杨梅种植大村的肖垟村和西炉村党支部开展了"税村支部联建"，组建了"亲农党建同盟"，由税务干部教会村民党员使用"亲农在线"开具免税发票，再由村民党员帮助其他村民注册使用"亲农在线"。三是开设亲农在线专区。仙居县税务局办税服务厅内开设了"亲农在线"专区，设置了"亲农在线"咨询专线，并安排专人负责答疑解惑，引导原来准备上门开票的农户注册使用"亲农在线"。四是制作并投放宣传品。仙居县税务局制作了"亲农在线"动漫视频、"亲农在线"操作手册等生动形象的宣传品，投放在县内新媒体发布渠道，如"仙居发布""FM101""仙居微生活"等。

6. 推进试点扩围工作

2021年9月，浙江省政府有关领导来台州市政府调研、听取数字政府建设汇报，指出台州市要加快"亲农在线"的应用推广。10月，市委改革办和市农业农村局联合印发了《关于做好台州"亲农在线"应用推广工作的通知》，确定台州"亲农在线"应用推广2021—2022年的计划任务，完成对临海市的柑橘、玉环市的文旦等农产品的重点推进、应用推广。由市局纳税服务科牵头，各县（市、区）局负责落实，按照《台州"亲农在线"应用推广2021—2022年计划任务》列明的地方特色农产品开展"亲农在线"试点扩围工作。

三、典型意义

（一）深化税收征管改革的典型应用。2021年3月，中共中央办公厅、国务院办公厅印发了《关于进一步深化税收征管改革的意见》（以下简称《意见》），提出了“精确执法、精细服务、精准监管、精诚共治”的要求。“亲农在线”是仙居县税务局落实《意见》“四精”要求，深化税收征管改革的典型应用。一是一键开票，做到了精细服务。“亲农在线”上线后，不见面、不跑腿的自主服务从根本上解决了开票难的问题。“农户农产品数据库”取代纸质资料，农户可足不出户掌上一键开票，开票时间缩短至 3 分钟以内，办理时长压缩 99% 以上，农民反馈满意率达 100%。二是一张地图，达到了精准监管。构建杨梅产业地图，依托“农民数据库”中农户种植情况，“亲农在线”税务端后台科学核定开票限额，将农产品购销管理环节前移，严防发票虚开，堵塞征管漏洞，提升征管质效。三是一项改革，实现了精确执法。“亲农在线”应用推动了农产品免税发票电子化，健全了增值税抵扣链条，破解了以往农产品收购发票“自开自抵”容易产生虚开的问题，有效防范涉税风险，又避免了因风险不可控而一律实行代开的“模糊执法”。四是一个平台，体现了精诚共治。允许农户掌上自开发票的前提是集成了农业、税务等部门的产量、销售上限等部门信息，没有部门共治就没有农民开票的“自由”和“无障碍感”。

（二）省政府数字化改革的优秀应用。“亲农在线”起初只有掌上开票功能，2021 年 2 月仙居县委县政府注意到这一平台较高的“用户黏性”，要求县农业农村局等有关部门在此基础上搭载更多的涉农服务，通过“亲农在线”凝聚支农惠农合力。一是现有农业、银行、市场监管等 12 个单位先后加入。目前“亲农在线”已包含“农技服务、涉农补贴、杨梅贷款、政策性保险”等十余类涉农服务，实现了“发票一键开具、政策一键查询、补贴一键直达、贷款一键申请、保险一键投保”，为农业生产提供全链条服务。二是台州市委市政府要求把“亲农在线”扩大应用到台州市内其他特色农产品，浙江省农业农村厅将其列为推进浙江农业高质量发展的“十佳实践案例”，“亲农在线”入选了“浙江数字政府最佳应用”，并在世界互联网大会上作为浙江省唯一的涉农案例向世界做了推介，一项涉农的税务改革登上了全省乃至全球的展台。三是“亲农在线”的应用还引起了中国工商银行总行的关注，专门派人员到仙居县调研，有意利用这一平台拓展农村金融业务市场，当前，台州市工行已在该平台上线融资产品“杨梅贷”。

（三）推进高质量发展的重要发力点。仙居县是浙江省山区26县之一，是浙江推进高质量发展建设共同富裕示范区的重点帮扶县，仙居县也是“中国杨梅之乡”，全县杨梅全产业链产值20多亿元，是全县第一大富民产业，现有梅农十多万人。一是“亲农在线”解决了十多万梅农的开票难题。电子发票是具有法律效力的合规凭证，体现了进货渠道的规范性、安全性，这一税务“加持”帮助梅农拓宽了销售渠道，提高了议价能力，让梅农在致富路上跑得更快。二是以建设“亲农在线”为发力点，深刻地扭转了全县杨梅产业数据缺失、管理粗放、资源浪费的落后局面，有力推动了杨梅产业数字化转型，有效激发了梅农的生产销售活力，扎实促进杨梅产量、销量和政府管理水平双提升，推进仙居县跨越式高质量发展向前迈进一大步。

第十二章 协调发展类

第一节 诸暨市：诸暨岛-杭州港区域联动创新塑造共富样板

一、案例概况

诸暨市位于浙江省中部偏东北，是浙江省首批科技强市、首批教育强市，全国综合实力百强县市、全国绿色发展百强县市、全国新型城镇化质量百强县市、全国营商环境百强县。作为杭州都市圈核心区成员，近年来，诸暨市主动承接杭州都市区创新创业孵化成果，在杭州滨江区设立“诸暨岛”，在诸暨经济开发区打造“杭州港”，破解人才招引难题，推动两地人才创新创业、共同富裕，走出了一条“异地研发孵化—本土转化生产”的区域联动产业培育新道路。截至 2022 年 3 月，“诸暨岛-杭州港”创新园已汇聚两地企业 80 余家、省级以上人才 30 余名，带动两地就业 1800 余人，2020 年创建为浙江省首个“飞地型”双创示范基地，并入选“2021 年杭州都市圈共同富裕先行示范创新样板”。“诸暨岛”已成为助力诸暨高质量发展的动力源、人才引进的储备库、创新创业的试验区，诸暨市也在积极复制“诸暨岛”的成功经验，推动“独岛”向“群岛”升级。

二、主要做法

1. 建立“政府搭台、市场运作、企业唱戏”的工作机制

定制“1+2+X”配套政策。诸暨市先后出台《诸暨关于全面推进创新驱动、人才集聚的实施细则》《关于推动企业和高层次人才入驻“诸暨岛”加快打造经济发展新动能的意见》等文件政策，对于入驻企业（项目）和人才，给予“1+2+X”定制政策：“1”即对200～500平方米场地实施三年免租基本政策，“2”指共享杭州市滨江区、诸暨市两地各类配套政策，“X”指对重大项目和特殊人才实行“一事一议”政策；设立平台创新资金专项用于支持“诸暨岛”运营建设，重点吸引高新技术项目、高端人才领衔项目。

实施市场化运营服务。引入具备相关运营经验和运营资质的杭州瑞祥资产管理有限公司作为第三方运营公司，具体负责办公园区的整体设计、对外招商、宣传推广和日常管理等工作。目前，园区已配套引进了十余家创新创业服务中介机构，涵盖法务、财务财税、知识产权服务、投资咨询、品牌推广宣传、企业数据处理等各项服务，同时聘请了由上市公司创始人/董事长、高校教授、成功企业家等组成的二十多位创业导师，为企业提供融资对接、技术指导等服务。

突出效益优先导向。制订《“诸暨岛”企业准入评分表》，设置基础类、企业资质类、人才类、融资情况、创始团队等5项评分标准，评分在60分以上的由运营公司提交诸暨岛领导小组审核是否准入；制订《“诸暨岛”企业年度考评表》，设定效益端、成长端、人才端、融资端等4项考评内容，入驻企业每年需参加复评，对年度评价最末15%的企业实施末位淘汰，已累计清退考核不达标企业19家。根据运行情况，适时调整以上入驻标准和考评标准，逐步完善优化，切实提高运行效益。

2. 深化“杭州孵化—诸暨生产—双向联动”的发展模式

“借鸡生蛋”破解人才招引难题。依托杭州人才科技优势，推动诸暨本土企业在杭州设立实验室、研发机构等载体，补强诸暨智能制造、袜业、珍

珠等特色产业链，截至2022年3月，“诸暨岛”吸引集聚了包括30余名国家及省级领军人才、100余名博士及硕士在内的大量研发创新人才，帮助10余家诸暨企业在杭州设立研发机构，共享滨江区“人才智库”，有效弥补诸暨自身人才招引短板。

“腾笼换鸟”厚植项目落地土壤。发挥诸暨产业空间优势，推动转化生产，为“诸暨岛”孵化企业和成熟项目提供丰厚生长土壤，截至2022年，已推进50余家企业在诸暨实现产业化。2021年，经济开发区以“腾笼换鸟”、余缺对接等方式整合闲置空间约3万平方米，建成“杭州港”，同时引入“诸暨岛”运营服务团队负责管理“杭州港”，确保企业在诸杭两地享受一体化服务。“杭州港”现已集聚省级以上人才及高校专家12名，落户企业22家，成功创建为省级小微企业园、省级数字化示范小微企业园。

“筑巢引凤”推动产业协同发展。为了推动与杭州都市圈产业的协同发展、错位互补，深度参与长三角数字经济、智能制造等产业链价值链分工，诸暨市于2020年规划建设了数智产业园，首期项目规划用地420亩、投资20亿元，2022年，产业园首批共14幢厂房已交付使用。该产业园累计已签约引进以华为“机器视觉”为龙头的项目26个，其中沪杭项目占7成左右，投资总规模超60亿元，先后被列入2020年绍兴科创大走廊十大标志性工程、“杭州数字安防产业融合矩阵”、“浙江省数字安防万亿级产业集聚区”、省引领性重大产业项目和全省二季度“红旗项目”。

3. 探索“柔性复制、多点布局、整合提升”的创新样本

柔性复制创设“高新岛”。2020年以来，诸暨市高新区参照“诸暨岛”模式先后在滨江、余杭等地设立“高新岛”，主要围绕高端智能装备、通信电子等重点产业方向，招引初创型、加速型项目。余杭“高新岛”现已申请入驻企业6家，其中省级以上创业人才4名。2020年11月，高新区在深圳宝安区设立柔性“高新岛”，瞄准深圳在通信电子、新材料、数字经济、新一代信息技术等产业的创新研发优势。

增点扩面推广“诸暨岛”。在提升完善“诸暨岛－杭州港”创新园实践模式的基础上，2020 年底，诸暨经济开发区在上海普陀区设立了面积 1400 平方米的“诸暨岛”，重点面向环保装备、智能制造、生命健康、汽车电子、新能源汽车及第三代半导体等领域招商引智。2021 年，诸暨经济开发区在西安设立面积约 1000 平方米的“诸暨岛”，签约引进陕西新投实业有限公司 LSC 属地化供应链服务项目，形成“研发在西安、总部在诸暨”的运作模式。

整合提升建设“飞地群岛”。2021 年 4 月，在开发区、高新区完成合并的背景下，诸暨经济开发区进一步优化完善体制机制，通过科学规划、整合资源，完成了对滨江“诸暨岛”及“高新岛”、余杭“高新岛”的整合提升，将运营团队合二为一，打破杭州群岛之间的运营壁垒，实现信息、人才、资金、空间、政策等资源要素互通共享，进一步提升运营实效。整合以来，诸暨经济开发区新引入项目 61 个，其中各类“飞地”引进科技型项目 31 个，占一半以上。

三、典型意义

（一）为山区县高质量发展提供经验和样板。“诸暨岛–杭州港 ”创新园是诸暨有效融入杭州都市圈的成功探索，在打破地域限制，突破人才、产业、政策等方面制约，实现区域联动发展、科技成果孵化、推进共同富裕方面提供了先行示范的创新样本，破解了县域高层次人才招引难题，充分增强了招才引智的精准性和实效性，推动县域经济创新发展。

（二）打造杭州都市圈共同富裕先行示范创新样板。作为诸暨市全面融入长三角、深度融杭接沪的重要载体，“诸暨岛–杭州港”创新园通过打造区域产业协同发展模式，探索诸暨 – 杭州 – 上海联动发展、协同创新，实现区域资源优化配置、优势互补，“诸暨岛”侧重承载产业升级、产品创新和技术服务，“杭州港”则致力于项目孵化和产业承接培育，共同推动创新创业多元化、多层次、多平台发展，形成多点双创互应，引领区域科创产业高质量协同发展，推进共同富裕。

（三）基本形成可复制、可推广的发展模式。“诸暨岛–杭州港”创新园探索了一条“不求所有、但求所用，不求所在、但求所为”的柔性引才之路，且具有信息灵通、成本较低和可复制、可推广的借鉴意义。诸暨经济开发区已对“诸暨岛”模式进行了复制推广，先后在上海、深圳、西安等地建成各类“飞地”面积达3万平方米，不断扩大对创新创业资源的吸收效应，充分释放全国范围内创新创业主体的热情和能量。

第二节　龙游县：“一镇带三乡”探索区域协同发展新模式

一、案例概况

龙游县地处浙江省中西部，是浙西文明的发源之地。作为浙江高质量发展建设共同富裕示范区首批试点之一，龙游县在溪口镇、庙下乡、大街乡、沐尘乡等龙游南部四个乡镇开展“一镇带三乡”山区共富实验，取得显著成效。龙游县南部山区地域分散、聚落规模小，总面积320万平方公里，人口6万左右。溪口镇是龙游南部（下文简称龙南）“一镇三乡”的经济、文化中心，也是全国重点镇、省级中心镇。近年来，溪口镇从山区群众需求出发，以溪口“未来乡村”建设为支点，做强区域核心，聚焦“改革集成地、旅游集散地、双创集聚地”的目标定位，围绕龙游县“一核两极”发展战略，紧盯龙南增长极的作用发挥，协同“一镇三乡”共同探索资源共享、产业提升、基层治理，坚定走好“一镇带三乡”共建共治共享新路径，打造集优良宜居、有源有脉、宜居宜业、创业创新、共建共享、智慧治理于一体的“居业协同”未来乡居，建立乡村产业可持续发展、创业极具活力的山区共富模式。

二、主要做法

1. 做强未来乡村区域核心，打造山区幸福圈层

优势资源集聚。依托溪口“未来乡村”建设，加快补齐溪口镇作为中心镇在农村基础设施方面的短板，以“共享生活实验室”为理念，建设共享食堂和共享图书馆等场所，积极探索“政府 + 企业 + 居民 + 旅客”共享模式，最大限度地共享公共服务及配套设施，营造开放共享大生态，打造分布式邻里中心。重点打造以乡村体育馆和瓷米文创馆为代表的特色乡愁场景，构建

以溪口“未来乡村”为综合服务核心的“5分钟奋斗公社、15分钟镇域、30分钟跨乡镇”的幸福生活三圈层。

人口人才集聚。在共富大场景下推进“小县大城·共同富裕”农民集聚转化，建立引导转移农民70%进城、20%入镇、10%在中心村“721”导控体系，通过“未来乡村”吸引“一镇三乡”农民异地搬迁，融合建设针对集聚农民的安居小区和针对乡贤、创客的归隐山居，集聚“一镇三乡”人口达2700人。通过“本地创业+企业就业”，有效实现农民“搬得下、融得进、富得起”，形成人口集聚、产业集群、土地集约的良好效应。同时集中打造一批能级高、作用强的双创空间，

普惠服务集聚。加快打造住房、医疗、养老、卫生、教育等公共服务场景，设立无差别政府服务中心和便民中心，4个乡镇的居民可在溪口区域内实现无行政边界、无属地权限的就近业务办理。创新组建“龙南校地联盟”，与衢州学院共同建设“未来乡村”学院，打造优质普惠教育先行地建设和实践课程校外拓展地建设，让乡村学生享受高品质城市教育。发挥衢州学院幼教专业优势，开展“一镇三”乡中小学幼儿园教育质量提升行动，并开展优质普惠教育和农民职业能力培训教育活动。

2. 跨乡镇区域创新联动，打造山区产业圈层

在区域特色产业上“抱团发展”。龙南山区以竹产业为主导，加快一二三产业融合发展，形成特色产业链条。通过整合笋竹资源，开展笋“大小年”改造，升级笋竹产业，打响龙南片区竹产业品牌，加强区域内竹林资源统管、统购、统销，改变“单打独斗”的生产经营模式。成立龙南“匠心竹艺”协会，培育以黄泥笋、凤尾银丝笋干、笋酱等为主打的笋竹农产品品牌。发布竹居计划，以乡村电商与乡村文创的方式，倡导“竹生活”，挖掘“竹文化”，复兴“竹手艺”，发展“竹产业”，带动“竹创业”，培育一批竹制品手工艺人。

在人才引育留用上“抱团发展”。重点培育“龙南创客联盟”，聚力聚焦“创客回归、山区共富”新模式，率先制定“未来乡村双招双引政策”，出台

镇级人才政策，为乡贤及返乡青年创业提供一站式服务与支持。建立以党建联盟为统领的“创客联盟”等特色联盟，组建“青春联合会”，培育辨识度高的“乡愁品牌”，推动传统产业与新兴业态相融合，形成“农民开店、前店后场、电商一家人、直播一条街”新模式。通过“大师支撑导师、导师引领工匠、工匠带动农户”，以新乡人带动原乡人实现山区共富。

在全域文旅融合上“抱团发展”。充分发挥龙南生态和人文优势，探索文旅融合、错位发展机制，培育龙南“一镇三乡”全域文旅品牌，借助中央电视台冬奥会拍摄、开心麻花大型综艺节目拍摄效应，围绕“旅游在周边，吃住在溪口”目标，在溪口镇建设龙南旅游集散中心，打造特色旅游精品县线，串联龙南景区组团联动发展，打响丰收节等文旅品牌，开发溪口特色文旅IP“笋宝”“竹宝”，推动导视系统一体化，打造全域文旅场景。依托本地40万亩竹海，探索“省国资＋镇国资＋村合作社”合作模式，成功以3000万元撬动2.5亿元“绽放的灵山江”文旅共富项目，带动农民致富、村集体增收。

3. 片区组团一体化管理，打造山区治理圈层

整合执法“一支队伍”。以龙南联动治理中心为载体，整合力量，成立一支50人的多部门、跨乡镇的溪口综合行政执法队，梳理高频次、易发现、专业不强的联合执法清单，完善“4+8”工作制度，不断完善“综合执法＋专业执法＋联合执法”的工作机制。开展“综合查一次”，实现“一支队伍”管执法。

推进应急“一体联动”。围绕“一专多能、一队多用”的目标，溪口镇成立辐射龙南“一镇三乡”的综合应急救援队，下设消防应急救援分队、防汛防台（地质灾害）应急救援分队、森林消防应急救援分队和安全生产应急救援分队四支分队，实现应急救援设备共用、物资共筹、险情共排、家园共护。

做强“矛调”“一个联盟”。吸纳片区社会组织、行业协会、律师乡贤，组建覆盖龙南片区的矛盾纠纷调解联盟，建设龙南“舒心驿站”“矛调”品牌，全面推行社会矛盾纠纷“一窗受理、一揽子调处、一条龙服务”。成功在“龙游通”上线“矛盾纠纷联调”手机点单式功能模块，实现“一镇三乡”矛盾纠纷，不出户即可享受“线上提交、点单调解员、实时进度、反馈评价”服务。

完善智治“一个系统”。依托“龙游通 + 全民网格”模式，在全市率先探索试点乡镇版“四平台智治中心”，不断打通、融合四个乡镇的治理事项，汇集全民参与的网格治理以及创客运营等全量信息。创新“信用 + 治理”，借助数字化手段，建立覆盖 4 个乡镇的家庭和个人信用体系，将其引入网格治理，形成“信用 + 社会治理”特色模式，实现“一屏知全域”“一网管全局”“一键式发布”。将信用积分与年度先进表彰、银行授信、礼品兑换等挂钩，进一步扩大群众在基层治理中的参与度和获得感。成功入选 2020 年度浙江省发展改革委“信用 +”典型应用案例，是全省唯一乡镇案例。

三、典型意义

（一）做强“带动”镇的龙头效应。通过打造“溪口未来乡村”，促进公共资源在龙南片区集聚，从而吸引优质资源流入，使溪口的县域副中心功能更加完善，方便周边三乡居民在离家不远的地区寻找就业机会、享受更好的公共服务，并带动龙南片区共同发展实现共富。因此在山区资源有限的情况下，必须避免“撒胡椒粉”倾向，率先集聚有限优势资源做强区域龙头，从而最大限度发挥有限资源的支撑效用。

（二）利用既有地理人文接近的优势。横贯治理、产业、民生等多方面，民生是发展的落脚点，产业是发展的核心，治理是发展的保证。通过建立产业共同体、治理共同体、民生共同体，治理领域的体制机制梗阻得到打通，经济领域的资源要素流动性得到加强，民生服务的覆盖面得以扩大。

（三）打通人才回流通道。乡村要振兴，关键一点就是要改变人才由农村向城市单向流动的局面。为了吸引“创客”、乡贤返乡创业，“溪口未来乡村”集中打造一批能级高、作用强的双创空间，发布镇级人才政策，提供配套资源，同时打造国际青年社区，破解“有人来、没地住”的难题，为创业提供一站式服务，让这里成为科技、资金聚集，青年、乡贤返乡的新型社群集聚地。

第三节　海宁市："飞地抱团"做实山海协作推进共同富裕

一、案例概况

海宁市位于浙江省北部，列全国县域经济百强第17位。2017年海宁市与金华市武义县牵手成为山海协作结对县，2019年双方签署协议共建海宁－武义山海协作"飞地抱团""消薄"项目。2022年海宁－武义山海协作"飞地抱团""消薄"项目已全面完工，累计向武义分红2400万元，带动武义107个经济薄弱村增收。同时，通过创新品牌和全面合作，进一步丰富山海共富内涵和情谊，通过深化与武义在科教文卫等领域全面合作，进一步增进山海共富情谊。自确定与武义山海协作结对以来，海宁用真心、下真情、干实事，全力擦亮对口协作"金名片"，打造浙江"重要窗口"帮扶领域最精彩板块。海宁市对口工作得到浙江省领导批示。由海宁市社科联提交的《海宁武义高质量开展山海协作工作推进共同富裕的有关做法和建议》被《浙江社科要报》2021年第91期（总第751期）刊用，并呈报省领导，时任省委书记袁家军作了批示。

二、主要做法

1. 进一步夯实山海共富基础

首创"党建联盟＋消薄飞地"新模式。创新搭建"1+4+N"党建合作新平台。通过瞄准一个合作目标，聚焦4个合作方向，搭建N个党建合作平台，统筹推进山海共富。由市委书记担任组长，市长担任常务副组长，组建全市山海协作领导小组，通过两地镇与镇合作、村与村合作、企业与村合作等多种形式，进一步夯实山海协作共富基础。两地领导亲自研究、牵头部署山海协作工作，为双方合作提供坚实支撑。围绕休闲农业、生态农业、民宿经济和文旅产业等，加大乡村振兴示范点建设力度，2021 年武义县车门村示范点白水脚瀑布栈道工程完成施工。碗铺村示范点随园山顶民宿等项目建成投用，实现营收 150 万元。莲都区黄泥墩村示范点全面建成，村集体收入增加 16 万元，实现村民就业 30 余人。持续加大资金支持力度，2022 年向武义拨付山海协作援建资金 200 万，进一步推动示范点产业项目和基础设施不断提升。

2. 进一步丰富山海共富内涵

"武莲海种"打造山海协作新样本。创新实施"武莲海种"共富"飞地"项目，打造两地山海协作新品牌新标杆，2021 年引种武义优质宣莲 100 余亩，累计收获销售水果莲近 10 万个，种植基地成为海宁版"十里荷塘"特色景观。创新实施山海协作小农户合作"千万工程"，以小农户为主要参与对象，共建一批共富农业产业基地。列出 10 项种养"菜单"供农户根据自身基础条件自主选择确定，邀请专家开展技术培训，统一为参与生产的小农户提供适合山区种养的优质种子种苗和化肥农药等生产资料。组建技术服务小分队，推出"保底收购 + 二次分配"保障农户积极性。2021 年累计落实养殖户 35 户、养殖肉鸡 4200 羽，种植户 380 户、种植果蔬 1028 亩。

3. 进一步激发山海共富活力

以平台建设增强内生动力。2022 年海宁－武义山海协作"飞地抱团""消薄"项目已全面完工，已入驻企业 24 家，出租率 95.7%，累计向武义分红 2400 万元，带动武义 107 个经济薄弱村增收。创新开展"光伏 + 帮扶"工程，在海宁－武义山海协作"消薄飞地"自有水泥屋顶购置国产发电设备开展光伏发电，成为全省首个开工建设屋顶光伏的"消薄飞地"。建成后装机容量可达 2.38 兆瓦，年发电 250 万度，年可节约 723 吨标煤（等价值），减少二氧化碳排放约 1312 吨。"海宁－武义山海协作生态旅游文化产业园"建设驶入快车道，2021 年产业园标志项目武义县产业融合发展示范园成功启动，当年完成政府性投资 7848 万元，带动社会投资 7.88 亿元。目前项目完成已全部主体建设，已于2022年10月竣工。进一步提升了山海共富品质。

4. 进一步提升山海共富品质

不断深挖成果价值。围绕两地合作新成果，开展建设“荷花节”。以“武莲海种”为契机，以荷花为核心元素，在保证莲花观赏性的同时，加强优质农产品的市场开发，推动社会效益和经济效益同步提升。2022年荷塘扩种至130亩，同时根据上一年种植情况，优选荷花品种17个；进一步挖掘产品附加值，在原有售卖水果莲的基础上，在线上、线下同步联动，推广荷花、荷叶、莲蓬、莲子的售卖；加强农产品开发，谋划空心白莲、莲子酒等深加工项目，不断推动荷塘管理、莲子加工、产品销售、产业服务一条龙。加快推进山海协作“产业飞地”建设，在海宁黄湾镇规划1500亩空间，共建山海协作“产业飞地”，合作双方共同规划、共同建设、共同招商，进一步推进“飞地”共谋共建共享共富。通过组建专业化团队、推动规范化建设，将海宁优秀社工治理经验带到武义，推动武义社区联动、社工站建设等工作，有效优化提升基层治理和服务创新水平，截至2022年5月，累计开展个案服务48例，面谈206人次，小组活动9个，共48节，社区活动50余场次。

5. 进一步增进山海共富情谊

深化全领域全合作。成功举办2021“山海武动·义行天下”轮滑公益助学活动。将“弄潮儿计划”扩展到武义，为武义困难学生提供助学资金合计3.2万元，2022年该计划持续推进，新一轮助学资金即将拨付。连续3年将山海协作结对地区纳入海宁市职工疗休养线路，鼓励职工赴对口地区旅游体验，2022年开展海宁“千名”一线职工赴武义“疗休养+春秋游”活动，推动两地“以游会友、山海携手”。实施海宁社工站托管运营武义社工总站，将海宁先进社工经验传递到武义，助推武义基层治理能力提升。持续加大人才培养力度，2021年帮助武义开展各类劳动力培训1600多人次。加大消费帮扶力度，实施“菜篮子”产供销一体化服务项目，同时开通两地农产品直通车，帮助武义构建优质农副产品一体化、可持续的服务链。举行“武义有好货”微展销，开展“共‘富’美好”大型融媒体公益直播活动，扩大武义农副产品知名度。通过“线上 + 线下”的方式，让武义优质农产品进食堂、进社区、进超市、进学校，有效帮助对口地区农产品拓展销售途径，2021 年累计实现消费帮扶金额 3380 万元。

三、典型意义

（一）首创“党建联盟 + 消薄飞地”发展新模式。海宁高举共同富裕伟大旗帜，实施精准方略，下足“绣花”功夫，通过聚力平台载体建设，首创“党建联盟 + 消薄飞地”发展新模式，强化了当地的“造血”功能，进一步夯实了山海共富基础，推动与结对地区关系走深走实。

（二）打造两地山海协作新品牌新标杆新模式。海宁通过创新实施“武莲海种”共富飞地项目，开展小农户合作“千万工程”，实施“菜篮子”产供销一体化服务项目等举措，打造了两地山海协作新品牌新标杆新模式，提升了消费帮扶力度，进一步丰富了山海共富内涵。

（三）深化科教文卫全面合作增进山海共富情谊。海宁不断深化与武义在科教文卫等领域全面合作，积极开展暖心助学，加大人才联合培养，加强医疗卫生互助合作等，全力推进山海共富互融，成效显著。

第四节　北仑区："山海相通"协同奋进推动共同富裕

一、案例概况

北仑区自 2002 年与云和县建立山海协作关系以来，始终坚持以"八八战略"为统领，深入践行"两山"理念，念好"山海经"，谱好"协作曲"。云和－北仑"北云飞创现代产业园"项目在 2021 年省"山区 26 县跨越式高质量发展暨山海协作工程推进会"上签约，成为全省实质性落地及最快建成投入运营的"产业飞地"合作项目。"云和–北仑山海协作生态旅游文化产业园"，带动云和县旅游人数增幅 20%，旅游收入增幅达 23%，成为浙江省"大花园"建设的标志性平台，"两山"转化新途径的探索示范。两地协作工作一路向前、行稳致远，从最初的资源要素互补，到产业对接、人才交流、平台共建和科教文旅卫等全方位、多领域、深层次合作，两地协作工作不断深入、不断创新，取得了显著成效。

二、主要做法

1. 共建旅游文化园，"山海互济"促进优势产业发展

联合投资促落地。依托云和县木玩优势资源，协作建设"一心两翼、一园多点"的"山海协作生态旅游文化产业园"，项目由北仑出资 2 亿元、云和出资 1 亿元成立的两家国有控股公司投资建设。园区内"云和梯田"项目列入国家 5A 级景区创建名单。

分步实施促质效。先以"基础设施＋经营性项目"起步开发，重点开展园区道路等基础设施投资和云和湖仙宫景区康养岛项目建设。再以"形象地标＋综合体项目"深化发展，投资建设"智创空间""小镇客厅"等旅游文化

园形象地标和木玩产业创新服务综合体等项目。

完善机制促发展。北仑、云和两地联合成立“山海协作生态旅游文化产业园”开发建设管委会，北仑区选派挂职干部担任管委会主任，组建实体化工作专班，具体负责产业园项目建设和常态化管理。采取“政府搭台、企业问需、专家出智、协同共赢”模式，建成县级木玩大师工作室，形成木玩高质量发展专家库。

2. 共建“飞地”产业园，“山海互通”实现经济互惠共赢

“消薄飞地”促进双方受益。北仑区在大碶街道高档模具汽配园划出一块土地专门用于“消薄飞地”创业园建设，共计占地 24 亩，累计返回“消薄”收益 1881 万元。园区实行集中管理，公司化运作，保姆式服务，为入园小微企业提供良好的创业环境。该模式既为北仑区提供了建设用地指标，也使云和县农村集体经济发展公司每年收获稳定的“消薄”保底收益 627 万元，为云和 88 个村集体经济的稳定增收提供有力保障。

“科创飞地”实现共享梦想。充分发挥北仑区人才集聚和云和县广阔发展空间的优势，两地共同策划推进“科创飞地”，建立“孵化在北仑、产业在云和；研发在北仑、生产在云和”的共享机制，双方在新技术新产品研发、项目孵化、人才引进等方面开展深度合作。

“产业飞地”推动深度融合。“北云飞创现代产业园”搭建以“一张网、一个数据中心、一套运营管理系统”为核心的智慧园区管理，从而构筑起生产、研发、办公、生活融合的数字化智慧微社区，实现入园企业资源共享、互利互赢，共同打造深度合作的山海协作发展平台，扎实构建共同富裕机制。

3. 共建乡村示范点，“山海互鉴”促进乡村全面振兴

“新名片”加快发展步伐。北仑与云和将云和县长汀村作为两地山海协作乡村振兴示范点，打造“阳光沙滩，山里看海”的亮丽招牌，积极推进长汀村成功创建成为丽水市首批 AAA 级景区村。北仑区先后投入帮扶资金约 400 万元，帮助完成沙滩提升工程等建设。在“2021 年乡村振兴促进共同富裕论坛暨中国最美村镇颁奖典礼”上，长汀村获评“中国最美村镇乡村振兴榜样奖”，为浙江省唯一，全国仅三地入选。

“金钥匙”推进焕发新颜。运用“跨山统筹”“创新引领”“问海借力”三把“金钥匙”，联合委托中国美术学院风景建筑设计研究总院编制长汀村乡村振兴发展规划，由生态旅游文化产业园统筹引领，推动资源重组、促进文旅融合、打造“长汀十二景”，将长汀村逐步打造成“可看、可学、可用”的乡村振兴示范样板。2020年4月开启“山海协作职工疗休养结对月”活动，当月拉动云和县消费200万元以上。

“党建+”激发发展活力。北仑区选派优秀挂职干部担任村第一书记，开展“党建+产业帮扶”“党建+项目攻坚”“党建+精准消薄”“党建+志愿服务”等一系列活动，成立全国第一个村级“乡村振兴讲习所”，在农业产业项目推进、核心项目管理中发挥重要作用，党员带头创办农家乐民宿、参与管理、开展志愿服务。

三、典型意义

（一）立行有责，破解时间空间难题。一是闻令即动，立说立行。积极贯彻落实《中共浙江省委 浙江省人民政府关于深入实施山海协作工程促进区域协调发展的若干意见》《关于进一步支持山海协作“飞地”高质量建设与发展的实施意见》文件的相关要求，两地政府合资成立宁波市北云企业管理有限公司，对“消薄飞地”创业园进行运行管理。并在原本“消薄飞地”的基础上谋划“产业飞地”，加快构建“全方位、多层次、宽领域”的交流合作新格局。二是变思挖潜，探索共富新空间。为确保产业飞地项目能早投入、早产出，让云和地区早受益，北仑区转变等待“飞地”土地指标到位的思路，搁置新增用地空间问题，从存量中挖潜力，将开工建设、条件成熟的“北云飞创现代产业园”项目作为“产业飞地”首个高品质启动地块，预计于2023年5月底前交付。该举措可比“合作拿地—项目招商—建设厂房”的传统合作模式提前2年产出效益，展现了北仑携手云和迈向共同富裕新征程的担当和信心。

（二）政企联动，直击长效运行难题。构建“2+1+1”工作体系。“2”个专班，即两地政府各自成立“产业飞地”工作专班，研究解决各自分工范围内的重大问题。“1”个工作组，双方派专业人员的形式，成立联合工作组，按月、周等形式开展现场协同会，及时对接，紧密协作，步调一致推进踏勘现场、方案论证等“飞地”建设工作。“1”个合资项目，即双方成立合资公司，合资工作以最大限度支持云和发展为原则。项目先由开发区大港开发有限公司建设，再采取股份合作形式，由双方国有公司共同出资成立“产业飞地”管理公司，由云和方控股，通过市场化资产转让，实现共同运营管理。

（三）引育并举，求解产业互动难题。一是坚持“边建边引”。园区已经启动分批招商，结合北仑、云和两地产业实际，招商团队在招引过程中，将“招大引强”与“延链补链”相结合，创新资源服务，重点发展汽车及关键零部件、高端装备、集成电路等产业。二是坚持“边引边育”。两地共同谋划建立入园企业“三审”制度，形成“园区运营初审、属地街道复审、区经信局小微企业领导小组终审”的三级审核程序，支持在新技术新产品研发、项目孵化、人才引进等方面达到省级科技企业孵化器认定标准的项目企业入驻园区。三是坚持研育并重。通过引进成熟企业入驻，实现云和技术引流、产业回流，加快产业梯度转移和要素合理配置，打通欠发达地区与发达地区互动式“造血型”双赢发展，促进“飞出地”产业提升谋篇布局。四是坚持内外联动。依托“产业飞地”临近北仑港口的区位优势和毗邻芯港小镇“万亩千亿”平台的产业优势，加快推动产业创新升级，奋力打造协同发展新局面。

（四）多方协作，共促民生事业发展。一是加强人才支援。先后派遣13批次27人次的教师、医生等专技人才到云和县的学校、医院开展支援活动。二是加强资金支持。已累计提供援建项目专项资金2587万元，实施项目143个，如两地共建的大坪就业服务中心，打通了下山脱贫群众就业服务“最后一公里”。三是加强文旅协作。云北两地架起山海红色资源共享桥梁，“张人亚党章学堂”落户安溪畲族乡黄家地村，该村成功入选第七批市级爱国主义教育基地，实现村集体经济增收15万元。

第五节　仙居县：电商赋能跑出山区县共富“加速度”

一、案例概况

仙居县地处浙江省东南部，是浙江省高质量发展建设共同富裕示范区首批试点地区。近年来，仙居县充分发挥自身资源优势，抢占电商蓝海，推动农特产品“触网上云”，构建“人 + 货 + 场”电商发展模式，有效破解“谁来卖”“卖什么”“怎么卖”“卖哪里”等难题，实现山货走出去、农民富起来。截至 2022 年 7 月，全县网络零售企业有 1800 多家，主要经营农产品、家具家装、工艺礼品、食品保健等四大品类，带动直接就业人数 8 万人左右。仙居入选 2021 年国家电子商务进农村综合示范县、浙江省数字生活新服务样板县，“电商赋能农特产品，跑出共富‘加速度’”被评为浙江省商务领域共同富裕试点项目。《仙居县电商赋能跑出山区县共富“加速度”》获分管副省长批示，《仙居电商：让山货走俏全国》成为“台州市共同富裕三十六法”电商带货法典型案例。《仙居县电商赋能跑出山区县共富“加速度”》在《浙江机关党建》刊发，并被人民网、《光明日报》、中国新闻网、《台州日报》等媒体刊发。《山区共富搭上“电商快车”》被“今日浙江网”报道。

二、主要做法

1. 优化电商发展环境，破解“谁来卖”难题

共建机构引人才，推动“洼地”变“高地”。仙居县与网易集团、浙江好牛集团共建“仙居网易联合创新中心”，由浙江好牛集团旗下的仙居好牛网络科技公司全面运营。该中心依托网易数字产业优势资源，为入驻企业提供产业培育、技术支撑、人才培训等一站式电商综合服务，帮助零售商、品牌商、贸易商、生产商进行电商转型与升级优化，形成“苗圃—孵化—加速”

创业创新全链条服务体系，目前已招引多家年销售额破亿元的电商企业落地仙居。

培训指导育人才，推动农户变网红。推进“万千百”电商人才培训工程，即开展“一万人次电商普及培训、培养一千名电商能人、孵化一百位电商精英”，为电子商务进农村储备人才。借助阿里巴巴国际站服务商、好牛服务商的师资力量，搭建线上培训平台，农户足不出户即可学习电商基础知识。实施“村播计划”，通过直播技能培训、直播间实训等培育村播达人，每年组织电商培训 2000 人次以上，实现首位村播达人上央视。

2. 做强电商特色产品，破解“卖什么”难题

做强拳头产品，打造“一地一品”。充分挖掘各乡镇（村）自身的资源优势、传统优势和区位优势，大力发展有特色、价值高、影响力大的拳头产品，积极推进农特产品规模化、标准化、品牌化建设，打造“一乡（村）一品”产业新格局。例如，下各镇拥有小家具生产企业 40 余家，网络销售商户 300 余家，从业人员 5000 余人，年销售额近 6.5 亿元，为全国七大家具产业基地之一，市场占有率达 50%。仙居县已形成西炉杨梅、广度高山杨梅、下各家居家饰等特色产品，共有 3 个镇被评为省电商镇，12 个村被评为省电商专业村。

做强产业集群，实现抱团发展。集合 300 多家农业合作社、7 家大型农业龙头企业，嫁接电商销售，打造“农业龙头企业 / 合作社 + 农户 + 产品加工 + 电商”的全产业链经营模式。例如，依托杨梅市场汇聚周边多个杨梅村和上百家杨梅合作社，开发、创新杨梅衍生产品，探索杨梅保鲜、仓储、物流产业服务新模式。与天猫、饿了么等电商平台签署战略合作协议，推动杨梅销往全国、出口世界。2022 年，仙居杨梅网上销售量已占全县杨梅销售量的 50% 以上。

3. 创新电商营销模式，破解“怎么卖”难题

创新带货模式，让直播成为新农事。拓展带货方式，通过全民带货、网红带货等方式引爆直播流量。打造占地 2000 多平方米的公共直播基地，重点为当地年轻创业者、农特产品经销商提供直播服务。浙江藏仙生物科技公司借助公共直播基地向产业上下游赋能，上游通过收购蚕蛹促进桑农增收，下游通过建设虫草鸡养殖基地，为养殖户提供种鸡与虫草饲料，依托O2O电商模式帮助养殖户销售虫草鸡和虫草蛋，每年帮助农民增收500多万元。

实施结对帮扶，让景观成为新卖点。拓展销售渠道，通过依托结对帮扶工程，促进产业融合发展，实现供应端与需求端的无缝对接。大战乡对山村与浙江联通结对，通过打造直播间、建立淘宝店铺、开设推介会、开展爱心认购等举措，不断挖掘村庄文化底蕴与自然资源禀赋，打造“桃文化”景观节点，带动水蜜桃销售。水蜜桃批发价从原先1元/斤涨到5元/斤，带动村集体经济收入从原来的11万元增加至40余万元。

4. 畅通电商供销渠道，破解“卖哪里”难题

完善物流体系，打通内销“最后一公里”。构建县乡村三级物流网络，畅通农特产品流通渠道，与仙居县邮政局开展战略合作，成立数字乡村综合服务中心，设置快递包裹收寄投递功能区和电商综合服务功能区，推行“直投到户”“物流配送+农村物流网点自提点”两种配送模式，实现“工业品下行”和“农产品上行”配送网络双向畅通，打通农村消费“最后一公里”。目前，已实现县、镇、村三级物流快递网络全覆盖，全县主要品牌快递进村率均达100%，其中，“县—镇”配送实现24小时内完成，“县—村”配送实现48小时内完成。

聚焦海外仓建设，打通出口“最后一公里”。积极发展“海外仓+跨境电商”新模式，打造布局全球、内外联动的外贸跨境服务体系，为企业提供产品展销、清关、仓储、配送、售后、法律咨询等一站式综合服务，点对点将国内货物从工厂送至国外仓库，破解因疫情影响造成的物流受阻，降低海外运输费用及收汇风险。鼓励多家企业在境外创建海外仓，2022年已成功创建台州市仅有的2个省级公共海外仓，实现服务国内企业1000多家，其中服务浙江企业200多家，浙江企业货物量达1万多吨。

三、典型意义

（一）抓牢农产品质量是关键环节。电商助推农产品销售最关键的是要保证农产品质量和品牌化建设。积极打造“亲农在线”应用平台、杨梅全产业链大数据平台等系统，通过大数据分析及可视化工具，大力提升农产品生产、质量监管、社会化服务的效率。打造“神仙大农”区域公用品牌，拥有成熟的供应链，在线下开设了仙居白塔旗舰店、仙居城区旗舰店、开设于杭州“浙江省山海共富农优产品展销窗口”的仙居神仙大农馆，以及“登云·神仙大农专柜”“宇杰君澜·神仙大农专柜”；线上在抖音、淘宝、天猫三端同步上线，完成网易严选、芭芭农场、浙里云购、现代优选、中石化易捷加油等平台入驻工作，提高产品知名度。

（二）加强电商人才培训是基础保证。要发展农村电子商务，人才至关重要，必须加强对人才的“培养”和“引进”，但以农村电商现有的条件，引进电商人才非常困难。加大力度进行电商专业化人才培训才是农村电商发展的必然选择。仙居县充分发挥电子商务公共服务中心和电子商务促进会的作用，每年组织电商培训 2000 人次以上。特别是近年来组织的“村播达人”培训活动，成效非常显著，共培养 720 余名电商。仙居县青年创业导师“神仙姐姐”顾维维在第五届“创赢台州”（电商直播）创业大赛中荣获二等奖。

（三）加大政策扶持力度是有效举措。充分发挥电商扶持政策的引导和激励作用，仙居县每年安排 800 万元专项资金，用于促进电子商务发展。政策着重于对培育电子商务经营主体，支持直播电商发展建设，促进农村电子商务工作，鼓励电子商务模式创新和示范引领，提升电子商务服务水平，支持公共性、基础性、服务性项目建设，支持电子商务重大活动和支持机构开展电子商务人才培训等方面进行扶持激励，有力地推动了仙居电商高质量发展。

第十三章
绿色发展类

第一节　松阳县："生长型"民宿助力共同富裕的松阳实践

一、案例概况

松阳县位于浙江省西南部，地处浙江"大花园"最美核心区，是浙江高质量发展建设共同富裕示范区首批试点地区之一。十余年间，松阳县牢牢树立"绿水青山就是金山银山"的发展理念，以复兴乡村传统文化为先导，廓清文化传承与新农村建设等系列工程的内在机理，以民宿为切入点，做好富民增收、乡村振兴"大文章"，构建出"一心五区"的民宿发展格局。松阳县依托独特的古村落资源，借助"丽水山居"区域公共品牌，结合"拯救老屋"等创新工作，精准确定"小众化、中高端、高品质"发展定位，全力打造山居民宿胜地，培育有根的"生长型"民宿经济。截至 2022 年，松阳民宿农家乐从最初的 52 家发展至 570 家、床位 5192 张，综合营业收入近 1.7 亿元，带动 3200 余农村劳动力就业。全县一半以上乡村植入了民宿等多元经济业态，乡村人口也开始回流，近三年全县常住人口增加了 5700 余人，其中平田村入选全国乡村旅游发展典型案例。

二、主要做法

1. 点位"有突破"，全域"有联动"

坚持规划在先，推动"全域成景"。清晰定位"全县统筹、存量优先、特色彰显”的民宿发展导向，立足松阳县乡土资源禀赋和县情实际，构建以松阳老城和传统村落为核心的空间布局，让民宿突破单体概念，形成特色片区；以全县域乡村生态博物馆和工坊为主体的产业布局，让民宿成为产业融合示范的发展空间；以全年度永不落幕的民俗文化节和当代艺术展为内涵的文化布局，160 多场文化活动轮番上演，让民宿成为文化体验空间；以全县域“八条研学线路”和“四个百公里绿道”系统为串联的线性布局，培育以云系列、茶系列、花系列、艺术创作、摄影写生、古村落等为特色的主题民宿，打造了一批画家村、诗人村、养生村，让各个村落各美其美、美美与共，让线路上的各种资源与民宿一起碰撞融合发生“化学反应”。发布全国首个《乡村景区无障碍环境建设导则》、全省首个《传统村落保护建设规范》，创新“征用 + 挂牌”等五种土地集约利用模式，破解乡村旅游用地难题，经验刊发在《中国旅游报》《中国国土资源报》。

2. 设计“有匠心”，建设“高品质”

坚持项目为王，专注精品打造。坚持拉高标杆，导入优秀设计团队，精雕细琢建设“高品质”民宿。通过柔性引才机制，先后吸引乡伴文旅、枫澜集团，以及“省千人才”徐甜甜、清华大学罗德胤、香港大学王维仁等一批有情怀、有理想的优质工商资本和优秀团队参与松阳县乡村建设、民宿经济发展，以做作品的态度做精品，起到积极的示范带动作用，也使工匠精神等理念深入人心，该县 30 余支工匠队伍近千人得到培养。“云端觅境”“飞茑集”“桃野”等一批网红精品民宿已成为业界标杆和知名旅游目的地。全县发展省旅游等级民宿 18 家，其中白金宿级 2 家，金宿 4 家。“过云山居”被誉为中国最美民宿之一，“云端觅境”成为全国首批五星级民宿推荐单位；“鸣珂里”文化民宿荣获浙江省文化主题民宿、浙江省非遗主题民宿；“飞茑集”“桃野”民宿获评 2020 中国民宿榜“黑松露”奖。

3. 外形“五千年”，内核“五星级”

自然融入改造，注重品质提升。把乡村视作易碎品和奢侈品，以珍惜爱护之心对乡村进行系统性改造，按照“活态保护、有机发展”理念，通过

“中医调理、针灸激活”方式，坚持最少干预最大有效原则，活化利用古村落，优先利用存量资源，在不破坏原有风貌的前提下改造民宿内部设施，最大限度减少建设性破坏和破坏性建设。同时成立传统村落保护利用专家委员会，每月召开3次评审会，严格落实村落的格局和历史风貌的整体保护，严格控制核心区建新房，为古村落项目建设把好风貌关。如“卓庐若家精品民宿”，在建设初期单纯追求“豪华感”，建设大露台、玻璃窗，造成大面积违章，按照要求进行整改后，成为浙江省传统村落不可移动文物建筑保护利用的成功案例。

4. 政策“来撬动”，产业“全链接”

坚持产业融合，推动全链发力。通过民宿带动乡村旅游发展、优质农产品种植销售、旅游地商品转化、乡村环境美化亮化、交通等基础设施提升和乡村治理现代化，借助民宿经济的发展，推动生态修复、经济修复、文化修复、人心修复。持续关注“民宿+文化、民宿+农产品、民宿+美食、民宿+康养”等新业态培育。“民宿+文化”，实施百名艺术家入驻乡村计划，在民宿周边植入艺术家工作室，创新研发艺术创作交易、扎染刺绣等文化业态和创意产品，赋予民宿生动文化内涵；“民宿+美食”，引进台湾地区的“翎芳魔境”设立“百县千碗”乡村美食基地，研发松阳红糖等系列美食，并开展四季美食培训，已培训妇女100余人；“民宿+康养”，结合中医药复兴地建设，引导整村开发的云顶仙坑源民宿开设中医艾灸康复理疗馆，并定期举办沙龙，打造中医养生体验地。陈家铺村基于先锋书店和飞茑集民宿已被誉为“诗人村”，西坑村打造国际乡村音乐节，且先后形成沿坑岭头“画家村”、力溪“连环画村”、南岱“手绘村”等一批特色村寨。

三、典型意义

（一）满足了群众对美好生活的向往。积极践行“绿水青山就是金山银山”的发展理念，大力发展乡村旅游，推动乡村振兴，全力优化全域旅游发展环境，通过生长型民宿经济等创新实践，致力于推动传统村落“活态保护、有机发展”，着力打造“看得见山，望得见水，记得住乡愁”的“幸福乡村”，打造有品质的田园乡村生活，让绿水青山与名城古村相伴相生，农耕传统与现代文明交相辉映，满足了人们对美好旅居生活的向往和期待。

（二）走出了县域绿色发展的新路径。坚持生态优先、绿色发展，把旅游产业作为第一战略支柱产业来打造，把民宿作为推动旅游业发展的重要支撑，成功创建“三都－四都”市级美丽经济农家乐民宿产业集聚带（精品），奋力蹚出一条全域旅游助推乡村振兴、引领县域发展的新道路，成为全国旅游创新发展示范地、全国最佳养生休闲旅游名县。

（三）注入了富民强村的源头活水。大力支持工商资本、优秀青年上山创业，创新组织化发展模式，打造了“云上平田”“原乡上田”等民宿综合体，实现资源变资产、资金变股金、农民变股东。通过发展民宿，年轻人回来了，村子兴旺了，游客进来了，老百姓的腰包也鼓了。例如上田村，村集体和村民以田地、房屋等资源入股，与政府资金共同建设运营“原乡上田”民宿综合体，2021 年实现收益 60 余万元，带动村民增收 10 万余元，村集体分红 15 万元；如陈家铺村推动文旅多业态融合发展，2021 年接待游客 30 余万人，带动村民人均增收 3000 余元，村集体经济收入 113 万元。

第二节　定海区："水利+"走好全民共享生态共富路

一、案例概况

定海区位于长江口与杭州湾的交汇处，中心城区三面环山、一面临海，平原地势低洼，河网水系不发达，防洪排涝压力突出，对百姓生活造成重大影响。定海区围绕建设共同富裕示范区奋斗目标，积极践行"生态融合"理念，启动实施"定海中心城区防洪排涝工程"（五山水利"东海云廊"项目），系统性解决围绕中心城区的五山洪水问题，统筹谋划做好"水利+旅游"成果外溢文章，通过生态环境的打造，带动旅游产业开发，提升集体经济收益，让周边百姓在水利工程建设中共享生态共富的红利。2022年"上拦工程"截洪沟及部分绿道已建成使用，全线贯通后，若遭遇20年一遇强降雨，城区受淹面积可减少78%以上；若遭遇百年一遇强降雨，城区受淹面积可减少56%以上，淹没时间从6小时缩短至1.2小时。2021年11月，《浙江政务信息》刊登《定海区高标准打造城市防洪排涝工程样板 用"水利+"走好全民共享生态共富路》，获得省领导的批示肯定。

二、主要做法

1. 立体布局，疏通城区防洪排涝"大动脉"

山水上拦，源头减少进城洪水。以中心城区外围五座山体为主框架，分5个标段建设16.5千米截洪沟，配套建设排水涵管，有效拦截上游山体来水，用智能调控节制闸拦蓄引入城区上游水库或直排入海，大幅减少进城洪水总量。建成段在台风中作用明显，解决了下游汛期受淹问题。全部完工投用时可阻挡山丘来水70%以上，大大减轻城区防洪排涝压力。

西调蓄滞，灵活调度水库蓄水。针对因水库河网拦蓄能力不足造成的水资源浪费，统筹调度城北水库、红卫水库及虹桥水库蓄水。新建约2.6千米的联库隧洞，配建一座 14.4 立方米 / 秒流量的提升泵站，将引入城北水库、红卫水库的山丘来水。科学合理地分洪至虹桥水库，提高海岛水资源利用效率。工程投用后，城区每年将可增加调蓄水量 530 万立方米。

中贯提升，大幅增加强排流量。聚焦老城区内河网调洪行洪能力受阻、强排能力不足等问题，邀请水利专家实地踏勘，选取新河、城关河、城东河 3 条当前城区内行洪压力较大的河道，将泵站前移至上游，在河底 6 米以下新建 3 座排涝总流量为 32 立方米 / 秒的强排泵站，并配备大口径压力涵管，增加城区强排出海流量，提升城区应急排涝能力。

2. 因地制宜，打通资源集约利用转换通道

变施工便道为休闲绿道。坚持多用合一、统筹谋划，以“绿道绕五山、环抱定海湾”为主题，立足群众对日常运动休闲的迫切需求，合理利用中心城区防洪排涝工程建设期间挖截洪沟的施工便道，同步打造全长 23.5 公里的“东海云廊”城市运动休闲绿道。结合城区主要公园、休闲广场布点情况，延伸建设 20 余个入口广场及绿地公园，为老百姓提供家门口的休闲场地。在山体间建设钢构桥“城市飘带”，沿线设计多处观海、观城的观景平台及水系绿化景观等，将“城市、山体、海岸、海湾、海岛”五大界面有机串联，发挥防洪排涝、运动休闲、游学观光等综合功能。

变重复开挖为顶管铺设。在“中提升”工程实施期间，综合考虑老城区低洼区域多、河道管网行洪能力有限的实际，在城区 3 座河道强排泵站建设中引入国内先进的顶管技术，即改变以往市政施工中重复开挖埋管形式，深入地下作业，通过在河底铺设约 3.59 千米的管道，直接将城区内涝水排入外海，降低管道埋设施工对周边环境、居民生活出行的影响。2022 年卫海泵站及新河泵站两个标段已开始顶管作业，作业期间城市道路及河道均正常通行，居民生活出行基本不受影响。

变大拆大建为就地塑景。“上拦工程”以五座山为基础，整个工程沿线绿植覆盖率达 95% 以上。施工期间，积极践行“净零碳”理念，保留山水原有水系、乔木，将山体原有的山石、水系打造成景观小品，将闲置的老木头、废弃石材等就地利用，建设景观节点、山体花海等，与定海湾、古城有机结合形成全景港城景观体系。实行各工程标段“一工程一方案”绿化保护措施，采用“下建行洪箱涵，上建休闲绿道”或“高空飘带”等方式，减少山体开挖，并标定施工红线，确保红线外植被保持原状，红线内植被种植考虑本土化和四季多样性，营造四季可看可赏的景观。施工作业区域共涉及乔木面积约1500平方米，100%落实保护措施。

3. 以人为本，走出“水利+”共富惠民路径

文化塑韵，打造海岛特色人文景观路。以休闲绿道为基础，深入挖掘提炼具有辨识度的定海文化元素，结合五座山历史文化与山地空间景观，分主题融入定海名人文化、海岛民俗、山海奇观、古城记忆及海防文化等元素，打造“海韵”“海防”等五大海洋文化主题，变单一的水利工程为千年古城文化的“天然博物馆”、历史文化传承的“走读研学基地”、海洋文明与爱国主义“教育示范基地”。

便民利民，打造生态共享、共富幸福路。不断丰富旅游功能业态，秉持“全民参与、全民健身”理念建设绿道，配建高标准山地自行车越野、“半马”赛道等场地，沿途设置山体花海、观景平台、服务驿站等景观设施。东山段已成为山地自行车、健身气功、路跑等项目爱好者的打卡点，截至2022年已累计承办登山协会等社会团体各类活动20余场，吸引外来游客30万余人次。

融合推广，打造主客共享网红打卡路。依托新媒体宣传矩阵、文旅活动引流“东海云廊”绿道，并以绿道为服务轴带，推动人气向周边景点辐射。邀请100余位网红达人多形式发布打卡推荐，并在微信、小红书、微博、抖音等平台同步开展线上打卡抽奖活动，吸引市民、游客打卡观光，有效扩大绿道影响力和知名度。目前以运动、亲子、文创休闲为主题的数个宣传视频已全面上线，视频播放量突破100万次，绿道日均游客人数达3000余人次。

三、典型意义

（一）构建水利“和谐共生”。“定海中心城区防洪排涝工程”以防洪排涝为主线，结合本地水资源利用，并兼顾生态绿廊建设改善生态环境，进一步完善定海中心片区防洪排涝格局、提高区域防洪排涝能力、补足山洪防治短板，全区台风天期间排水效率大幅提升，西园新村、金寿小区、紫竹小区等老旧小区基本解决积涝难题，顺利通过台风“烟花”等极端天气大考，一改当年“米娜”等台风期间定海“路上行舟、车库蓄水”的景象，与水利“和谐共生”已经成为定海民众可触可感的美好事实。

（二）延伸生态“共富效应”。定海依托独具特色的水利改造激发一系列生态效应，以东海云廊生态带建设为引领进一步丰富百姓生活业态，变“自然活水”为“发展活水”，在山海之间形成“绿道绕五山、环抱定海湾”岛城休闲空间，通过举办“神行定海山”徒步大会、山地自行车越野等大型赛事，成为人居、生态、景观、健身的生态绿道样板，并在此基础上逐步实现文化路、旅游路和共富路，全线贯通后预计每年可吸引市民游客 400 万人次，为沿线村集体经济发展创造良机。2022 年云廊周边 10 个城郊村以集体资产出租、产业开发等方式，加快实现村级集体经济增收，经营性收入高于全区平均值 20% 以上。

（三）激发文化“共享效应”。通过云廊绿丝带系统串联定海千年海岛文化古城的人文和水利生态体系，在东海云廊绿道植入“海韵”“海防”等海洋文化主题，展现从“海上河姆渡文化”至今的定海历史脉络，结合人文、民俗等文化内涵，突出红色之旅、爱国爱家、国防教育等主体，进一步激活城市文化古韵、赋予城市富足精神灵气，使之成为城市文化的“天然博物馆”、历史文化传承的“研学基地”。

第三节　仙居县："美丽河湖"带动"美丽经济"助推共同富裕发展

一、案例概况

仙居县地处浙江省东南部，是浙江省高质量发展建设共同富裕示范区首批试点地区。仙居县从 2017 年永安溪获评全国"最美家乡河"出发，编制了美丽河湖建设方案，提出"以永安溪为骨干打造全县美丽河湖"，开展全域"幸福河湖"建设探索。2018 年，十三都坑、如意湖、盂溪成功通过市级"美丽河湖"验收；2019 年，桃源洞坑、湫山河、十八都坑入选市级"美丽河湖"，其中桃源洞坑、湫山河入选省级"美丽河湖"；2020 年，仙居县双庙溪（桐园－新路）、十三都坑（尚仁村－永安溪）入选省级"美丽河湖"；2021 年，仙居县永安溪（上游段）、北岙坑入选省级"美丽河湖"，创成总量位居台州市各县市区第一。依托美丽河湖资源，横溪镇、湫山乡、白塔镇、淡竹乡和双庙乡也相继创建成为"乐水小镇"，通过水环境功能的改善带动美丽乡村的建设，发展"美丽经济"，实现河湖功能永续利用，让美丽河湖的"生态优势"转化为"发展动能"，为共同富裕提供了有力保障。

二、主要做法

1. 综合开展流域治理，打造"有颜值"的幸福河湖

创新生态修复理念。围绕"生态立县"战略，仙居县从"人水和谐"角度出发，编制《仙居县永安溪综合保护利用总体规划》（以下简称《规划》）。《规划》提出要将永安溪打造成为融乐居、乐业、乐游于一体，山水共融、人水和谐的生态之河、人文之河、休闲之河。在《规划》引领下，河道治理和管护过程中，始终秉持尊重自然、顺从自然，减少人工干预的原则，遵循

溪水的形态和走向，因地制宜，不扰动生态，使不同河段呈现出不同风格，各美其美，美美与共。

开展“铁腕治砂”行动。2016 年，仙居县对全县各类砂场进行了全面排查。2017 年，仙居县成立了县河道采制砂专项整治工作领导小组，由县长任组长，县委副书记任第一副组长，实施“七个一律”，切实履行涉及禁止河道采砂管理的各项职能。38 家非法采制砂场已全部取缔，非法砂石点已清运完毕，全县河道范围内合法砂场到期关停，实现永安溪再无采砂，采砂余留深坑 700 多个完成了修复，出台了《仙居县禁止河道采砂长效管理实施意见》，持续巩固采制砂治理成果。

实施综合治理工程。搭载永安溪综合治理与生态修复工程一期、二期工程和全国中小河流治理重点县综合整治试点项目，实现全流域的河道综合治理。永安溪综合治理与生态修复工程一期、二期工程共投资 18.6 亿进行生态修复，新建与加固永安溪干流及十三都坑、朱溪港、北岙坑等主要支流堤防，开展滩地复绿工作，保护和修复湿地 18150 亩。

2. 践行长效管护机制，打造“有保障”的幸福河湖

全面深化“河（湖）长制”。以“无违建河道”创建和“水利工程标准化管理”创建工作为抓手，全力推进河湖长效管护工作。截至 2021 年底全县共设总河长 42 名，各级河长 586 名，各级湖长 95 名，县级河道配备河道警长 25 名。同时，制定年度河（湖）长制培训计划，及时组织开展新老河长“传、帮、带”活动，实现新老河长交替“无缝对接”。

做好全流域河道监管。每年安排 500 万元经费用于全县河流保洁，将河道保洁列入县对乡镇（街道）综合考核，定期开展联合督查，切实提高保洁实效；开展堤防标准化管理，每年投入 200 余万元对永安溪及其支流的堤防、护岸、绿化进行标准化养护；开展不定期河道日常巡查，创建具有巡河记录、接受举报、上级督查、宣传河道以及河道台账资料等功能的“河道电子相册”，有效促进巡河常态化、信息实时化、督查有效化。

建立河道智慧管护平台。建立河道智慧管护平台，对永安溪实行智能化、实时化、数据化监管。建立永安溪“智慧河道”管控平台，同时设立河道管理指挥中心，“智慧河道”一期工程通过在永安溪沿岸安装的300余个高清摄像头，对河道巡查、山洪地质灾害监测等领域进行全方位、全过程实时监控，实现“全天候、无死角”的全面河道管护。

3. 激发水美生态红利，打造“有效益”的幸福河湖

打造沿溪观景“风景线”。2011年起，仙居县开工建设总长492公里的绿道网，串联起南峰山、飞凤洞、漂流码头、杨梅基地、高迁古民居、神仙居景区等自然与人文景观。举办了“神仙居绿道马拉松”“亲水节”等活动。同时，通过美丽河湖建设，充分发挥沿线村庄生态人文特色，推进引水入村、沟河整治及水系连通等项目建设，在永安溪及主要支流沿线建设了一批美丽生态乡村。

挖掘文化遗产“资源库”。在“美丽河湖”建设中，仙居注重在挖掘传承历史水文化的同时，建设创新现代水文化。在“幸福河湖”创建过程中，突出仙居县产业发展、文化传承和河湖营造的重点，以美丽河湖为载体，推进水利工程建设，充分考虑村镇现状，结合自然风情和民俗风情，深度挖掘了永安溪水文化遗产。通过全面挖掘下各“汤归堰”、圳口“感德堰”、枫树桥“牛轭堰”等古堰的水历史、水文化，修复历史堰渠，提升城市水文化、水内涵。积极修复下各“汤归堰”、白塔“感德堰”等古堰面貌，在永安溪白塔井头垟段建设“山水坝”，整体坝形如山峦，似水流，意境优美。

打造“美丽经济集聚区”。在“绿水青山就是金山银山”理念下，依托美丽河湖资源，打造“水美乡村”，挖掘地方产业特色，合理规划产业功能区块，在永安溪沿线的乡镇、村落积极开发“四季花海”“永安溪漂流”、民宿、休闲旅游等特色产业经济。2022年底全县民宿总数达850家，床位约9792张，全县民宿营业年收入超4亿元。同时，积极谋划永安溪沿线绿色产业项目，每年多渠道开展产业项目推介活动。韦羌物语古建筑文化博览园项目已基本建成；融创“星野仙踪”影视文旅小镇项目和“蓝城·温泉小镇”项目也逐渐成形，医疗器械小镇、医化园区、绿地野营基地等各式各样的绿色产业正在永安溪的沿线落地生根，让河湖的“生态优势”转化为“发展动能”。

三、典型意义

（一）美丽河湖建设要体现人水和谐的意识。人水和谐是永安溪流域生态修复工程的重要原则之一，也是仙居建设生态城市的重要理念，“美丽河湖”建设要注重河道潜在亲水功能和服务功能的开发，处理好人与水、人与河的关系，建造相应的基础设施，使河道具有亲水、安全的特性，营造人与河流和谐相处的环境，为城市居民提供健康、舒适、优美的休闲娱乐场所。

（二）河湖环境提升必须注重流域与经济发展相协调。在“美丽河湖”创建过程中，将城市住宅、交通、基础设施等与自然生态系统融为一体，提升城市建设水平，筑巢引凤，进行高层次招商，带动沿河流域的服务业、商业和旅游业的发展。

（三）“美丽河湖”建设工作要鼓励公众参与。在河道整治的策划阶段应建立公众参与机制，广泛征求沿河流域居民和专家的意见，给予沿河流域居民充分的知情权、参与权和建议权，避免由于理念落后和操作不当造成不必要的经济和生态损失。

第四节　云和县："中国最美梯田"带动县域推进共同富裕

一、案例概况

云和县地处浙江省西南部，是浙江省26个"加快发展县"之一，20年来对"小县大城"战略坚定不移的实施，让云和县的城镇化率位列山区26县中的第三名。"九山半水半分田"的自然地形赋予云和县集"山水林田湖"于一体的独特资源，入选全国重点生态功能区和生态功能建设试点，其拥有的华东地区最大的梯田集群——云和梯田，被誉为"中国最美梯田"。近年来，云和县认真践行"绿水青山就是金山银山"发展理念，在全面推进生态文明建设、大力实施乡村振兴战略的背景下，把云和梯田作为"核心引擎"，深入挖掘县域独特的生态资源。梯田景区拥有的景观、生态、经济、社会、文化和人类情感体验等多重功能价值，是梯田景区未来开发的动力来源，通过充分发掘利用这些价值、创新业态和发展模式，促进全民共享多重功能价值体验、生态产品实现溢价增值。云和梯田的示范牵引产生了"一地带动全域"的联动效应，走出了"加快发展县"推进共同富裕的新路子。

二、主要做法

1. 以景区全域化促共富

2020年，云和梯田被列入浙江省"大花园耀眼明珠"培育对象，同年梯田景区通过国家5A级旅游景区景观质量价值评审，至此，梯田景区开发实现新的突破，未来景区全域发展有了全新动力。2020年度云和梯田景区综合营业收入2916.7万元，同比增长10.8%，在全市高等级景区中率先实现综合营业收入正增长。经核算，2020年，云和梯田的GEP达到7.2亿元。云和县以梯田作为县域发展的“核心引擎”，带动周边村庄大力发展农家乐、民宿、农产品购物等“泛旅游产业”，景区周边乡村旅游产品销售年均收入超过 3000 万元，人均可支配收入年均增长超过 15%。

2. 以产业特色化促共富

云和县依托梯田景区重点发展四大特色产业：一是“云海”产业，通过建立云海观测、监测、预测体系，在高山最佳观测点打造“日出云海”摄影基地带动发展。二是“花海”产业，通过打造 510 亩杜鹃科普博览园和研学基地带动发展。三是“星空”产业，通过打造以观星空为特色的“梅竹露营基地”带动发展。四是“文化”产业，通过定期举办畲族文化节、“谷雨茶事”、“纳凉节”，打造“梯田十味”等文化 IP 带动发展。2020 年，云和梯田推出首个生态产品价值实现机制公益广告，内容展现了梯田的生态美、物产美、人文美，同时呼吁社会，要坚持生态优先、绿色发展，不断探索生态产品价值实现的有效路径，实现绿色致富。

3. 以城乡一体化促共富

2001 年以来，云和县持续推进实施“小县大城”发展战略，全面实施“大搬快聚 富民安居”工程，推动形成“山里人进城致富”“城里人上山花钱”的潮流，一方面为下山新市民谋划解决就业、住房、教育、医疗保障等实际问题，另一方面盘活因农民进城而闲置的土地、房屋等资源，着力增加百姓收入。在全国大力实施乡村振兴战略的背景下，云和县以“一村一品”为媒介，打造了一批历史文化古村、特色精品乡村和花园村庄，创成新时代美丽城镇省级样板，并以“一果两茶一菌一蜂一鱼”为主导，积极构建现代乡村产业体系。

4. 以管理科学化促共富

2018 年，云和县政府与杭州商旅集团正式签订了合作开发梯田景区的协议，总投资 13.5 亿元，通过借助外界高端的市场资源和科学的运作方法，助力云和梯田国家 5A 级旅游景区创建。同年，云和成立梯田生态强村发展有限公司，建立“政府 + 市场 + 社会”机制，加快 GEP 向 GDP 转换，实现两个较快增长。通过创新人才培养模式，推进政校企合作，2020年建成首批学士后工作站3家，完成“博士后工作站”对接工作，组织城乡劳动者参加职业技能培训。2020年，云和县建立“生态信用管理应用体系”，推行全国首个“生态信用农户培育池”以及村级标准化金融服务站，通过制定生态信用农户评价和管理标准，推进全民参与。

5. 以环境优质化促共富

优化“交通＋旅游”融合发展模式，畅通交通循环，助推经济发展。另一方面，云和在全市首发“农家乐民宿成长贷”、首推“信易游”应用场景，通过成立标准化乡村振兴金融服务站，为经济发展提供优质金融服务。当前，云和梯田立足长三角生态旅游目的地定位，加强线上线下精准营销，与欧美、日韩等十余家国际旅游服务机构深度合作，将云和梯田推向全球160多个国家和地区，近三年年均接待海外游客超6万多人次，通过丰富餐饮、住宿等“旅游＋”业态，打破“门票经济”依赖。

三、典型意义

（一）以“核心引擎”带动县域一体化高质量发展。一是强化“县域”一盘棋意识，找准县域最核心、最具有辐射力的“核心引擎”，通过“核心引擎”带动整个县域经济“活起来”。二是善于通过市场化手段，吸引发达地区的专业机构、运营公司与“加快发展县”合作，用好外界的资源优势、管理优势，助力“加快发展县”实施高质量跨越式发展战略。三是不断优化城乡空间布局，通过集聚集约，加快区域协调发展和新型城镇化步伐，切实提升城镇功能品质，迭代提升城市生活品质，进一步优化人居环境。四是以“未来社区”理念推进“智慧市政”建设，推动棚户区、城中村改造，完善城市管理长效机制，并不断推动公共服务均等化、优质化。

（二）大力培育差异化、个性化、高端化产业体系。一是专题研究自身的产业发展问题，根据针对产业同质化竞争、个性化项目开发较少等问题，以及省、市出台的指导意见，进行差异化竞争，实行错位发展。二是多寻求专业力量的指导，积极争取优惠政策，借力多开发一些能给游客带来更多体验感的特色项目。三是推动生态工业向高端产业转型，在市场竞争中占据更优位置，进一步扩大税源。积极发展水能、风能、光能等清洁能源，构建适合自身发展实际的新能源产业体系。四是做好产业成果全民共享，探索建立进城农民融入机制，推动城乡福利逐步并轨，持续深化“三医联动”“六医统筹”改革，探索建立工伤补充保险制度，完善社会救助和养老服务体系。

（三）想方设法提升产业内涵、加快价值转化。一是积极申报重大特色项目，以期列入浙江省“大花园耀眼明珠”“山水诗之路黄金旅游带”等培育范围，加快培育地域特色品牌，走文旅融合、品牌化发展之路。二是积极探索生态产品价值实现机制，探索建立湿地银行、开展森林碳汇，通过公共生态产品交易、生态产品综合开发、生态产品资本化等方式，全面打通 GEP 向 GDP 的转化通道。三是全面提升乡村发展活力和现代化水平，大力开展乡村建设行动，深入实施“千万工程”，谋划建设“未来村庄”，统筹推进美丽田园、美丽村庄、美丽湖海建设，推动“互联网 + 政务服务”向农村延伸。四是突出政府数字化转型，加快“掌上办事”“掌上办公”“掌上治理”建设，推进政务服务“一网通办”“全域通办”“就近可办”“智能秒办”，全方位方便群众、企业办事。

（四）搭平台、建机制、借势借力打开发展格局。一是积极谋划参与建立省市县协作机制，主动对接发展改革、交通、农业等省市部门，建立与毗邻省市县协同发展机制，在交通互联互通、市场统一、服务标准对接等方面加强协作。二是以政府投资带动社会投资，支持景区提档升级，为央企、省属国企、外资到“加快发展县”布局创造条件。三是将数字化、智能化融入“加快发展县”产业发展各个环节，打造数字农业、物流仓储、网络订单等新业态，为推进共同富裕赋能助力。四是加快推进一批强基础、惠民生、利长远的重大项目，高标准发展教育、医疗社会民生事业，积极应对人口老龄化，完善社会救助制度，全面落实就业优先战略，健全公共就业服务制度，多渠道增加城乡居民收入。

（五）在金融、人才、宣传等方面加大服务支持力度。一是加强银政企深度合作，通过担保率补助、贴息、以奖代补等方式，获得更多金融资源。二是创新引才政策，大力引进院士、高等院校和科研机构专家带着研发团队到县城创办企业、从事科技成果转化活动，鼓励高校毕业生、专业人才、高技能人才到县城创业就业。三是加快建设全方位，立体化的宣传推广平台，加强与外界高端宣传平台对接，用好“线上＋线下”方式，全面提升传播力、影响力、吸引力。四是配套“一站式服务”，画好招才引智“一张图”，深化人才服务综合体建设，建立全周期一站式跟踪服务体系，营造尊才爱才用才氛围，切实增强对海内外优秀人才的吸引力。实施青年创新创业筑梦工程，丰富“人才贷”“成果贷”等金融产品。

第十四章
开放发展类

第一节 北仑区：QFLP 试点落地助推高水平开放发展

一、案例概况

隶属宁波市北仑区位于浙江省东部，是浙江省高质量发展建设共同富裕示范区首批试点地区之一。为吸进外资、促进自贸区宁波片区产业转型升级，外汇局北仑支局积极创新实践，依托国家外汇管理局在北仑等四个区域开展跨境贸易投资高水平开放试点的政策红利，推出余额管理制 QFLP（合格境外有限合伙人）试点。QFLP 试点将使项目追加投资、减持汇出等更加高效，审批更加便捷，给北仑区吸引 QFLP 投资，提升外资利用水平带来了巨大动能。2022 年 2 月 24 日，外汇局北仑支局为宁波民银金投股权投资管理有限公司发起设立的宁波民银新动能私募基金合伙企业（有限合伙）QFLP 基金项目办理了首笔余额管理制的 QFLP 外汇登记。该基金将聚焦新技术、新制造、大健康等领域，采用“子基金投资 + 项目直接投资”混合投资模式，助力区域专精特新企业发展。

二、主要做法

1. 精简办事流程

权限下放。拟注册在自贸区宁波片区的试点企业可直接向开发区金融创新局提交资料进行初审，减少了市区两级沟通成本，将更大的项目审核权限下放至区级部门。此外，QFLP外汇登记审批权限也从宁波市分局下放至北仑支局，业务办理时间大幅缩减，由原来的20个工作日减至5个工作日。

"并联式"管理。得益于高水平开放试点信息共享工作机制，招商部门在QFLP项目引入之际，即将相关试点基金情况通报至金融创新局、外汇局、市场监管局等各部门，项目审核落地监管由各部门同步开展，节省了各部门的业务对接沟通时间，大幅提升了监管效率。

全流程服务。宁波市金融系统具有成熟的基金托管业务经验，凝聚"政银汇"（政府部门、金融机构和外汇管理部门）力量，提前介入投资项目、靠前服务审批登记，从试点基金注册、开户、资金汇兑到投资项目确定、资金划转、数据报送，托管银行均一手包揽，提供全流程金融服务。

2. 创新体制机制

联合工作机制。宁波市外商投资股权投资企业试点工作"操作指引"明确由宁波市地方金融监管局牵头中国人民银行宁波市中心支行、宁波证监局、宁波市场监管局等八部门建立联合会商工作机制，通过联席会议，讨论确定管理企业试点资格及额度，以制度化条文规定了企业申请QFLP资质清单，极大简化了企业沟通成本和学习成本。

余额管理制度。基金管理企业发起成立的所有试点基金境外合伙人资金净汇入（不含股息、红利、利润、税费等经常项目收支）之和，不得超过该管理企业获得的QFLP规模。境外投资者增资、减资均可在额度内直接办理跨境资金收支，无须逐笔进行FDI（外国直接投资）变更登记。

灵活额度调剂。基金管理企业可发起成立一只或多只试点基金，并在各试点基金之间灵活调剂单只基金QFLP规模，总和不超过管理企业QFLP总规模即可。QFLP管理企业一次申请总额度，外汇额度可在总额度范围内循环使用，无须针对每只产品单独申请外汇额度和外汇登记，极大地方便了境外投资者灵活调仓。

账户管理和资金汇兑更加便利。试点基金凭管理企业QFLP外汇登记业务凭证到银行开立 QFLP 专用账户，该账户即可作为托管资金专用账户，用于存放境外合伙人从境外汇入或境内划入的出资。银行可凭管理企业出具的有关资金来源和用途的说明及税务承诺函，直接为试点基金办理跨境收支。在如实申报资金用途的前提下，试点基金可直接在银行办理外汇资金结汇，无须进行外汇再投资登记、货币出资入账登记以及开立结汇待支付账户。

三、典型意义

（一）为股权投资市场贡献新的动能。作为境外投资人参与境内股权投资的重要渠道，QFLP 有助于海外资金进入中国创投市场，在一定程度上缓解风险投资（VC）和私募股权投资（PE）的募资困境。2022 年北仑区有约 18000 家类金融企业，余额管理制 QFLP 试点对于稳步推进资本项目可兑换、提升投资自由化便利化水平等具有积极的探索意义，同时也能激发带动现有类金融企业活力，为招商引资增加了新的渠道，推动形成新兴的金融产业集聚，提升宁波金融国际化水平，助力总部经济发展。

（二）为实体经济发展注入新的“血液”。在推动实体经济发展方面，开展 QFLP 试点是扩大境外资金投资境内实体产业的重要渠道，有利于吸引和培育更多符合条件的境外投资人和境外资金支持境内实体经济高质量发展。围绕中国（浙江）自由贸易试验区宁波片区“一枢纽、三中心、一示范区”功能定位，相关部门正引导试点基金更多地投向区域数字经济、新材料、智能制造等重点发展产业，为区域内优质实体企业发展带来资金支持。

（三）为促进共同富裕提供新的活力。在国内国际双循环相互促进的新发展格局背景下，通过 QFLP 和 QDLP 试点推进，发展高水平开放型经济。通过外资流入，有益于区域经济的发展，推进企业扩大经济规模，增加就业机会，提升劳动者待遇。随着 QFLP 试点的流程逐步简化、门槛逐渐降低、投资范围逐步扩大、外资退出路径日趋灵活，QFLP 试点企业可尝试进入新基建领域，投资基础设施建设、盘活存量资产、收购困境企业股权，促进共同富裕。

第二节　兰溪市：内外互融探索县域高质量开放发展新模式

一、案例概况

兰溪市位于浙江省中西部，为浙江省高质量发展建设共同富裕示范区第二批试点地区之一。兰溪市积极参与“一带一路”建设，支持红狮、甬金等本土企业做大做强，在尼泊尔、印度尼西亚、马来西亚等“一带一路”沿线国家投资办厂，解决企业产能过剩及发展瓶颈问题，支持传统产业的可持续发展。兰溪市先后引进了泰盛纺织、锦德光电、甬能生物质能源等一批优质企业，涉及柬埔寨、韩国等国家和中国香港地区，外资质量不断提升。同时，大力建设对内枢纽经济，加快义甬舟开发大通道西延行动实施，畅通对内开放通道，通过强化“招大引强”、打造新能源产业集群等措施，推动优势产品的生产制造与国际贸易。依托兰溪港铁公水多式联运枢纽，加强兰溪联动创新区与自贸区金义片区的互动发展，加快浙江自贸区联动创新区建设，极大推动兰溪市水运复兴、提高城市集聚辐射能力，为金华奋力打造高水平内陆开放枢纽中心城市贡献兰溪力量。

二、主要做法

1. 以重点项目带动对外投资

兰溪市积极引导企业有序向“一带一路”沿线国家转移过剩产能及优势生产要素，在沿线国家开展境外投资合作。支持企业建立境外生产加工基地和投资开发境外资源，引导出口数额大、易遭遇国际贸易壁垒的行业企业，到具有互补优势的东盟国家投资办厂。截至 2022 年底，在“一带一路”国家投资的境外重大项目共 12 个，总投资超过 40 亿美元。

2. 加快对内开放枢纽建设

落实义甬舟开放大通道西延行动，快速推进连接沪昆和杭黄铁路金建铁路（兰溪段）建设。谋划建设兰溪港铁公水多式联运枢纽，该枢纽是浙江省内唯一铁公水多式联运枢纽，是义甬舟开放大通道西延工程重点项目，一带一路中欧中亚铁水联运关键节点。2022 年上半年，金华港累计已完成货物吞吐量 137.81 万吨，同比增长 50.93%，增幅居全省第一，而金华港目前只有兰溪港区具备散货和集装箱装卸能力。

3. 链式合作产业通道建设

通过强化“招大引强”、打造新能源电池产业集群等举措，大力推动商品的生产制造与国际贸易。招引欣旺达锂离子电池项目，总投资超过 50 亿元。2022 年上半年，欣旺达电子有限公司出口额超 14 亿元，占全省锂电池产品出口额的三分之一。通过上下游产业延伸，成功招引欣动能源消费类电池、锂威电子年产 1.15 亿平方米基膜涂覆等项目，进一步夯实兰溪市新能源消费电池产业的发展基础。

4. 加快浙江自贸区联动创新区建设

加强联动创新区与自贸区金义片区联动发展，构建“自贸试验区 + 联动创新区”的协同发展格局，大力推进跨区域联动与合作创新。加快推进兰溪港铁公水多式联运项目，以加强铁公水联运为重点，加强不同运输方式间的有效衔接，大力发展内河集装箱运输和江（河）海直达运输。依托兰溪港铁公水多式联运货运枢纽，谋划申报设立海关监管区，大力发展保税物流和跨境电商业务。

三、典型意义

（一）以外促内，转移国内过剩产能。积极参与“一带一路”建设，通过境外投资建厂，转移传统水泥、纺织等产业过剩产能，同时进一步拓宽国际市场。兰溪市纺织企业外贸业务已遍及近百个国家和地区，涉及“一带一路”沿线国家 49 个。兰溪市纺织企业到劳动力成本低的越南投资办厂，纺纱生产后回国加工，可比在国内直接购买降低成本 15% 至 20%。

（二）以内促外，做大企业国际贸易。以超常规的举措，大力发展先进制造、战略新兴产业，确保产品技术的先进性和市场优势。通过展会、品牌、电子商务等多种方式开拓国际市场，努力提升新兴市场出口比重。通过组建若干个海外营销网络平台，推进重点龙头企业通过境外直投、参股、并购等方式，完善全球营销体系。通过“招大引强”，加强产业链上下游延伸，推动优势产品生产制造与国际贸易，促进外贸企业出口的增长。

（三）枢纽经济，畅通对内对外循环。构建枢纽型交通、物流、产业体系为重点，加快建设具有影响力的交通枢纽、物流枢纽和贸易枢纽，大力发展枢纽型经济。依托兰溪港铁公水多式联运枢纽，完善与上海洋山港、宁波－舟山港、义乌港、乍浦港等一体化通关机制，优化供应链整合、仓单质押、海外仓等增值服务，打造物流贸易生态圈，成为浙江省中西部大宗商品集散枢纽。

第三节　文成县：侨资侨力助推县域高质量发展

一、案例概况

文成县是浙江省著名侨乡，全县有16.86万华侨华人旅居世界70多个国家和地区，归侨侨眷7.3万人，侨务资源位居浙江省第二，被誉为“侨领之乡”。近年来，该县围绕“侨”脉资源，实行系统化推进、专班化破难、精细化落实，逐步将“侨”产业打造为带动县域经济发展的重要支柱产业。文成县被成功列入中国（温州）华商华侨综合发展先行区并启动建设，同时文成县国际文旅侨贸创新发展区入围省级现代服务业创新发展区首批创建名单。2021年，城乡居民人均可支配收入分别达到4.8万元和2.3万元，分别增长8.7%和10%。创新推出“中西合璧、土洋结合”的“侨家乐”民宿品牌，成为浙江省三大区域民宿品牌之一，并在永嘉、瓯海等地落户，实现温州全域推广，并得到浙江省领导的批示肯定。

二、主要做法

1. 聚焦平台集成集聚，打造侨经济引擎载体

高标准建设文成县国际文旅侨贸创新发展区，集聚发展数字文旅、特色侨贸、康体养生三大主导产业，构建“两片六组团”的总体布局。高质量建设玉壶“国际慢城”，以法国·科尔马小镇为建设蓝本，突出“慢”的特色，营造侨乡中心慢生活集镇。大力开发特色农业和休闲度假为主导产业，成功创成中国第五、浙江省首个“国际慢城”。高效率建设侨创共富城，以樟山“未来社区”为核心区块，重点推进市民中心、星级酒店、推进华侨大厦、侨商博物馆、华侨服务中心、金融大厦、商业街区等重大项目建设，以及“未来社区”创建配套类项目等，打造侨商创业、就业的高能级孵化园。

2. 坚持特色化发展，打造侨经济产业链条

打造“侨家乐”产业集群，重点围绕刘伯温故里、天顶湖景区、“国际慢城”等核心旅游板块，整村推进“侨家乐”民宿集群式开发，不断延伸上下游产业链，植入直播带货、“云”端旅游、VR体验等新业态。打造特色侨贸产业，牵线文成县特色农产品与意大利大型商场开展合作，签订农特产品出口战略合作协议。以“侨品汇”为龙头，创新“海外仓库 + 国内保税仓 + 线下体验店 + 线上电商”经营模式，打造以进口奶粉为拳头产品的全省首个“侨 +”饮品中心。打造侨旅体验产业，重点建设苔湖侨乡风情街、“不打烊街区”等重点商圈，建设侨乡博物馆，引进进口红酒、咖啡烘焙体验工坊等业态，建设沉浸式侨乡风情体验区。

3. 实行项目全方面定制，打造侨经济服务模式

实行“五个一”项目盯引机制。制定项目招引“一图谱一名单一地图一标准一库”，围绕侨产业体系，梳理国内外侨经济龙头企业，精准绘制招商重点区域，制定全县侨经济项目的准入条件，建立侨产业链招商项目库，系统谋划精品侨资源开发重大平台。实行招商项目“个性化”定制。针对中产阶层侨商，量身定制推出“优而精”的中小型投资项目。针对大额侨商投资，盯引一批侨商侨资优质项目落地。针对侨商青睐康养项目，建设森林氧吧小镇、天湖悦动小镇等“侨”元素富集的特色小镇，吸引华商华侨来文成县投资。创新“华商华侨 + 科技研发”创客模式，依托浙江大学文成大健康产业联合研究中心和杭州紫金“科创飞地”，引导涉侨企业家投资新型农业产品、传统农产品精深加工等大健康产品研发和产业化。构建为侨服务平台和数字化应用场景，拓展“最多跑一次”改革海外版，创新成立全国首个涉侨海外服务中心及米兰分中心。在国内率先建立“特邀海外调解员”制度，首创海外公证联络点、海外法学会联络站和海外人民调解联络站。在全省率先打造海外统战整体智治系统——“为侨服务全球通”，此场景已列入首批全省统战系统重点培育应用场景目录。

三、典型意义

（一）成为“侨乡”型县域高质量发展样板。文成县是浙江第二大侨乡，是侨乡的典型。近年来文成县依托侨资侨力优势，一方面打造中国（温州）华商华侨综合发展先行区文成片区，打造华侨回归投资的高能级产业平台，吸引华商华侨来文成县投资，解决了“引”的问题；另一方面发展“侨家乐”、侨旅体验等涉侨产业，打造西式文化氛围，解决“留”的问题，为“侨乡”型县域经济高质量发展提供了样板。

（二）提供了疫情背景下打通国际国内双循环的成功经验。在国内外疫情依然持续的大背景下，文成县创新打造“中西合璧、土洋结合”的“侨家乐”旅游新业态，重点将“植入侨的元素、彰显家的温馨、体验乐的享受”作为基础内涵，加快构筑以侨旅经济为特色的新型旅游业，进一步拉动疫后文化旅游消费，助力旅游行业转“危”为“机”，加快复苏。

（三）成为开放创新带动资源要素集聚的示范样板。对以第三产业服务业为主导的县域而言，要积极推动开放发展，以开放创新带动客流量。文成县结合实际情况进行创新，通过平台集成打造侨经济引擎载体、特色化打造侨经济产业链条、项目定制打造侨经济服务模式等三大举措，充分集聚了侨脉资源，拉动旅游业回归兴旺，率先在开发创新领域中打造了侨资侨力助推共同富裕的典型样板。

第四节　钱塘区：加快打造新时代开放创新高地先行区

一、案例概况

钱塘区地处长三角南翼、环杭州湾地理中心，位于萧山机场临空地区，门户优势明显，一直秉承着作为浙江省标志性战略性改革开放大平台的战略使命，抢抓历史发展机遇，不断加快产业结构调整和能级提升，不断扩大对外开放水平，积极融入"一带一路"和长三角区域一体化发展战略。以建设中国（浙江）自贸试验区杭州片区钱塘区块为契机，加快复制国家推广的自贸试验区改革试点经验，坚持大胆试、大胆闯、自主改，目前已成为整个区经济最活跃，人才最集聚、科教最发达、开放程度最高的区域之一。2021年，钱塘区入选浙江省推进"一带一路"重要枢纽建设工作成效明显的区县。目前钱塘区正在加快推进全域创新、全域智治、全域美丽、全域共富，高水平建设现代化国际化一流新区，全面展现高能级战略平台的政治担当。

二、主要做法

1. 创新引领、融通发展，积极探索"一带一路"新路径

钱塘区立足中国（浙江）自由贸易试验区钱塘区块，全力推进 eWTP（世界电子贸易平台）全球布局，畅通跨境电商出口新通道，完善"9610"出口模式的软硬件设施建设，加快跨境电商"钱塘模式"海外推广，打造全球新一代国际电子贸易规则孵化区。助力泰瑞机械等制造业企业通过跨境"9710"报关出口，加快顾家家居等企业参与海外仓布局建设。持续深化与中国（杭州）跨境电商学院、互联网法院跨境贸易法庭的合作，加大人才培育及法律保障支撑。启动考拉海购、淘宝全球购保税溯源直播基地。投入使用"浙非服务中心（浙非发展促进中心）"，打造综合性一站式的地方对非洲

合作样板平台。深化“0130”各类试单，深度对接国贸云商等，积极探索数字易货贸易创新模式，建设数字易货贸易综合平台。推进项目“平台孵化、跨国投资、回杭发展”，加快实现中美合作创新联动。以新加坡（杭州）科技园为载体，打造“中新经济合作示范区”。

2. 协同发展、互联互通，携手加快都市圈一体化建设

坚持长三角一体化发展战略，聚焦上海等科创资源集聚地，主动对接外溢产业资源，积极做好上海张江生物医药研发园区大楼的改造设计与投运工作，将大湾区几何中心的区位优势转化为自身发展的持续红利。积极推进杭嘉一体化发展，推动与海宁市协同发展，全面深化钱塘与海宁区域战略合作，合力推进两地在发展规划、基础设施建设、产业发展和社会事业等各方面的交流合作，积极推进江东三路过江通道和长安至下沙城际铁路两个互联互通标志项目建设。通过两区优势互补、资源共享，合力打造跨行政区一体化发展的示范区和引领区。

3. 双向合作、渐入佳境，全面推动对口协作不断深化

围绕“塘塘文化年”这一主题，举行“塘塘迎亚运 共筑强国梦”系列活动。广泛宣传亚运、积极参与亚运，促进杭州钱塘区与四川省甘孜藏族自治州理塘县的交流、交往、交融，营造喜迎亚运的浓厚氛围，搭建共同富裕的精神桥梁。挂牌“塘塘”就业服务中心，开展劳务协作“云上”对接，开展职业技能培训，拓展特色产品销售渠道，加快推进牦牛产业园区、理塘县第三完全中学学生宿舍和学生食堂项目建设。召开“科技助力对口支援·塘塘携手乡村振兴”钱塘理塘云上科技帮扶对接会，启动塘塘云上科技帮扶平台，总销售额近 100 万元。

4. 深化升级、擘画图景，大力夯实“山海共富”基础

围绕“三位一体”“扁平高效”原则，积极谋划杭千“共富飞地园”，初步形成了“四块地、一幢楼、一批税、一支付、一园区”的新合作格局，钱塘区与淳安县两地合作进一步完善机制、创新方式、拓宽渠道，提升管理效能，原江东杭千（扶贫）开发区管委会升格为杭州千岛湖区域合作开发区管委会，健全日常联络、工作会议协调等机制，进一步实现两地互动协作制度化和常态化，有效加强对“飞地”工作的组织领导和统筹协调。

加快推进钱塘区与龙游县共建“产业飞地”，在向上争取省统筹安排“产业飞地”国土空间规划指标的基础上，“钱龙”两地积极探索跨市“异地代保”新路径。

推进平台共建，深化合作，与江山市共建江山市特色生态产业平台。深化全领域合作，推进校际结对、医院结对、文化走亲、合作招商、人力资源平台共建、乡村振兴示范点建设等。

三、典型意义

（一）擦亮名片，聚焦钱塘自贸树品牌。作为改革开放的试验田，开放已经成为自贸试验区最鲜明的特色之一。自贸区钱塘区块立足自身实际，利用好全省唯一同时拥有自主创新示范区、经济技术开发区、高新技术产业园区、综合保税区、自由贸易区、跨境电商综合试验区等国家级金字招牌的大平台，加快形成全方位高水平开放型经济，深度融入新发展格局，不断强化重大开放平台建设硬支撑，优化开放合作软环境，推动全区开放发展向高度、广度、深度拓展，创新发展跨境电商全球中心仓业务，支持数字贸易龙头企业优化海外仓网络布局，创新建设跨境电商公共质保平台，做大做强新型世界工厂，探索推进综合保税区内生产的海外标品直接进入跨境零售渠道、综合保税区跨境进口货物转零售出口模式创新。

（二）全面融入，不负长三角一体化发展使命。地处杭州湾V字形拐点的钱塘区，肩负全方位融入长三角一体化发展国家战略的使命，成为杭州融入长三角的主阵地和主平台。钱塘区坚持全面接轨，抢抓战略机遇，乘着区域一体化的东风，与连江通海的长三角形成抱团之势，开启共谋高质量发展新征程。以平台建设推进产业协同发展，以互联互通推进区域协作，在产业、科创、开放平台、公共服务等领域全方位对接上海等长三角城市高端要素。以对标学习促进营商环境优化，共建法治化、国际化、便利化营商环境，共同奏响长三角一体化的“交响乐”。

（三）共创共富，助推“塘塘”合作新模式。理塘县的资源如何转化成财源？钱塘区的产业如何带动理塘高质量发展？秉承这一对口帮扶的初始理念，钱塘－理塘两地开启对口支援新模式，共创共富向未来。“塘塘”两地在多个层面、多个领域开展了深入的协作帮扶，钱塘区结合理塘县发展基础和资源特色，持续完善精准帮扶机制，统筹抓好产业合作、消费帮扶、劳务协作等，突出东西部协作与乡村振兴的有机结合，探索东西部协作和对口支援的新模式、新路径，继续书写东西部协作的时代答卷，以头雁标准助推杭州市东西部协作工作。

（四）合作共赢，推动资源可持续发展。借助山海协作平台，钱塘区和龙游县、江山市等地立足实际情况，积极挖掘本地优势，进一步加强交流合作，构建起政府、企业、社会广泛参与的多层次、宽范围、广领域的合作体系，助力两地推动高质量发展。在教育、科技、文化、乡村振兴等方面，山海协作双方互通有无、取长补短，在协作中找多赢，在多赢中创品牌，打造山海协作、携手共建的典范，促进双方优势互补、互利共赢，推动资源可持续发展，书写山海协作新篇章。

第十五章
共享发展类

第一节　德清县：以数智赋能一站式服务探索共富新模式

一、案例概况

近年来，德清县以建设共同富裕示范区先行样板地为目标，充分发挥数字政府改革优势，把满足人民对美好生活的向往作为出发点和落脚点，借助“北斗高精时空技术 + 地理信息技术”等产业优势，结合“未来社区”“未来乡村”建设，打造智慧便捷、普惠均衡的数字化服务体系和便民应用场景，全力推进“数字生活智能服务站”建设，推进共同富裕新模式。近年来，为进一步回应群众“取件难、取件慢”热点，统筹解决好“工业品下乡最后一公里、农产品上行最初一公里”的民生难题，让更多群众享受数字化带来的便利，切实打通便民服务“最后一公里”，德清县以数字生活智能服务站点为引擎，以强化县乡村三级数字配送供应链应用为着力点，以“畅通城乡循环、服务乡村振兴战略、推动县域优质服务共建共享”的重要抓手，深度连接运营场地、共富合伙人队伍、城乡居民等需求，进一步激活“让运营企业真受益、让群众得实惠”的融合生态，持续深化“政府 + 运营商 + 服务商”三位一体的可持续的发展运营模式。2022 年，德清县通过政企合力，全力整合政府和社会资源，已在全域建设完成 41 个数字生活智能服务站，利用一年多时间点位遍布所有小区、村镇，打造购物、销售、生活、金融、就业“五不出村”的一站式服务圈。

二、主要做法

1. 打通“最后一公里”，在打造“最优服务生态”中夯实共富基础

聚焦完善服务体系。以县域一体化数字配送平台、农村电商和供应链云平台为支撑，整合更多优质供应链资源，突破地域产品销售的时空障碍。通过数字配送“大脑”和县乡村配送三级化体系建设，以平安配送码为抓手，建立配送过程全链路的数字化。通过建立系列标准和制度形成规范化人员、运管系统，助力数字生活新服务生态体系建设。通过 GIS 数字配送及网络管控指挥中心，建立区域服务平台、服务站管理系统、数字生活用户端（App、小程序、公众号）、同城服务平台、同城配送平台等，满足全域功能要求。

聚焦集成便民服务。强化群众需求导向，以建设“品质生活之城”为导向，畅通工业品下乡和农业品上行的双向通道，形成“一脑二端五场景”的基础应用体系，实现“数字快递、数字商贸、数字农业”等综合试点应用。通过站点的“小切口”来作“大牵引”，持续深化服务内容、丰富种类、为民众提供一体均衡无差别的一站式服务。同时，各站点配置数字管家，提高站点综合承载能力，进一步丰富数字商贸、数字金融等功能，提升服务性、便利性。依托“数字生活智能服务站”，农村的农产品实现足不出户外销。用户通过扫码下单，6 小时内就可以在服务站拿到当地新鲜的农产品。

聚焦供应链平台建设。打造百个数字生活智能服务站形成供应链优势，积极发挥配送快、网点多、平台多的优势，在“新田农庄”“水木江南”等全县多个农产品生产基地实现了线上农产品销售供应链。通过三级物流配送体系提升，以数字化配送先行，规模化市场拓展，智能化服务提升，用共配一体化的独特模式打造购物、销售、生活、金融、创业“五不出村”一站式供应链，共创共享数字生活新服务。截至 2022 年，全县 100 个村、社区的服务站建设全面铺开，累计服务百姓 800 万人次，实现年均收入 15 万元。

2. 推进系统集成，在拓宽“服务便民领域”中激发共富动能

集成服务“一站通”。以数字生活智能服务站为载体，提供线下商贸流通、快递收寄、金融通讯、医疗健康等服务，随着德清县为民办实事的服务站建设拓展和提升，数字管家配置不断增多，服务功能不断完善。以莫干山镇五四村站点为例，目前已集成10余项生活服务，成为五四村“未来乡村”的重要板块，配备生命特征检测仪、非处方药自助售卖机，解决了老百姓常规体检、常用药品的需求，自助快递外寄机使农产品等物件快速外运，农村商业银行、中国移动、平安保险等单位的入驻为村民在家门口完成小额贷款、水电气费用缴纳、办理保险提供了极大方便。

数智赋能“一网通”。“德清县域共配一体化治理场景”已于2021年入选全省数字政府双循环应用首批培育名单。通过“数新优选”平台，在线上实现各类数字化服务。通过线上服务站管理平台、电商平台等，整合购物、家政、快递、健康、文旅、金融、通信、保险等功能，已实现数字商贸、数字家政、数字农业、数字健康、数字文旅、数字配送、数字金融、数字保险、数字通信等20余项功能，足不出户提供各级各类双向互动式即时消费、售后、咨询、信息、投诉等快捷、安全、透明的数字管家“一对一”服务。目前“数新优选”小程序，吸引“新田农庄”“水木江南”等全县20余个农产品生产企业上线，顾客通过小程序下单购物，推动服务点形成商品交易的集聚地。

区域品牌“一码通”。借助服务站综合性服务功能以及冷链微仓，在农产品生产和消费两端架起“信息平台、快递速配、食品安全、商品标准”四座桥梁，打通全链条环节。同时，大力促进德清县区域品牌“有德鲜生”推广。通过“有德码”赋能商品，把商品实物转化为数据形式，形成“码上下单”“码上比对”“码上溯源”“码上反馈”的“四码循环”数字闭环，实现一“码”通达。同时，运用“浙农码”完成农产品的快速且安全的全景式服务。目前，已推进德清县农产品“山伢儿早园笋”“水精灵青虾”“有德鲜生”等品牌拓展，累计实现订单2万余单，实现销售额500余万元。

3. 助力缩小差距，在提升“平台引领效能”中共享共富红利

深耕厚植，做好提质文章。建立“政府+运营商+服务商”机制，在项目建设资金投入方面，以运营商（“城配物联”）投入为主，政府投入为辅，采用“政府搭台，企业唱戏，服务商助力（银行、保险及移动公司等）”模式，确保服务站真正具有“自我造血”功能，实现运营持续化，进一步调动企业积极性，发展更具生命力。百个数字生活智能服务站项目从2021年开始建设，主要运用北斗高清技术加地理信息技术，融合通信、大数据、云计算等多项现代化手段，以每个小区（村）建立的服务站点为切入点，建立完整的线上线下联动“一脑二中心五场景”体系架构。随着为民办实事项目的落地，全县100个村、社区的服务站建设正全面铺开，到2023年底实现行政村村级服务站点全覆盖。

深耕细作，做好提速文章。通过“快递活村”共富班车，加速搭建县乡村三级配送体系，总仓统一分拣，在镇（街道）建立一个转运中心二次分拣周边村（社区）的快件，打通每一个村的快递物流。在3年时间里，德清县镇（街道）全覆盖建成寄递物流公共转运中心，所有建制村全覆盖设置村级寄递物流末端服务点，住宅小区设立快递末端驿站125个；以村级寄递物流末端服务点为基础，建成集金融、通信、电商等服务功能的村级数字化综合服务站（共富驿站）37个。

深耕广拓，做好共富文章。探索实施“共富合伙人”制度，百个数字生活智能服务站管家转型为百名共富合伙人，精准“画像”就业创业中的大学生、退伍军人、专业对口再就业人员等人群，鼓励他们发展成公司合伙人。让每名共富合伙人都成为共同富裕的主体，既是受益者又是贡献者，实现人人共享。向社会发出“共富合伙人”招募令，已有56人加入共富合伙人队伍，包括物流企业、农业生产企业、创业者、技术能手，等等。

三、典型意义

（一）共建共享惠民众。截至2022年，全县100个村、社区的服务站建设已全面铺开，服务百姓超过800万人次。以服务站为载体，加快推进“百名共富合伙人计划”。持续叠加和升级智能化服务功能，以建设提升服务站数字化集成服务水平作为“小切口大牵引、小项目大场景”的实践，助力全县共同富裕，实现乡村振兴。

（二）体系建设显成效。德清县推进实施“百个数字生活智能服务站共富项目”，建立服务站运行保障机制，实现全县快递进农村、进小区全覆盖，建成“一脑二端五场景”的基础应用体系，构建了寄递物流末端共配体系，打造了“数字快递、数字商贸、数字农业”等综合试点的应用，以服务站点为纽带打造的“购物、销售、生活、金融、创业”十五分钟便民服务圈初步形成。

（三）示范引领结硕果。德清县百个数字生活智能服务站项目为2021年浙江省商务领域共同富裕首批试点项目，并连续两年被列入“德清县十大为民办实事”项目之一，入选湖州市“快递活村”共富班车，德清案例被《浙江日报》专版报道宣传，省部级领导先后8次前来参观调研，2021年9月全省数字生活新服务工作推进会在德清县召开，数字生活智能服务站受到领导和与会者的一致好评。2022年7月省政府领导赴德清调研时充分肯定了德清数字生活智能服务站建设的成绩。

第二节 定海区："e 定好养"引领养老服务数字化改革

一、案例概况

定海区作为省民政厅首批养老服务数字化改革试点地区，通过打造"智慧养老院""助老服务""助购配送""伴老守护""远程交互"等应用场景，上下贯通定海特色"老龄生态预感链"，迭代升级"e 定好养"的服务供给水平，让更多群众轻点指尖即可乐享为老服务的"数字养老"应用场景，助力定海老人享受"共同富裕"社会红利。

二、主要做法

1. 化散为整破壁垒，集成打造"e 定好养"数据云池

全景数据描摹养老需求画像。横向归集同级部门业务数据，纵向对接省、市智慧养老服务资源，按年龄、生活环境、经济来源等分类建立老年人数据档案。数字机构加速养老供需对接。以辖区内养老机构、居家养老服务中心及照料中心的运营状况、床位数量、收费标准、服务项目等基本信息为基础，制成"e 码服务电子地图"与 VR 全景展示系统。"e 码专属"强化智慧养老，打造老年人"一人一床一码"专属身份标识，将老年患者营养膳食、健康护理、临床诊疗、医疗评估、疾病就医等内容进行共享，实现患者转、出院流程无缝衔接。

2. 链接资源增供给，按需构建养老服务多元场景

完善服务场景打造"银发乐园"。保障居家、社区、机构三级养老服务的有效供给，将全区镇（街道）老年食堂配送餐资源纳入平台管理，在线提供堂食预约、送餐上门，打造"15 分钟养老服务圈"。扩围医养应用场景，实现便民可及。引入中高端医养结合机构力量，探索建立“海岛特色居家护理员信息库”，并贯通养老机构和合作医院，让就近提供短时特色服务成为可能。引入“帮办”应用场景消除“数字之忧”。探索“自主预约＋专人帮办”模式，线上应用涵盖大字提示、远程交互、智慧语音等服务，线下引入第三方提供基础型与高阶型服务，共同帮助海岛老人乐享智能生活。

3．科技赋能强监护，多维铸造海岛颐养安心港湾

智能巡检优化“安养”大环境。建立专人专岗后台管理模式，依托“e定好养”数据舱，定期核定老人入院补贴、机构消防、疫情防控、就餐安全等情况。智慧测评提高机构竞争力。引导机构以提高服务质量为基本准则，根据机构用户消费变动、从业人员通勤服务、行业部门检查反馈、群众后台评价等，定期开展养老机构测评，并根据运营状态随时采取相应措施。远程探视确保家属不缺位。持续提高养老服务精细化水平，根据老人家庭实际，积极布局“互联网＋养老”项目，为辖内入住养老机构的老人配齐备智能手环、智能床垫等智慧养老设备。

三、典型意义

（一）集成数据库让信息更贯通。汇总民政、公安、卫生健康等10个同级部门数据，打造“随需即有”“随时可用”的智慧养老基础数据库，并将区级医院、乡镇卫生院、21家养老机构和90余家照料中心资源进行整合，确保医养需求精准对接，老年人及子女足不出户就能考察、预约养老机构，破解供需双方“找不到、信不过、选不清”等问题。2022年，该系统已集成全区107家养老服务设施，录入400余个VR服务场景，养老服务需求线上累计11500多次，相关数据达11.8万条。

（二）构建多场景让资源链接更方便。做好养老基础设施建设，先后投入2500余万元，建成镇、街示范型居家养老服务中心12家、社区照料中心（站）120余个，以此为基础开展线上点餐服务，2022年配送餐覆盖率达73.8%，有效解决高龄、独居、空巢老人日常就餐痛点问题。此外，平台还囊括了广华颐养院和华康颐养园两家中高端医养结合机构，以及老来福居家养老服务中心等第三方团队力量，实现医养集合服务水平提升与老人自主服务体验优化的有机结合。

（三）引入科技感让海岛颐养更安心。通过后台大数据，能及时掌握机构床位数、出入院管理等相关数据动态变化，实时监测机构日常运行状况，对于对运营状态良好的机构优先在应用内置顶推荐，对问题机构责令限期整改，以数字化精准监管营造智慧养老良好生态。同时，通过无线定位、生物识别、跌倒监测等数据信息，方便子女实时掌握老人生活现状，为亲属提供安心保障。2022 年，累计发放智能手环等智控设备 8289 个，所有纳入监管的机构均能安全运行。

第三节 三门县：推行“助共体”助力困难群众实现共同富裕

一、案例概况

三门县位于中国“黄金海岸线”中段的三门湾畔，是浙江省高质量发展建设共同富裕示范区首批试点地区之一，全国乡村治理体系建设试点单位和国家卫生乡镇（县城）。近年来，三门县针对共同富裕中扶贫帮困工作存在的救助资源分散、主动发现难、精准识别难、长效帮扶难等突出问题，坚持综合集成、数字赋能，创新推行线下以县联合帮扶中心为枢纽、线上以精准为民服务系统为支撑的“助共体”帮扶体系，构建党建引领下县乡村三级联动“大救助”体系。从技术、服务和机制三个层面着手，沿着数字赋能、综合介入和多元协同的三重改革逻辑，逐步构建出“党建引领带动、县乡村联动、线上线下互动、社会组织参与、区域资源协同”的社会救助体系。整合困难救助、产业帮扶等13个社会救助联办项目集成办理，助推困难群众共同富裕。

二、主要做法

1. 开发推行“救助码”，实现申请授权“指尖办”

推广应用“救助码”，群众自助扫码填报，即可随时随地递交救助申请。整合驻村干部、党员干部、网格员力量，走访核实辖区居民困难情况，协助代办扫码申请。申请人完成申请后，进入“幸福签”模块，形成“家庭码”，家庭成员和赡抚养人通过扫“家庭码”进行电子签名完成授权，生成浙江省困难群众救助“一件事”电子版申请表，将申请对象信息自动推送到浙江省“大救助”信息系统进行经济状况、家庭资产等信息核对，实现救助授权一键办理，减轻工作人员入户调查工作量。

2. 建立运行“一系统”，形成一网统管“主动救”

推进与省大数据库端口对接，开发精准为民服务平台。平台可将申请人信息与预先设定的社会救助标准开展自动比对、匹配，形成核对报告，整个核对时间从原来的 15 个工作日缩短至 1 个工作日。开发推出监测预警功能，对于在册困难对象，系统会根据车辆、住房、养老保险、纳税等信息变更及时预警，提示入户核实，并动态调整在册保障名单。通过检测大额医疗支出等异常支出，主动发现潜在困难对象，及时为其申请救助政策；对需要各部门及社会组织参与帮扶的对象，通过联合帮扶程序开展帮扶。2022 年，共排摸有效帮扶对象 3400 余人。

3. 探索实施“一件事”，做到高效救助“一次办”

群众诉求通过后台系统自动流转至“浙政钉”机关“内跑平台”，在社会治理模块开发推出困难群众救助“一件事”服务平台，整合民政、医保、残联等 13 个部门业务，实现申请材料统一提交、申请信息归集共享、救助事项联动办理、办理结果实时反馈的跨部门一体化、“一件事”经办救助模式。对需要多部门联合深度帮扶的对象，线上直接将其推送至相关职能部门，并限期落实帮扶，系统还会根据所剩时间自动发出红、黄、蓝三色预警。涉及政策外帮扶需求的对象，则将其推送至各社会组织协同帮扶，办结后以短信形式通知救助对象，构建申请、审核、办理、反馈全流程闭环。截至 2022 年 6 月底，累计办理群众救助事项 830 个，平均办理时间由原来的 9 个工作日缩短至 2 个工作日。

4. 整合组建“公益谷”，打造温暖救助“共同体”

成立“三门湾公益谷”，构建县社会组织服务中心、县社区服务中心、县社会工作服务总站、县社会企业救助联络中心“四社”统筹联动机制。对不符合救助政策或已享受政策但仍有需求的困难群众，通过“三门湾公益谷”微信公众号发布群众诉求，引导社会组织主动认领帮扶项目，参与产业帮扶、助学助教、送医陪护等救助事项。整合 17 家公益类社会组织承接帮扶项目，并通过公益创投大赛等方式，培育孵化社会力量参与帮扶。

5. 推送发布“幸福清单”，提高政策享受获得感

建立“幸福清单”，汇集困难群众所有已享受的救助政策，群众扫描“幸福签”二维码查询当年度享受的低保、低保边缘补助、城乡居民养老保险补助、自然灾害救助等所有帮扶项目，帮扶干部及时掌握帮扶对象享受政策的情况，避免所享待遇遗漏或重复。同时，困难群众也可通过扫描“幸福签”二维码对帮扶工作质量、工作效率等多个维度进行满意度反馈，以此作为对工作人员考核的重要依据。

三、典型意义

（一）在救助程序上，变群众“跑多地”“跑多次”为“跑一地”“零次跑”。过去由于群众对救助帮扶政策不了解，遇到困难不知道找哪个部门，申请救助过程中，跑多次、跑多部门。该体系通过整合部门资源、简化申请程序，让困难群众及时受助、求助有门，求助不求人。

（二）在救助认定上，变“人工识别”为“智能识别”。以往救助信息识别以实地排查和群众自主申报为主，存在精准度不够、重复救助等问题。该体系通过部门信息共享，形成救助“数据池”，为困难群众精准画像。

（三）在救助机制上，变“人找政策”为“政策找人”。体系集成各类政策资源，通过大数据研判，做到主动匹配，实现困难救助对象政策享受最大化。

（四）在救助方式上，变“单一”救助为“多元”救助。该体系实行“四社”联动参与，进一步拓宽救助实施主体，并将救助方式从“输血型”向“输血造血”转变，实现“困有众助、应助尽助”。

第四节　慈溪市：党建引领乡村片区组团助力共同富裕发展

一、案例概况

慈溪市地处东海之滨，杭州湾南岸，是浙江省共同富裕示范区建设首批试点。近年来，围绕率先实现农业农村现代化的奋斗目标，奋力打造都市乡村共富共美先行样板。慈溪市自 2019 年起探索推行党建引领乡村片区组团发展，通过实施党建联盟、规划联体、产业联动、社会联治“四大工程”，打造乡村高质量发展共同体，走出了一条党建引领乡村协调发展的新路子。2021 年底，片区组团实现全市行政村全覆盖，首批培育的 8 个市级片区村集体经济收入平均增加 38.9 万元，所有行政村实现年集体经济总收入 100 万元以上，其中年经营性收入 50 万元以上村庄达 88.4%、占比提升 20 个百分点，城乡居民收入倍差 1.59，为宁波各区县市最小，居全省前列。相关经验做法获得多位省领导先后批示肯定，被国务院网站及新华网、《光明日报》、中央广播电视总台、人民论坛网、《行政改革内参》、《浙江日报》、浙江卫视、浙江之声等权威媒体报道。

二、主要做法

1. 建“联盟”，加速基层组织与片区组团“合心共进”

组建联合党委打造“共同体”。以片区为单位，组建联合党组织和村务工作领导小组，以党员共管、事务共商、难题共解，推动基层党建“整片建强”，为片区组团发展新模式提供良好的活动载体。目前全市所有片区均已成立联合党委。注重系统谋划确保“一盘棋”。从片区党建的思想、组织、运行等方面进行整体部署，建立健全议事决策、民主监督等工作机制。优化班子建设配强“火车头”。抓村级“一把手”工程，把政治素质过硬、经济带动力强、善于团结沟通的优秀人才选拔到片区党组织书记岗位上，联动建立村干部片区统筹培养、“兴村名师师徒帮带”等机制。

2. 组“联体”，推动美丽先锋与美丽乡村“合建共融”

推动全域化规划蓝图。组建由规划、农业等10余个部门和行业机构业务骨干组成的片区中心村专家智库，从发挥片区整体功能的角度出发，通盘考虑土地利用、集中居住区建设、生态保护和历史文化传承等内容，编制“多规合一”的实用性片区全域发展规划。注重全域化基础设施，聚焦断头路、卡脖路、水域治理不平衡等问题。统筹资金、整合资源，集中力量打通村际合作堵点，一体推进农村基础设施建设。

强化全域化公共服务。建设片区健康小屋、健身步道、养老服务中心、幼教中心，优化区域内各村公共服务配置。

3. 行“联治”，实现政府管理与社会治理“合作共治”

打造“片区公约”。在传统村规民约的基础上构建“片区公约”，统一片区村民言行准则，培育共同价值理念，夯实社会治理一体化基础。例如，傅家路片区深度挖掘“村规民约三字经”等内涵，推动“众家治村”模式向整个片区拓展，2020年被评为全国乡村治理示范村。

推行“片区共商”。建立片区协商民主小组、和谐促进会等多个自治组织，优化村民自我发展、自我管理的自治模式。例如，慈溪市白沙路街道西华头片区，围绕片区内宁波大学科技学院周边违章建筑多、环境“脏乱差”等问题，组织周边3个村携手学院全面开展“校地联合整治”，通过治理，2020年该片区治安、刑事案件同比分别下降35.3%、46.9%，矛盾纠纷总量同比下降12.5%，市级信访积案全部化解，安全生产和消防事故同比下降67%。

做实“片区网格”。设置网格党支部和数个先锋户联站、党员中心户，构建适应片区治理需求的组织架构体系。例如，浒山街道创新推行片区“亲邻党建”模式，发挥党员特长，积极认领居民需求“点单”，提供免费问诊、法律咨询等服务，解决群众身边小事。

4. 促“联动”，实现产业振兴与乡村振兴“合拍共赢”

坚持抱团发展。通过盘活集体资产、统筹特色产业开发、推进土地产权改革等措施，推动片区各村共同发展。例如，傅家路片区以强村带弱村，使片区内的傅家路村集体经济实现翻番，1 个后进村成功整改转化，达到了“1+1 ＞ 2”的效果。

坚持产业合作。探索以片区中心村名义对外签订合作意向，内部按比例落实投资、分配利润，做大做优当地“拳头产品”，增强整体市场竞争力。例如，匡堰镇在片区中心村建设中引入宁波文旅集团，助力片区打造春品新茶、夏尝杨梅、秋可登高、冬能赏雪的精品乡村旅游带。2020 年该片区游客量同比增加 8 万人次，农家乐盈利增加 100 万元，茶叶、杨梅产值分别增长 53.8%、18.6%。

坚持产能培育。立足区域重大项目落地实际，深挖发展要素优势潜能，培育周边村发展新动能。例如，西华头片区紧抓宁波大学科技学院搬迁及科教园区建设契机，以“党建 + 校地融合”提升统筹服务能力，借用高校智力助推产业提档升级。

三、典型意义

（一）组织配备，提高党建引领乡村片区发展的感召力。一是扩大基层党组织的工作覆盖面。以全域理念抓党建，分层分类制定县乡党委书记年度抓基层党建工作责任清单、问题清单和实施方案制度，并延伸到村（社区）一级。片区党建以提升组织力为重点突出政治功能，严格落实《中国共产党支部工作条例(试行)》和“三会一课”等制度，规范党内组织生活，提高工作覆盖的实效性。二是增强基层党组织的服务功能。针对不同人群的需要，更新治理理念，以服务群众为目标、以改革创新为动力发展农村经济。创新组织设置，主动适应农村新经济新业态不断涌现的需要，推行村企联建、城市机关与村或社区联建、按产业链建设党组织等组织建设模式。三是发挥基层党组织的“领雁”功能。加大“能人回归”力度，不限地域选拔有能力、有情怀的人才到片区组团任职。建立健全村级带头人系统性、针对性培育机制，畅通“村干部—村委—村支部书记—片区带头人”的培养链条。实现优秀带头人的“传帮带”，探索片区村庄带头人之间交叉任职、跨村任职等模式。

（二）资源配享，提升党建引领乡村片区发展的整合力。一是增强乡村片区资源融合的参与动力。找到组团村庄之间各个方面利益契合点，通过组团达到盘活集体资产、统筹特色产业开发、推进土地产权改革等多方共赢，从而达成合作共识。统筹资源禀赋，建立组团村之间的发展梯度、资源互补性或产业互通性，特别是在用地指标、项目资金、环境景观等方面能产生叠加效应，实现资源共享、优势互补、集聚发展。二是理顺乡村片区资源融合的利益关系。积极协调针对项目运行中的利益分成、矛盾纠纷等片区无法解决的焦点问题，及时化解片区组团中出现的问题，确保片区组团持续发展，在片区组团步入正轨后适时转换角色，将谋划、决策的事务交还给村级组织，构建以合作共赢为目标的新型乡村共同体。三是优化乡村片区资源融合的统筹配置。镇乡（街道）基层政府积极参与片区党建联盟各项工作，引导各村形成合力。编制“多规合一”的实用性片区全域发展规划，引导各片区根据自身地理位置和产业基础，打造特色产业，规范发展、规范运营。必要时通过注资片区股份制公司的形式予以启动资金扶持，确保“扶上马、送一程”。

（三）要素配套，提升党建引领乡村片区发展的保障力。一是明晰跨村治理的权责边界。进一步规范联合党委工作职责，调整充实联合党委班子人员，进行合理分工。围绕加强片区党建、完善乡村治理结构等方面开展广泛深入调查研究，制定片区党建工作标准，促进片区组团程序规范化、操作精细化。二是健全跨村治理的监督机制。探索管理新模式，通过纪检监察组织延伸下派、村监会作用实质性发挥、片区村庄交叉监管、村民监督等方式，防止片区出现贪腐等问题。镇乡（街道）要在落实原有好制度好经验的基础上，进一步探索片区带头人监管的新方法、新渠道，确保不出现失管现象。三是完善跨村治理的配套制度。针对片区共性问题或遇到的难题，如统筹基础设施和公共服务联通共享，打造片区要素市场，相关的村级土地规划、道路布局、建设用地指标、建设项目选址、财政资金扶持等方面，要及时跟进、帮助破难。

（四）智治配合，提升党建引领乡村片区发展的支撑力。一是推进数字化建设。同步规划建设社会治理信息化基础设施，统筹推进“雪亮工程”“智安小区”“智慧消防”等数字化改造工程，整合建设片区综合治理指挥室、社会纠纷矛盾调处化解工作站等设施，实现片区内数字硬件设施的集约化。同时，整合现有平台，搭建片区数字化工作平台，提高片区整体工作效能。二是优化数字化服务。以片区为单位加强公共服务数字化供给，综合推进便民服务中心“线上 + 线下”办理服务，深化“最多跑一次”改革。通过数字化手段提升片区党组织服务水平，提升片区对社会资源的统筹能力。在有条件的片区，通过建设统一产业平台，实施“互联网 + 工程”等方式，进一步优化产品供应链，助力特色农业。三是实施数字化监管。打造智慧化的片区工作和监督平台，实现片区党务、村务、财务实时公开，进一步畅通群众监督和参与渠道。运用数字化技术提升片区各村治理队伍的协同水平，实现网格联动、矛盾联调、疫情联防。

第五节 海盐县：“链”动山海打造教育共同体共富样板

一、案例概况

海盐县聚焦共同富裕目标，积极探索数字化改革大背景下的新型教育共同体发展路径，通过资源链、协同链、制度链“三链耦合”，推动山海协作跨区域联动，构建山海教育并驱共赢格局。近三年，该县 8 所优秀学校与景宁畲族自治县学校组建跨地区城乡义务教育共同体（以下简称“教共体”），累计开展活动千余次。该县是浙江省首批基本实现教育现代化县和全国首批义务教育优质均衡发展县，“海盐县擦亮‘优学在盐’教育品牌全力打造‘共同富裕’海盐样板”和“海盐县‘三链’打造‘学校发展共同体’，推进教育优质均衡发展”工作经验获省领导批示肯定，“数字化助力优质均衡打造‘共同富裕’海盐样板”入选共同富裕示范区省级试点储备项目。

二、主要做法

1. 数字赋能资源链，夯实“教共体”关键支撑

平台服务提档，铺好山海同步“路基”。构建数字化高架枢纽体系，2021 年同步课堂平台实现从单屏扩大为多屏，互联互通更方便快捷，双向沟通更流畅。基于“同步课堂”迭代升级为集会议、教学、教研等功能为一体的新型智慧教育空间服务站，实现“教共体”学校间教与学的“零距离”互动，优化教师间、师生间、生生之间互通效能。聘请各类名师专家组建“智慧学习空间”研究和“同步课堂”应用两个专班，建立完善的活动和考核机制，实现山海共同体“零距离”沟通互动，联动提升海盐–景宁两地教育教学服务质量。截至 2022 年上半年，专班已召开专题会议 7 次，开展联动考核 4 次。

智慧空间提质，实现山海文化“碰撞”。构建全向互动、对话研讨、交流反思的教育共同体实践探索，通过“智慧学习空间”将班主任基本功大赛观摩研讨、名师导读、“教共体”主导性课题研讨论坛等优质活动互融延伸至景宁，将景宁的民族特色课程共享至海盐，文化“碰撞”实现两地深度融合和创新发展。2022 年，海盐–景宁两地开展同步课堂 50 余次，活动 10 余场，惠及学生近万人。

智能分析提效，融通山海对话“枢纽”。着力教育领域数字化改革成效，延伸数字化赋能辐射体系，建立课堂观察系统，实现课堂实况无感收集和教师行为的智能分析，通过智库专家精准分析指导，提升教师专业化发展速度。完善在线评价系统，在精准发现和诊断问题的基础上进一步优化提升教师课堂教学水平。通过课堂智能分析，实现海盐–景宁两地义务教育内生式可持续发展。

2. 融合推进协同链，深化“教共体”发展内涵

聚焦“辐射引领”与寻求“内生动力”并重。采取以名师为中心、以点带面的模式，建立以强扶弱“同心圆辐射式”团队（学科）和以特长互补“不同调色板式”校本课程开发结对制度，充分发挥名师工作室的示范、引领和辐射作用，培育景宁种子教师，提升教师发展内生动力，推动结对学校教师队伍建设。2022 年上半年已成立 10 个名师工作室，开设示范课 37 节，网络研修 56 次，名师团队打造校本课程 30 余节。

聚焦“集体教研”与寻求“优质内涵”并行。海盐–景宁两地教师通过生成式菜单、定制式菜单、自主式菜单，围绕集体教研主题，借助网络研修、专家引领、课程开发等方式，在对话中与他人“碰撞”，连环改进，提升教师实施新课程的关键能力和集体教研活动质量。2022 年上半年，海盐–景宁结对学校共举行同步教研活动 61 次，涵盖语文、音乐、心理健康等 10 门课程。

聚焦“全域发展”与寻求“特色发展”并举。海盐县通过校际师徒结对、异地跟岗锻炼、学生集体交流活动等多种途径，在办学理念、队伍建设、教育教学等方面实现共建共享，推进双方教育特色发展，促进学生全面而有个性地成长，促进“教共体”建设从协作型向融合型、共建型模式转变。2022年上半年，海盐–景宁两地师徒结对37对，4名景宁教师参与异地跟岗，两地学生线上线下开展集体活动4次。

3. 迭代升级制度链，构建“教共体”保障机制

实现从单一互动到全向多维“跨空间”协作。不断完善顶层设计，以科学的机制和完善的体系构建“教共体”高质量发展模型。通过健全完善“教共体”发展的“共同发展协同贯通”“优秀师资互派共享”“课程教研联动互动”“校园文化共建共生”四大机制，以及“管理经验传输”“校园文化共建”“优秀师资共享”“教育科研互动”“名师培养联动”五大体系，实现组织共管、管理共通、制度共建、课程共研、活动共办、资源共享，深度推进“教共体”结对学校的高质量整体跃升。

实现从单一线下到线上线下“跨地域”互通。积极探索基于“数字信息化”环境下的新型智慧学习空间建设，实现“教共体”从单一线下到线上线下融合开放的跨地域学校组织形式。海盐县创新打造的“课后优服”系统作为教育部课后服务试点，实现参与成员、资源、空间等更大限度线上线下拓展延伸，海盐–景宁两地师生无差别共享优质教育资源。2022年上半年，“课后优服”向景宁学校开放名师课程600多节，使用率达30000余次。

实现从单一评价到联动考核“跨学校”联评。建立六张考核清单，即“品牌文化联结、办学理念共识”“两级管理联通、管理团队互融”“发展考核联评、管理制度共建”“深化课改联研、教师成长互进”“党工活动联办、教师情感共振”“教师队伍联动、教学资源互享”等，实现全方位、精准化、协同式联动考核，促进“教共体”各学校“协同共进、荣辱共担、利益共享”。

三、典型意义

（一）“教共体”实现两地学校协同发展。在“1+X”共建型“教共体”基础上，“教共体”建设逐步从协作型模式向融合型、共建型模式转变。海盐县同时发挥省“互联网＋义务教育”实验区优势，与对口支援地区景宁成功

“结亲”，通过学校管理、队伍建设、教育科研、师生交流、督导考核五个“一体化”，全面盘活优质教育资源，实现跨区域学校协同发展。

（二）数字赋能推动“双减”落地。打造“海盐·课后优服”系统，打造五大“子场景”（托管帮、接送畅、问学通、资源汇、成长站），创新“家校社”联动育人新模式，实现城乡之间、山海对口支援地区之间的无差别服务。“海盐·课后优服”平台已成为浙江省教育厅第二批改革创新试点项目和国家课后服务信息区管理试点县，截至 2022 年底，“课后优服”平台注册用户数 12 万人，使用量达 210 万人次。

（三）品牌辐射助力共同富裕。在前期形成的“教共体”经验的基础上不断创新工作方法，革新工作途径，发挥数字化改革动能，制定完善且符合县情的“教共体”模式和运行机制，形成具有鲜明海盐特色、可复制可推广的“教共体”建设模式，发挥项目的辐射引领作用，让山区孩子同样享受到优质的教育资源，为实现教育共富迈出了实质性一步。

后　记

本书由浙江省发展规划研究院（浙江区域高质量发展战略研究中心）组织编写。院党组书记、院长周华富亲自统筹部署，对本书的框架结构、主要内容进行总体把关，院领导傅金龙、浙江区域高质量发展战略研究中心执行主任朱李鸣牵头组织，院内编写工作由经济所主办，区域所、城镇所、基础所、产业所、能环所、社会所、智库部等部门协同参与，办公室、战略所、机关党委等部门给予了大力支持。

本书的执笔分工：第一章，汤欢、张颖、王冰鉴、马欣雅，谢天；第二章，谢天、梅子傲；第三章，王冰鉴、马欣雅、梅子傲；第四章，吴骏毅、王佳见、厉晗隽、周哲伟；第五章，沈嘉瑜、方康恒；第六章，廖彦；第七章，马欣雅、张晋、郭明月、林烨；第八章，陈明华、李杨、付旻、郑宜嘉、徐期辰；第九章，王冰鉴、谢天、梅子傲；第十章至第十五章为县域案例材料汇编。

本书的编写和出版得到了浙江省委宣传部、浙江省社会科学联合会、浙江日报报业集团、浙江省新发展格局智库联盟成员机构、有关县（市、区）党委、政府和社会科学联合会，以及中国市场出版社的大力支持，在此一并表示衷心感谢！